복 있는 사람

오직 여호와의 율법을 즐거워하여 그 율법을 주야로 묵상하는 자로다.
저는 시냇가에 심은 나무가 시절을 좇아 과실을 맺으며 그 잎사귀가
마르지 아니함 같으니 그 행사가 다 형통하리로다. (시편 1: 2-3)

잡혀야 산다

잡혀야 산다

김영봉 지음

복 있는 사람

잡혀야 산다

2010년 2월 11일 초판 1쇄 발행
2010년 3월 2일 초판 2쇄 발행
지은이 김영봉
펴낸이 박종현
도서출판 복 있는 사람
서울특별시 종로구 안국동 163 걸스카웃빌딩 801호
Tel 723-7183 | Fax 723-7184
blesspjh@hanmail.net
영업 723-7734
등록 1998년 1월 19일 제1-2280호
ISBN 978-89-6360-013-0

차례

시작하는 말 9

1. 그가 보고 믿었다 요 20:1-10 15

2. 누군가 내 이름을 부르고 있다 요 20:11-18 33

3. 큰일은 없다 요 20:19-23 49

4. 죽는 것이 더 나은 인생은 없다 요 20:19-21 67

5. 교회는 종착역이 아니다 요 20:19-23 83

6. 누가 성령을 두려워하는가 요 20:22 101

7. 얼숨으로 산다 요 20:22 117

8. 죄의 심장을 쏘다 요 20:19-23 135

9. 하나님은 이 세상을 포기하지 않으신다 요 20:23 151

10. 사랑이면 된다 요 20:19-23 167

11. 정직한 의문에 길이 있다 요 20:24-29 185

12. 그것이 사실인지 알아보려고 요 20:24-29 203

13. 보는 것으로는 믿지 못한다 요 20:24-29 219

14. 새 세상으로 날다 요 20:30-31 237

15. 내 배가 비었다 요 21:1-14 253

16. 가득 찼으나 찢어지지 않았다 요 21:1-14 271

17. 깨어짐이 희망이다 요 21:15-17 285

18. 잡혀야 산다 요 21:18-25 303

해설과 논평 321

시작하는 말

이 책은 제가 섬기는 미국 버지니아 소재 와싱톤한인교회에서 2008년 부활절부터 열여덟 주에 걸쳐 전한 설교를 묶은 것입니다. 일반 독자들이 읽기에 불편이 없도록 조금씩 수정을 하기는 했지만, 원래의 설교 원고와 거의 일치합니다.

저의 첫 번째 설교집이 요한복음의 부활 이야기로부터 시작하게 된 것을, 저는 특별히 감사하게 여기고 있습니다. 그 이유를 말하자면 다음과 같습니다.

얼마 전부터 개신교회에 가톨릭교회의 영성과 예전이 회복되어 왔습니다. 저는 그것을 다행으로 여깁니다. 어찌 보면 저는 그 같은 흐름에 있어 어느 정도의 책임이 있는 사람입니다. 저의 책 「사귐의 기도」가 개신교회가 버린 가톨릭교회의 영성생활의 일부를 개신교 독자들에게 소개하고 파급시켰기 때문입니다.

하지만 이 같은 천주교 영성과 예전의 '유입'이 이루지면서 개신교의 영성과 예전의 독특성이 흐려지지나 않을까 우려할 상황이 되었습니다. 그 한 예가 사순절에 대한 강조에 있습니다. 어느 때부터인가, 개신교회 안에서 사순절을 지키는 흐름이 시작되었습니다. '재의 수요일' 예배도 이제는 흔한 일이 되었습니다. 사순절 동안 특별 새벽기도회로 모여 예수 그리스도의 고난과 희생을 기억하는 것도 보편화되었습니다. 제가 섬기는 교회에서도 매년 '사순절 40일 기도회'로 모입니다. 저는 개인적으로 사순절을 위한 묵상집 「가상칠언 묵상」을 출판하기도 했습니다. 사순절 기간 동안의 묵상과 기도를 통해 개인적으로 많은 유익을 얻었기 때문입니다. 하지만 이 흐름이 부활절과 부활 절기의 중요성을 상대적으로 약화시키는 결과를 불러오고 있는 것 같습니다.

전통적으로 볼 때, 가톨릭교회는 '성금요일'(예수께서 돌아가신 날)을 정점으로 여기고, 개신교회는 '부활일'을 정점으로 여기는 차이가 있었습니다. 그래서 가톨릭교회는 '십자고상'(십자가에 못 박힌 예수님이 달려 있는 십자가)을 귀중히 여기는 반면, 개신교회는 '십자가'(예수님이 달리지 않은 십자가)를 택했습니다. 따라서 개신교 나름의 독특한 신학과 영성을 유지하기 위해서는 부활일과 부활 절기를 특별하게 지키면서 부활의 영성이 무엇인지를 깊이 묵상할 필요가 있습니다. 그런데 사순절이 너무 강조된 나머지, 부활 주일 예배를 끝으로 '영적 해방감'을 누리며 '영적 해이' 상태로 빠져 들어가는 경우가 자주 발생합니다.

저는 '교파 우월주의자'가 아닙니다. 그렇다고 하여, 모든 교파를 없애 버리고 하나로 통합하자는 주의도 아닙니다. 제가 믿기로 가장 바람직한 것은 모든 교파가 제 나름내로의 독특한 전통과 영성의 빛깔을 드러내며 서로 협력하는 것입니다. 제가 미국 유학 생활을 할 때만 해도 미국 사회의 이상은 '용광로'(melting pot)가 되는 것이었습니다. 하지만 그로부터 20년이 지난 지금은 '모자이크'가 되는 것으로 바뀌었습니다. 모든 민족이 각자의 언어와 문화의 독특성을 그대로 지키면서 서로 조화를 이루어 하나의 큰 그림을 이루자는 것입니다. 기독교의 여러 교파들도 모자이크처럼 되면 좋겠습니다.

이런 시각에서 저는 부활의 영성이 개신교회에서 더욱 강조되기를 기대합니다. 물론, 십자가의 영성을 전제한 상태에서 말입니다. 개신교회의 시조라 할 수 있는 마르틴 루터가 십자가의 신학을 얼마나 강조했습니까? 개혁교회의 시조인 장 칼뱅이, 감리교회의 창시자인 존 웨슬리가 십자가의 영성을 얼마나 강조했습니까? 그러므로 지금 개신교회 안에 뿌리 내리고 있는 사순절 전통은 아주 좋은 변화입니다. 특히, '성공의 신학'과 '영광의 신학'이 지배해 온 한국 교회이기에, 십자가의 영성을 강조하는 것은 더없이 긴요하고 적절한 일입니다. 다만, 그와 동일한 열심과 열정으로 부활의 영성에 대해 연구하고 묵상하고 실천할 필요가 있다는 것입니다.

신약성경에서 분명히 확인할 수 있는 것처럼, 십자가의 길을 완주하도록 해 주는 것이 바로 부활의 영성입니다. 바울 사도가 말한 그대로입니다. "내가 바라는 것은, 그리스도를 알고, 그분의 부활의 능력을 깨닫고, 그분의 고난에 동참하여, 그분의 죽으심을 본받는 것입니다. 그리하여 나는 어떻게 해서든지, 죽은 사람들 가운데서 살아나는 부활에 이르고 싶습니다"(빌 3:10-11). 우리가 이 세상의 구원을 위해 예수 그리스도의 고난에 동참하고 그분의 죽으심을 본

받으려면, 먼저 그분의 부활의 능력에 참여해야 합니다. 그럴 때 비로소 이 땅에서 나에게 주어진 십자가를 지고 갈 수 있고, 마침내 나도 그리스도의 부활에 참여할 수 있습니다.

이 같은 문제의식을 가지고 저는 요한복음의 부활 이야기들을 할 수 있는 대로 깊이 읽고 묵상하면서 말씀을 나누었습니다. 복 있는 사람 출판사에서 이 설교들을 묶어 저의 첫 번째 설교집으로 세상에 나게 하시니 감사드립니다. 이 설교집이 우리에게 부활의 영성을 회복시키는 데 도움이 되기를 바랍니다.

정용섭 박사께서 「기독교사상」에 '설교비평'을 연재하면서 제 설교를 다루는 영광을 주셨습니다. 그때 그분은 제 설교를 '영성 설교'라고 이름 붙이셨습니다. '영성 설교'가 무엇이냐고 묻는다면, 딱히 정의 내리기 쉽지 않지만, 저는 이 별명을 기쁘게 받아들입니다. 설교자마다 신학적 배경이나 설교의 방향 혹은 성격에 있어서 일정한 경향을 가지게 마련입니다. 어떤 설교자는 교리적인 설교를 주로 하고, 어떤 설교자는 교훈적인 설교를 주로 합니다. 그렇게 말한다면, 저는 영성적인 설교를 주로 합니다. 제 설교의 주된 관심이 회중의 영성에 있기 때문입니다. 저의 설교 사역이 무르익는 날이 되면, '영성 설교'에 대한 이론을 정리해 볼 마음이 있지만, 지금은 저 자신의 영성과 교우들의 영성을 붙들고 씨름하며 말씀 전하는 일에 힘쓰겠습니다.

첫 설교집을 내면서, 영적으로 함께 호흡하며 함께 씨름해 준 와싱톤한인교회 교우들과 제가 알지 못하지만 인터넷을 통해 제 설교를 들어 준 '보이지 않는 회중'에게 감사드립니다. 설교집을 내기에 주저하는 저를 부단히 흔들어 책으로 만들어 주신 박종현 대표님, 그리고 편집부 식구들에게 감사를 드립니다. 무엇보다도 설교 사역에 늘 열정을 가지고 임하도록 이끌어 주시는 성령께 감사드립니다.

2010년 새해 버지니아에서

김영봉

※ 일러두기
이 책의 성경 구절은 새번역 성경에서 인용했다.

1 그가 보고 믿었다

주간의 첫날 이른 새벽에 막달라 사람 마리아가 무덤에 가서 보니, 무덤 어귀를 막은 돌이 이미 옮겨져 있었다. 그래서 그 여자는 시몬 베드로와 예수께서 사랑하시던 그 다른 제자에게 달려가서 말하였다. "누가 주님을 무덤에서 가져갔습니다. 어디에 두었는지 모르겠습니다." 베드로와 그 다른 제자가 나와서, 무덤으로 갔다. 둘이 함께 뛰었는데, 그 다른 제자가 베드로보다 빨리 달려서, 먼저 무덤에 이르렀다. 그런데 그는 몸을 굽혀서 삼베가 놓여 있는 것을 보았으나, 안으로 들어가지는 않았다. 시몬 베드로도 그를 뒤따라 왔다. 그가 무덤 안으로 들어가 보니, 삼베가 놓여 있었고, 예수의 머리를 싸맸던 수건은, 그 삼베와 함께 놓여 있지 않고, 한곳에 따로 개켜 있었다. 그제서야 먼저 무덤에 다다른 그 다른 제자도 들어가서, 보고 믿었다. 아직도 그들은 예수께서 죽은 사람들 가운데서 반드시 살아나야 한다는 성경 말씀을 깨닫지 못하였다. 그래서 제자들은 자기들이 있던 곳으로 다시 돌아갔다.

—요한복음 20:1-10

1

"기독교 신앙에서 가장 믿기 어려운 교리가 무엇입니까?"라고 묻는다면, 많은 이들이 "부활"이라고 답할 것입니다. 교회에 다니는 이들 중에도 그렇게 답하는 분들이 더러 있습니다. 저는 그들의 정직성을 높이 삽니다. 믿지 못하는 것이 자랑은 아니지만, 믿어지지 않는 것을 믿지 못한다고 정직하게 인정하는 것은 견실한 믿음에 이르기 위한 조건이라 할 수 있습니다. 그러한 태도는 믿음이 좋은 것처럼 보이기 위해 믿어지지 않는데도 믿는 척하거나, 혹은 무조건 믿는 것을 미덕으로 여겨 그냥 믿는 것보다 훨씬 바람직합니다.

다만, "그런 것은 있을 수 없다"라거나 "그런 일은 절대로 불가능하다"는 식으로 생각하지 않도록 조심하는 것이 필요합니다. 그렇게 생각하는 것은 자신의 이성을 절대화하는 태도이기 때문이며, 지금 아는 것이 전부인 것처럼 오인하는 것이기 때문입니다. 한번 정직하게 돌아보시기 바랍니다. 과거에 어불성설이라고 생각했던 것들 중 이제는 "그럴 수도 있구나"라고 생각하며 인정하게 된 것이 얼마나 많습니까? 과거에는 상상도 할 수 없던 일들이 지금에 와서는 흔한 일이 되어 버린 경우가 또 얼마나 많습니까? 그런 경험들을 되돌아본다면, 지금 내게 이해가 되지 않는 일이 일어날 수 있다는 사실을 겸허히 인정하는 것도 역시 중요하다 싶습니다.

자신이 믿을 수 없다는 사실을 정직하게 인정하는 것도 좋은 태도이지만, 동시에 자신이 진리를 다 알고 있지 않으며 또한 다 알 수도 없다는 사실을 정직하게 인정하는 것도 좋은 태도입니다. 진실한 믿음에 가까이 다가가는 데 있어서 이 같은 두 종류의 정직성은 매우 중요합니다. 그렇게 정직하게 진리를 탐구해 나갈 때, 우리의 믿음은 성장하고 성숙해 갈 것입니다. 만일 지금 내가 알고 있는 것과 믿고 있는 것이 전부라고 생각한다면, 더 이상 진보는 없을 것입니다. 그 사람은 결국 하나님을 믿는 것이 아니라, 자기 자신의 이성을 믿는 결과에 빠져 버릴지도 모릅니다. 그런 사람은 자신의 이성을 절대화한 나머지 바람에 하나님을 자기 이성의 한계 안에 제한하고 축소시켜 버립니다.

그런 사람이 믿는 신은 이성에 위배되지 않고 과학의 원리와도 마찰이 없는, 아주 '합리적인' 존재일 것입니다. 그런 신을 믿는 것이 편안할 수는 있습니다. 하지만 엄밀히 말하자면, 그런 신은 그 자신이 만든 우상일 뿐입니다. 적어도 예수 그리스도께서 우리에게 계시하신 야웨 하나님은 우리보다 크신 분입니다. "우리보다 크다"는 말은 우리가 이해하지 못할 부분이 있다는 뜻입니다. 이성에 위배되는 것처럼 보이는 부분도 있고, 과학의 원리와 마찰하는 부분도 있다는 뜻입니다. 적어도 그런 부분이 있어야만 우리보다 큰 존재가 됩니다. 우리보다 커야만 우리가 신으로 섬길 이유가 있습니다. 그런 신이 아니고는 우리를 구원할 수가 없습니다.

2

부활이 무엇입니까? 부활은 죽었던 사람이 다시 살아나는 '소생'(resuscitation)이 아닙니다. 그것은 불가능한 일이 아닙니다. 지금도 서점에 가면 생물학적인 견지에서 죽음의 경계선을 넘어갔다가 되돌아온 사람들의 이야기를 기록한 책을 쉽게 찾을 수 있습니다. 그들은 소생했다가 얼마간 살다가는 다시 죽었습니다. 부활은 죽었던 과거의 생으로 다시 "돌아가는" 것이 아니라, 과거의 생과는 전혀 다른 생명으로 "나아가는" 것입니다. 바울 사도가 비유적으로 표현했던 것처럼, 땅에서 나온 우리의 몸이 하늘로부터 임하는 영원한 몸을 덧입는 것입니다(고후 5:1). 그런데 그런 것은 우리가 경험해 본 바가 없기 때문에 이해할 수도 없고 설명할 수도 없습니다. 그렇기 때문에 부활을 믿는 것이 어렵게 느껴집니다. 그것을 입증할 만한 아무 증거가 없습니다. 그렇기 때문에 믿기가 어렵습니다. 믿기 어려운 것이 당연합니다.

여기서 고민이 생겨납니다. 바울 사도는 이런 말을 했었습니다. "그리스도께서 살아나지 않으셨다면, 우리의 선포도 헛되고, 여러분의 믿음도 헛될 것입니다"(고전 15:14). 무슨 말입니까? 부활이 기독교 신앙의 핵심이라는 뜻입니다. 기독교 신앙을 받아들이고 싶은데 가장 믿기 어려운 부활이 그 핵심이라니, 이를 어쩌면 좋습니까? 이성을 억압하고 무턱대고 믿어야 한다는 뜻입니까? 믿는 것이 그런 것이라면, 뭔가 수상쩍지 않습니까? 저 같아도, 그렇게 믿으라면 믿지 않겠습니다. 분명한 증거는 아니더라도, 뭔가 믿을 만한 단서는 있어야 하는 것 아닙니까? 부활 신앙에 대해 무조건 믿는 것 말고 다른 방도는 없습니까?

오늘 읽은 본문을 깊이 들여다보면, 이 질문에 대한 답의 실마리를 찾을 수 있을 것 같습니다. 예수께서 십자가에 달려 돌아가신 지 사흘째 되는 날, 막달라 마리아가 그분의 무덤을 찾아갑니다. 당시 유대인들은 돌산에 만들어진 동굴을 무덤으로 사용했습니다. 시신을 안치한 다음, 짐승들이 시신을 파먹지 못하도록 입구를 돌로 막아 놓았습니다. 마태복음의 기록에 보면, 유대 종교 지도자들은 빌라도에게, 예수의 제자들이 시신을 훔쳐 가고는 부활했다고 선전할지 모르니 무덤을 단단히 지켜 달라고 부탁합니다. 빌라도는 그들의 청을 들어주어 경비병 몇 사람을 내주면서 무덤을 경계하도록 했습니다. 그런데 막달라 마리아가 예수님의 무덤에 당도했을 때, 경비병들도 없었고 무덤을 막아 두었던 돌문도 옮겨져 있었습니다.

마리아는 깜짝 놀라, 시몬 베드로와 예수께서 사랑하시던 다른 제자에게 달려갔습니다. "예수께서 사랑하시던 다른 제자"는 요한복음을 쓴 제자 요한을 가리키는 말입니다. 그 둘은 예수님이 대제사장에게 끌려갈 때 뒤따라간 제자였습니다. 막달라 마리아는 두 제자에게 달려가서 당황스러운 어조로 말합니다. "누가 주님을 무덤에서 가져갔습니다. 어디에 두었는지 모르겠습니다"(2절). 이 말을 들은 베드로와 요한은 지체 없이 무덤까지 달려갔습니다. 부활절 아침에 난데없는 달리기 시합이 벌어졌습니다. 요한이 베드로보다 젊었기 때문에 먼저 무덤에 도착했습니다. 그는 무덤 입구에 도착하여 헐떡이는 숨을 고르면서 목을 길게 빼어 무덤 안을 살핍니다. 과연, 마리아가 말한 그대로 무덤 안에는 예수님의 시신이 보이지 않습니다.

이윽고 베드로가 헉헉대며 뛰어옵니다. 다혈질의 급한 성격인 베드로는 무덤 입구에 서 있는 요한을 지나쳐 거침없이 무덤 안으로 달려듭니다. 그러고는 옷소매로 땀을 훔치며 무덤 안을 둘러봅니다. 예수님의 몸을 쌌던 수의가 시신이 놓였던 곳에 그대로 놓여 있고, 그분의 머리를 싸맸던 수건은 한곳에 따로 개켜져 있습니다. 그때 요한도 무덤 안으로 들어와 무덤 안을 유심히 살펴봅니다. 오늘 본문의 8절은 그의 행동을 이렇게 적고 있습니다. "그제서야 먼저 무덤에 다다른 그 다른 제자도 들어가서, 보고 믿었다."

3

요한이 무덤 안에서 무엇을 보고 또한 무엇을 믿었다는 뜻일까요? 그는 예수님의 시신을 쌌던 수의가 그 자리에 놓여 있고, 그분의 머리를 싸맸던 수건이 한쪽에 개켜 있는 것을 보았습니다. 그냥 육안으로 본 것이 아니라, "왜 그렇게 되었을까?"를 생각하며 본 것입니다. "예수님의 시신이 어떻게 된 것일까? 왜 수의가 그 자리에 그대로 남겨져 있을까?" 수의가 놓인 모습이 마치 나비로 변한 애벌레가 껍질을 두고 빠져나간 듯, 혹은 뱀이 굳은 껍질을 벗어 놓고 빠져나간 듯, 시신을 둘둘 싸맸던 모습 그대로 놓여 있습니다. "머리를 싸맸던 수건은 왜 한쪽에 개켜 있을까?" 마치 누군가가 차분하게 모든 것을 정리한 모습입니다.

짧은 순간이겠지만, 요한은 마치 수사관처럼 상상해 볼 수 있는 모든 시나리오를 생각해 봅니다. "누군가 침입해서 예수님의 시신을 훔쳐 갔을까? 그렇다면 수의를 벗겨 놓을 필요가 없지 않는가? 수의를 벗길 이유가 있었다면, 왜 그것을 다시 둘둘 말아 시신 있던 자리에 그대로 놓아 두었을까? 왜 시신의 머리를 싸맸던 수건을 이렇게 단정하게 접어 두고 갔을까? 게다가 무덤 안에 사람이 침입한 흔적도 없지 않은가?" 아무리 생각해도 그건 아닌 것 같습니다. 일단 안심입니다.

"그렇다면 뭔가?" 요한은 계속 생각했을 것입니다. "예수님이 십자가 위에서 돌아가신 것이 아니라 잠시 코마 상태에 빠졌다가 선선한 무덤에서 며칠 쉬면서 원기를 회복하여 어디론가 가셨는가? 처형 전문가인 로마 병사들이 죽은 사람과 기절한 사람을 구분하지 못할 정도로 그렇게 허술할까? 설령 그렇다 해도, 그렇게 고문당하고 십자가에서 물과 피를 다 쏟은 사람이 어떻게 사흘 만에, 아니 (정확히 말하자면 금요일 오후에 돌아가셨으니) 40여 시간 만에 회복될 수 있는가? 만일 그랬다고 해도, 벌거벗은 사람이 왜 수의는 그대로 두고 갔을까? 상처를 싸매거나 몸의 주요 부위를 가리기에 수의는 그런대로 쓸 만한데, 왜 모든 것을 벗어 두었나?" 만일 깊은 코마 상태에 있다가 깨어나 스스로 수의를 벗은 것이라면, 둘둘 말았던 것을 풀었을 터인데, 수의는 둘둘 말린 상태로 그대로 있습니다. "그렇다면, 풀었던 수의를 왜 다시 말아 놓았나?" 대답할 수 없는 질문이 너무도 많습니다. 이것도 아님이 분명합니다.

"누가 훔쳐간 것도 아니고 스스로 살아서 나간 것도 아니라면, 그러면 무슨 일이 일어난 것일까?" 요한에게는 제3의 가능성밖에 남지 않았습니다. 즉 예수께서 생전에 말씀하시던 그 사건, 그로서는 그게 무엇인지 전혀 추측할 도리가 없던 그 사건, 곧 부활이라는 것이 그분에게 일어났다고밖에는 결론지을 길이 없었습니다. "누군가가 시신을 훔쳐 간 것도 아니고 죽었다가 다시 소생한 것도 아니라면, 죽음을 통과하여 새로운 생명으로 나아가는 부활이 실제로 일어난 것이 아닐까? 그것이 무엇인지는 정확히 알 수 없지만, 마치 애벌레가 나비로 변하여 껍질을 두고 빠져나가듯, 예수님의 시신이 알 수 없는 모습으로 변하여 그 몸을 두르고 있던 수의를 그대로 두고 빠져나간 것이 아닐까?"

요한은 무덤 안에 남겨진 단서들을 유심히 보고는 부활을 믿게 되었습니다. 그래서 오늘의 본문은 "그가 보고 믿었다"라고 적고 있습니다. 그가 전에는 죽은 사람들 가운데서 다시 살아난다는 말이 도대체 무슨 뜻인지를 몰라 받아들이지 못했는데, 무덤 안에서 관찰한 것들을 추정해 보는 과정에서 부활을 믿게 되었다는 것입니다. 아직도 그는 부활이 무엇인지, 부활하신 예수님의 몸이 어떤 것인지, 어떤 일이 그분에게 일어난 것인지, 알 길이 없었습니다. 하지만 이제까지 볼 수 없었던 사건, 다른 그 어떤 방식으로도 설명할 수 없는 사건이 일어났고, 그것이 바로 예수께서 생전에 말씀하시던 부활임을, 요한은 믿을 수 있었습니다.

4

부활이 무엇이며 어떻게 일어난 것인지, 부활한 몸이 어떤 몸인지 이해할 수 없는 것은 당연한 일입니다. 그것은 요한도 이해하지 못했고, 기독교 역사 2천 년 동안 나타났던 천재적인 신학자들도 모두 이해하지 못했습니다. 그것을 이해할 수 있다고 주장하는 사람이 있다면, 그는 착각하고 있거나 아니면 거짓말하고 있는 것입니다. 부활을 경험해 보지 않고는 부활에 대해 말할 수 없습니다. 우리 중 부활을 경험해 본 사람은 아무도 없습니다. 그렇기 때문에 그것이 무엇인지 알 길이 없습니다. 설명할 수도 없고 이해할 수도 없습니다. 마치 애벌레가 나비의 세계를 이해할 수 없는 것과 같은 이치입니다.

하지만 설명할 수 없고 이해할 수 없다고 해서 일어날 수 없다고 단정할 수는 없습니다. 요한이 이해할 수도, 설명할 수도 없지만 믿었듯이, 우리도 그렇게 할 수 있습니다. 그렇게 한다고 해서 우리의 이성을 희생시키는 것은 아닙니다. 오히려 이성을 제대로 사용했기 때문에 요한은 믿을 수 있었습니다. 반면, 베드로는 요한보다 먼저 현장을 보기는 했지만, 그 자리에서 믿지는 못했습니다. 요한만큼 생각하지 않았기 때문일 것입니다. 요한만큼 질문하지 않았기 때문일 것입니다. 요한만큼 깊이 보지 않았기 때문일 것입니다.

요한이 머리가 더 좋았다는 뜻이 아닙니다. 두뇌가 좋아야만 믿을 수 있다면, 그것처럼 억울한 일이 어디 있겠습니까? 머리 좋은 덕에 이 세상에서도 잘 살고, 그 덕에 내세에서도 잘 산다면, 하나님은 정말 불공평한 분이라고 비판받아 마땅합니다. 머리가 나빠서 이 세상에서 손해 보고 산 것만도 억울한데, 저 세상에서까지 손해를 보라는 말입니까? 다행스러운 사실은, 비록 이 세상은 두뇌의 명석함에 따라 등급을 매기려 하지만, 믿음에 있어서는 그것이 별 의미가 없다는 것입니다. 오히려 명석한 것이 믿음에서는 걸림돌이 되는 경우가 더 많습니다. 자신의 이론과 결론을 너무 지나치게 믿게 되기 때문입니다.

중요한 것은 두뇌의 명석함이 아니라 주변을 살피는 마음입니다. 주변에서 일어나는 일들을 유심히 관찰하면서 그 일들이 의미하는 바를 진지하게 질문하고 답하는 태도를 가지고 사는 것이 중요합니다. 요한이 무덤을 살펴보면서 가졌던 안목과 그것을 바탕으로 진리를 찾아간 그의 태도가 필요합니다. 그런 눈으로 주변을 살피고 그런 태도로 진리를 찾아간다면, 부활을 이미 믿는 분들은 더 견고한 믿음에 이를 수 있을 것이며, 아직 믿지 못하는 분들은 이성을 희생시키지 않으면서도 믿는 길을 발견할 수 있을 것입니다.

5

요즈음은 믿지 않는 것이 자랑인 시대가 되었습니다. 믿지 않는 것이 이성의 목적처럼 되어 버렸습니다. 최근에 「만들어진 신」(*The God Delusion*)을 비롯한 몇몇 무신론 서적들이 베스트셀러로 읽히면서, 그런 분위기가 더욱 힘을 얻고 있습니다. 믿지 않는 것이 똑똑하고 정신적으로 자유한 것이며 깨어 있고 시대의 흐름에 맞는 증거인 것처럼 오해되고 있습니다. 반면, 믿는 것은 어리석고 정신적으로 뭔가에 예속되어 있으며 시대의 흐름에 뒤쳐져 있다는 증거로 오인되고 있습니다. 이런 분위기 속에서 믿는 사람들은 주눅이 드는 것 같습니다. 마치 믿는다는 것이 큰 약점인 양 느끼도록 만드는 분위기입니다.

물론, 부끄러워해야 할 믿음이 있습니다. 수치스러운 믿음이 있습니다. 명백히 이성에 모순되며 도덕률에 위배되는데도 불구하고 이상한 믿음을 신봉하는 사람들이 있습니다. 사교 집단에 빠지는 경우가 그 예입니다. 반드시 사교 집단에 빠진 것은 아니라 하더라도, 극단적인 믿음, 맹신적인 믿음, 광신적인 믿음이 있습니다. 본인들은 잘 믿고 있다고 생각하는데, 사실은 과녁을 한참 빗나간 믿음이 있습니다.

하지만 요한처럼 믿는 믿음은 부끄러움의 대상이 아닙니다. 이성의 목적은 요한의 경우처럼 주변에서 일어난 일들을 깊이 들여다보면서 참다운 믿음에 이르기 위해 힘쓰는 것이라고 할 수 있습니다. 이것을 영어로는 'contemplative living'이라고 부릅니다. 우리말로 하면 '관조적인 삶' 또는 '묵상적인 삶'이라고 할 수 있을까요? 쉬운 말을 사용하자면, 차분하고 침착하게 주변을 관찰하고 묵상하는 삶의 방식을 말합니다. 그렇게 주의 깊게 살피고 생각하고 기도하면 믿음의 길이 열립니다. 우리가 신앙생활에 힘쓰는 목적은, 요한이 무덤 안을 살펴본 것과 같은 눈과 마음과 생각을 유지하는 데 있다고 할 수 있습니다. 그런 눈과 마음과 생각을 가지고 살아가는 것이 곧 진실한 믿음에 이르는 길입니다.

무작정의 믿음이 아니라 관조적인 삶을 통해 이른 믿음이라면, 무신론자들 앞에서 주눅 들 이유가 없습니다. 그들이 이성을 자랑합니까? 이성을 제대로 사용하는 사람은 신의 존재에 대해 부정할 수 없는 단서들을 발견하게 되어 있습니다. 그들이 과학의 원리와 법칙을 자랑합니까? 과학은 하나님의 창조의 신비를 찾아가는 과정입니다. 그들이 종교가 저질러 온 잘못을 비판합니까? 부정할 마음은 아니지만, 그것 때문에 믿음 자체를 부정하는 것은 비이성적인 판단입니다. 요한의 눈과 마음과 생각으로 진리를 추구하는 사람이라면, 그 사람은 그 어떤 무신론자나 반(反)신론자 앞에서도 의연하고 겸손하게 자신의 믿는 바를 말할 수 있을 것입니다.

무신론자들은 신의 존재를 믿을 만한 결정적인 증거가 없다고 주장합니다. 예수의 부활을 인정할 만한 결정적인 증거가 없다고 주장합니다. 그렇습니다. 결정적인 증거는 없습니다. 결정적인 증거가 있을 수 없습니다. 그 모든 일이 우리의 경험을 넘어서는 것이기 때문입니다. 우리에게는 신의 존재에 대한 단서들만 있을 뿐입니다. 예수님의 부활에 대한 단서들만 있을 뿐입니다. 그 단서들을 보고 추론하여 진실을 추적해 가야 합니다. 요한이 믿은 것은 결정적인 증거 때문이 아니었습니다. 그는 예수님이 남긴 흔적들을 세심하게 관찰하고 나서, 그 관찰을 근거로 믿은 것입니다.

6

이 대목에서 20장 후반부에 나오는 도마와 예수님과의 대화를 생각해 볼 필요가 있습니다. 열두 제자 중 한 사람인 도마는 예수님이 부활하셨다는 소식을 듣고는 "나는 내 눈으로 그의 손에 있는 못 자국을 보고, 내 손가락을 그 못 자국에 넣어 보고, 또 내 손을 그의 옆구리에 넣어 보지 않고서는 믿지 못하겠소!"라고 말했습니다(25절). 결정적인 증거가 없는 한 믿지 못하겠다는 뜻입니다. 나중에 부활하신 예수님이 도마를 만나서, "네 손가락을 이리 내밀어서 내 손을 만져 보고, 네 손을 내 옆구리에 넣어 보아라. 그래서 의심을 떨쳐 버리고 믿음을 가져라"고 말씀하셨습니다(27절). 도마는 예수님과의 만남에 압도되어 즉석에서 "나의 주님, 나의 하나님!"이라고 고백하게 됩니다. 그러자 예수님은 도마에게 이렇게 말씀하셨습니다. "너는 나를 보았기 때문에 믿느냐? 나를 보지 않고도 믿는 사람은 복이 있다"(29절).

도마가 "보았기 때문에 믿은" 사람이라면, 요한은 "보지 않고도 믿은" 사람입니다. 도마는 결정적인 증거를 보고서야 믿었지만, 요한은 그런 것이 없이도, 그에게 남겨진 단서들을 보고 추론하여 예수님이 자신의 예언대로 부활하셨음을 믿었습니다. 그런 점에서 요한은 보지 않고 믿었다고 할 수 있습니다. 요한이 부활을 믿고 부활하신 예수님을 기다렸을 때, 그분은 요한에게 당신을 드러내 보여 주셨습니다. 요한은 육안으로 본 것이 아니라 마음의 눈으로 보았습니다. 요한에게 있어서 부활하신 예수님은 그가 숨을 쉬고 있는 것만큼이나 명백한 현실이 되었습니다.

말씀을 마무리하면서 저는 구상 선생의 시 '말씀의 실상'을 나누고 싶습니다. 이 시는 관조적인 삶을 통해 일상에 널려 있는 단서들을 보고 영의 눈이 열린 순간의 황홀한 체험을 노래하고 있습니다.

영혼의 눈에 끼었던
무명(無明)의 백태가 벗겨지며
나를 에워싼 만유일체가
말씀임을 깨닫습니다.

노상 무심히 보아 오던
손가락이 열 개인 것도
이적에나 접한 듯
새삼 놀라웁고

창밖 울타리 한구석
새로 피는 개나리꽃도
부활의 시범을 보듯
사뭇 황홀합니다.

창창한 우주, 허막(虛漠)한 바다에
모래알보다도 작은 내가
말씀의 신령한 그 은혜로
이렇게 오물거리고 있음을
상상도 아니요, 상징도 아닌
실상으로 깨닫습니다.

7

21세기를 살고 있는 우리는 도마처럼 부활하신 예수님을 육안으로 보고 믿을 방도가 없습니다. 요한처럼 믿는 방법밖에 없습니다. 이것을 두고 불행하다 하겠습니까? 예수께서 도마에게 하신 말씀을 다시 한 번 생각해 봅시다. "너는 나를 보았기 때문에 믿느냐? 나를 보지 않고도 믿는 사람은 복이 있다." 우리가 요한처럼 우리 주변에 널려 있는 단서들을 주의 깊게 살펴보고 그것들에 대해 깊이 생각하고 기도하며 진리를 추구해 나간다면, 하나님에 대해, 부활에 대해, 영생에 대해, 그리고 하나님 나라에 대해 깨달아 갈 것입니다. 그렇게 하여 믿음에 이르면, 비로소 마음의 눈, 영의 눈이 열리고, 육안으로 보이지 않던 부활하신 주님을 뵙고 살 수 있게 될 것입니다.

이제 찬송가 151장의 가사를 생각해 봅니다. 후렴 가사에 보면 "예수 예수, 늘 살아 계셔서 주 동행하여 주시며 늘 말씀하시네. 예수 예수 내 구세주 예수, 내 맘에 살아 계시네. 늘 살아 계시네"라고 되어 있습니다. 저는 이 찬송의 영문 가사를 참 좋아하는데, 특히 후렴 부분의 경우 악보에 맞추느라 우리말 번역이 원문의 의미를 많이도 깎아 버렸습니다. '그분은 살아 계시네'(He Lives)라는 제목의 이 찬송의 후렴의 의미를 살려 번역하면 다음과 같습니다.

그분은 살아 계시네, 살아 계시네.
그리스도 예수는 오늘 살아 계시네!
인생의 좁은 길을 걸어갈 때
그분은 나와 함께 말씀하시고 나와 함께 걸으시네.
그분은 살아 계시네, 살아 계시네.
구원을 베풀어 주시네!
그분이 살아 계심을 어떻게 아느냐고,
당신은 묻지요.
어떻게 아느냐고요?

그분이 제 마음에 살아 계시거든요.

여러분 모두에게 이 같은 관조적 삶의 은총이 깃들기를 간절히 기원합니다. 우리의 일상에 흩어져 있는 단서들을 깊이 들여다봄으로 영원한 하나님 나라를 볼 수 있기를 바랍니다. 그렇게 영적인 눈이 열려, 우리 마음 안에 살아 계신 주님을 발견하고 그분과 함께 인생의 좁은 길을 기쁨으로 걸어갈 수 있기를 간절히 기도합니다.

살아 계신 주님,
저희에게
요한의 마음, 그 눈, 그 태도를 주소서.
그리하여 숨겨진 보물을 찾아내게 하소서.
주위에 널려 있는 단서들을 보고
주님의 자취를 찾을 수 있는 눈을 주소서.
저희 마음 안에 계신 주님을 알아볼 눈을 주소서.
부활의 주님과 함께 살아감으로
사막 같은 세상을 꽃동산으로 바꾸고
전쟁터 같은 인생을 잔칫집으로 바꾸게 하소서.
아멘.

2 누군가 내 이름을 부르고 있다

그런데 마리아는 무덤 밖에 서서 울고 있었다. 울다가 몸을 굽혀서 무덤 속을 들여다보니, 흰 옷을 입은 두 천사가 앉아 있었다. 한 천사는 예수의 시신이 놓여 있던 자리 머리맡에 있었고, 또 한 천사는 발치에 있었다. 천사들이 마리아에게 말하였다. "여인아, 왜 우느냐?" 마리아가 대답하였다. "누가 우리 주님을 가져갔습니다. 어디에 두었는지 모르겠습니다." 이렇게 말하고 뒤로 돌아섰을 때에, 마리아는 예수께서 서 계신 것을 보았지만, 그분이 예수이신 줄은 알지 못하였다. 예수께서 마리아에게 말씀하셨다. "여인아, 왜 울고 있느냐? 누구를 찾느냐?" 마리아는 그가 동산지기인 줄로 알고 "여보세요, 당신이 그분을 옮겨 갔거든, 어디에다 두셨는지를 말해 주십시오. 내가 그분을 모시겠습니다" 하고 말하였다. 예수께서 "마리아야!" 하고 부르셨다. 마리아가 돌아서서, 히브리 말로 "라부니!" 하고 불렀다. (그것은 '선생님!'이라는 뜻이다.) 예수께서 마리아에게 말씀하셨다. "내게 손을 대지 말아라. 내가 아직 아버지께로 올라가지 않았다. 이제 너는 내 형제들에게로 가서, 내 아버지 곧 너희의 아버지, 내 하나님 곧 너희의 하나님께로, 내가 올라간다고 말하여라." 막달라 사람 마리아는, 자기가 주를 보았다는 것과, 주께서 자기에게 이런 말씀을 하셨다는 것을, 제자들에게 가서 전하였다.

—요한복음 20:11-18

1

앞 장에서 우리는 부활의 아침에 있었던 일을 살펴보았습니다. 예수님의 무덤이 비어 있다는 사실을 발견한 막달라 마리아가 베드로와 요한에게 와서 이 사실을 알렸고, 두 사람은 급히 무덤으로 달려가 그 사실을 확인합니다. 제자 요한은 무덤 안에 남겨진 단서들을 주의 깊게 보고 부활에 관한 예수님의 말씀을 믿게 됩니다. 반면, 베드로는 동일한 현장을 보고도 요한과 같은 믿음에 이르지는 못합니다. 두 제자는 무덤 안을 충분히 살펴본 다음, 자신들이 있던 곳으로 다시 돌아갑니다. 무덤 밖에는 다시금 막달라 마리아가 홀로 남겨져 있습니다.

막달라 마리아는 아직도 누군가 예수님의 시신을 훔쳐 갔다고 생각하고 있습니다. 교회 전통에서 막달라 마리아는 성매매 여인 출신으로 알려져 있지만, 성경에는 그런 언급이 전혀 없습니다. 그녀는 아주 심한 병에 걸려 고생했는데, 예수님께 치료받고 난 이후로 예수님의 제자가 되어 그분을 따라다닌 사람입니다. 그녀도 예수님을 사랑하고 예수님도 그녀를 특별히 아꼈기 때문에, 막달라 마리아는 '예수님의 연인'으로 오해되기도 했지만, 이 역시 근거 없는 이야기입니다. 다만 분명한 것은 예수님을 아끼는 막달라 마리아의 마음만은 특별했다는 사실입니다. 그 사랑이 특별했기에, 사랑하는 사람을 잃은 슬픔도 특별했을 것입니다. 그런데 그분의 시신을 잃어버렸으니, 얼마나 가슴이 아팠겠습니까? 두 제자가 무덤을 떠난 후에도 마리아는 무덤 밖에 서서 한참을 울었습니다.

얼마나 울었을까? 마리아는 무덤 안을 다시 한 번 살펴보고 싶었습니다. 남자 제자들처럼 차마 무덤 안으로 들어가지는 못하고, 몸을 굽혀 무덤 속을 들여다봅니다. 아무도 없는 줄은 알지만, 혹시나 싶어 다시 살펴봅니다. 그때 마리아는 깜짝 놀랍니다. 예수님의 수의가 놓여 있는 자리 양 끝에 두 사람이 앉아 있는 것입니다. 그들은 사람의 모습을 했으나 이 세상에 속한 사람처럼 보이지는 않습니다. 마리아는 천사에 대한 이야기를 많이 들어 왔지만 그런 존재가 실재하는지에 대해서는 확신이 없었습니다. 그런데 무덤 안에 앉아 있는 두 사람을 보는 순간, 마리아는 '아, 사람들이 천사라고 부르는 존재가 이런 사람들을 두고 하는 말이로구나!' 하고 직감적으로 느낄 수 있었습니다.

그들이 마리아에게 묻습니다. "여인아, 왜 우느냐?"(13절) 마리아는 뭔가 대답을 얻을 수 있을 것 같은 희망에, "누가 우리 주님을 가져갔습니다. 어디에 두었는지 모르겠습니다"라고 대답합니다. 마리아는 그 천사들이 어떤 답을 주기를 기다리지만, 답은 없습니다. 다만, 천사들은 눈짓하여 '뒤를 보라'고 신호를 줍니다. 마리아가 뒤를 돌아보자, 어떤 남자가 그곳에 서 있습니다. 그 남자는 마리아에게 묻습니다. "여인아, 왜 울고 있느냐? 누구를 찾느냐?"(15절)

마리아는 그가 예수님인 줄은 알아차리지 못합니다. 눈에 고여 있는 눈물 때문이었을까요? 마리아는 그 사람이 동산을 지키는 사람인 줄 알았습니다. 그래서 그에게 묻습니다. "여보세요, 당신이 그분을 옮겨 갔거든, 어디에다 두셨는지를 말해 주십시오. 내가 그분을 모시겠습니다." 그러자 그 사람이 낯익은 목소리로 마리아를 부릅니다. "마리아야!"(16절) 자신의 이름을 부르는 음성을 듣는 순간, 마리아는 그 사람이 동산지기가 아니라 바로 자신이 찾던 예수님이라는 사실을 알아차립니다. 마리아는 기뻐서 "라부니!" 곧 "선생님!" 하고 부르면서 그분을 끌어안으려 합니다.

예수님은 마리아의 행동을 제지하며 이렇게 말씀하십니다. "내게 손을 대지 말아라. 내가 아직 아버지께로 올라가지 않았다. 이제 너는 내 형제들에게로 가서, 내 아버지 곧 너희의 아버지, 내 하나님 곧 너희의 하나님께로, 내가 올라간다고 말하여라"(17절). 마리아는 내밀던 손을 멈칫 거두어들이고 행복한 표정으로 주님을 바라봅니다. 와락 끌어안아야 속이 시원할 것 같았는데, 잠시 그분을 바라보고 있으니 행복이 마음에 차오릅니다. 마음의 빈자리가 이제 무언가로 가득 채워진 느낌입니다. 마음이 따뜻해집니다. 얼굴에는 눈물 자국이 아직도 선명한데, 행복한 표정이 얼굴 가득 차오릅니다.

얼마 후 마리아는 예수님의 분부대로 제자들에게 돌아가 자신에게 일어난 일들을 전해 줍니다. 아마도 제자들은 막달라 마리아의 표정과 말과 행동을 보고 적잖이 놀랐을 것입니다. "그토록 예수님을 사모하여 따라다니더니, 결국 실성을 했나?" 하고 생각하는 사람도 있었을 것입니다. 베드로와 요한은 "우리가 돌아올 때 데리고 올걸. 여자를 무덤에 홀로 두고 오다니! 우리가 저 여자를 미치도록 내버려 둔 셈이군!" 하면서 자책했을지도 모릅니다. 하지만 자세히 보니, 실성한 사람이라고 하기에는 너무도 정상적입니다. 그렇지만 또한 정상적인 사람이라고 하기에도 뭔가 이상합니다. 발이 땅에 분명히 닿았는데, 마치 공중에 떠 있는 사람 같습니다. 후에 제자들은 부활하신 주님을 뵙고 나서야 마리아의 감정을 이해할 수 있었을 것입니다. 왜 그렇게 행복해 보였는지! 왜 그렇게 달라 보였는지!

2

부활을 믿기 위해서는, 예수님의 무덤이 비어 있음을 확인하는 것으로 충분하지 못합니다. 예수님이 부활했다는 증거를 손에 쥐는 것으로는 충분하지 못합니다. 요한처럼 무덤 안에 남겨진 단서들을 보고 예수님이 부활했다는 사실을 받아들이고 믿는 것으로도 충분하지 못합니다. 그것으로는 마음의 빈자리를 채울 수 없습니다. 그것으로는 우리의 눈물이 멈추지 않습니다. 그것으로는 우리의 표정이 바뀌지 않습니다. 그것으로는 실성한 것 치고는 너무도 정상적이지만 또한 정상적인 것 치고는 너무도 이상한, 신비로운 변화가 일어날 수 없습니다. 관조적인 삶을 통해 얻은 요한의 믿음도 아직은 온전한 것이 아니었습니다.

그 모든 것에 더하여 부활하신 주님을 만나는 것이 필요합니다. 예수님이 부활하셨다는 것을 역사적 사실로 믿는 것으로는 내 삶이 변하지 않습니다. 부활하신 주님을 인격적으로 만나, 부활의 현실이 내 삶 속으로 뚫고 들어와야 합니다. 그럴 때 부활의 소식은 나에게 복음이 되고 희망이 되며 생명이 됩니다. 그 만남의 사건이 있어야만 부활의 능력이 내 삶 속으로 뚫고 들어와 그 능력을 드러낼 수 있습니다.

앞 장에서 저는 요한의 이야기를 살펴보면서, 관조적이고 묵상적인 삶이 얼마나 중요한지를 말씀드렸습니다. 일상에 흩어진 단서들을 차분하게 깊이 들여다보고, 그 단서들을 통해 하나님을 생각하고 영원을 바라보고 하나님 나라를 생각하며 부활을 소망하는 태도가 필요하다고 말씀드렸습니다. 그러나 만일 이야기가 거기서 끝난다면, 기독교의 매우 중요한 한 차원을 부정하는 잘못을 범하게 됩니다. 만일 도를 닦아서 영혼의 눈을 뜨면 된다고 생각한다면, 그것은 기독교가 아닙니다. 우리가 노력만 하면 진리에 닿을 수 있다는 믿음은 기독교의 믿음이 아닙니다.

기독교 신앙에는 우리가 노력해서 얻을 수 있는 것보다 더 중요한 것이 있습니다. 기독교 신앙은, 하나님께서 자신을 우리에게 드러내셔야만 우리가 그분을 제대로 알 수 있다고 믿습니다. 하나님께서 자신을 낮추어 우리를 찾아오셔야만 우리가 그분을 만날 수 있다고 믿습니다. 하나님께서 우리와의 관계를 열어 주셔야만 우리가 그분과의 관계 안에서 살 수 있다고 믿습니다. 기독교 신앙은, 우리가 하나님을 더듬어 찾아갈 방도가 없다고 믿습니다. 하나님을 더듬어 찾으려는 우리를 하나님께서 찾아오셔야만 만남이 가능하다고 믿습니다. 그래서 기독교를 '계시의 종교'라고 말하는 것입니다.

하나님의 계시가 없는, 묵상적이고 관조적인 노력으로는 부족합니다. 하나님과의 인격적인 만남 없이, 주변에 흩어져 있는 단서들을 보는 것으로는 충분하지 못합니다. 묵상적이고 관조적인 삶을 통해 하나님을 찾아가는 노력이 마땅히 있어야 하지만, 하나님께서 우리에게 응답하시지—자신을 드러내시고, 우리에게 손을 내밀어 주시고, 우리의 이름을 불러 주시지—않는다면, 우리의 믿음은 단지 머리에만 머무는 믿음이 되고 말 것입니다. 머리에만 머물러 있는 믿음은 우리의 삶에 아무런 변화도 만들어 내지 못합니다.

3

오늘 본문에서 주목할 대목이 두 군데가 있습니다. 우선, 막달라 마리아가 부활하신 주님을 보고도 알아보지 못하다가, 그분께서 "마리아야!" 하고 이름을 부르자 그제서야 그분이 누구인지 깨닫고 "라부니!"라고 응답하는 대목입니다. '라부니'는 아람어로 '선생님'이라는 뜻입니다.

이름에는 호칭이나 기호 이상의 의미가 있습니다. 감옥에 들어가 본 경험이 있는 분들이 공통적으로 고백하는 이야기가 있습니다. 감옥에 들어가 죄수 번호가 주어지고 이름이 아니라 그 번호로 호명될 때, 마치 자신이 인간이라는 사실을 부정당하는 듯한 비참함을 느낀다고 합니다. 그러다가 누군가 자신의 이름을 불러 주면, 마치 다시 인간이 된 것 같은 감정을 느낀다고 합니다. 이렇듯 이름은 의미 깊은 것입니다. 그러므로 자신의 이름을 다른 사람에게 알려 주는 것은 자신을 그 사람에게 개방한다는 뜻이고, 마음을 담아 다른 사람의 이름을 불러 주는 것은 그 사람에게 다가가고 싶다는 열망의 표현이 됩니다.

이 대목에서 김춘수 시인의 유명한 시 '꽃'을 생각하는 분들이 적지 않을 것입니다. "내가 그의 이름을 불러 주기 전에는 그는 다만 하나의 몸짓에 지나지 않았다. 내가 그의 이름을 불러 주었을 때 그는 나에게로 와서 꽃이 되었다"는 시 말입니다. 상대방의 이름을 불러 주는 것은 그 사람과의 관계가 시작되었다는 뜻입니다. 관계가 이루어져야 비로소 우리는 그 사람을 진실로 알 수 있습니다. 그리고 그렇게 인격적인 관계가 만들어져야만 그 관계가 나에게 영향을 미치게 되어 있습니다. 유명한 유대인 사상가인 마르틴 부버(Martin Buber)도 「나와 너」(*Ich und Du*)라는 책을 통해 진정한 인격적 관계가 참된 인간성의 회복에 있어서 얼마나 중요한지를 잘 안내해 준 적이 있습니다.

이런 점에서 볼 때, 부활하신 주님께서 막달라 마리아의 이름을 불러 주셨을 때 비로소 마리아가 주님을 알아보았다는 대목은 깊이 성찰해 보아야 할 대목입니다. 부활하신 주님은 마리아가 그분을 부르기 전에 이미 마리아 곁에 오셨고 그녀의 이름을 불러 주셨습니다. 마리아는 그분이 자기 이름을 부르는 것을 듣는 순간 그분이 누구신지 알 수 있었습니다. 이로써 참된 만남, 인격적인 만남이 이루어지게 되었습니다.

두 번째로 주목할 대목은, 예수님이 자신을 와락 껴안으려고 하는 마리아를 제지하면서 "내게 손을 대지 말아라. 내가 아직 아버지께로 올라가지 않았다"(17절)라고 대답하는 대목입니다. 이 말이 무슨 뜻인지를 두고 주석가들은 고민이 많았습니다. 우리가 예수님의 의중을 다 알 수는 없는 일이니, 이 말씀의 뜻을 다 풀려는 욕심은 버리는 편이 나을 것입니다. 다만, 예수님이 마리아에게 그분을 대하는 방법을 바꾸도록 요청하고 있다는 사실만은 알아채야 합니다. 육신을 입고 계실 때 예수님을 대하던 방식과 부활하신 주님을 대하는 방식이 달라야 한다는 뜻입니다. 부활하신 주님은 손으로 만져 확인할 수 있는 존재가 아닙니다. 부활하신 주님은 마음으로 느껴 알 수 있는 분입니다. 육안으로 볼 수 있는 분이 아니라 영혼의 눈으로 볼 수 있는 분입니다.

그러므로 이 대화를 통해 예수님은 막달라 마리아를 영적으로 한 차원 끌어올리고 있는 셈입니다. 마리아의 이름을 부르셔서 자신을 드러내신 부활의 주님은, 마리아에게 영적으로 그분과 함께 교제하는 방법을 가르치고 계십니다. 지난 시간 갈릴리를 유랑하며 나누던 사귐의 추억은 이제 추억으로 간직해야 하는 것입니다. 이제는 손으로 만질 수 없는 영적 존재이신 주님을 새롭게 대하고, 그분과의 사귐을 통해 영적으로 피어나야 합니다. 막달라 마리아는 이 경험을 통해 세상을 새롭게 보게 되었고, 부활하신 주님과의 영적인 교제 속으로 들어가게 되었습니다.

초대 교회에서 막달라 마리아는 무시 못할 중요 인물이 되었습니다. 비록 열두 사도의 명단에는 들지 못했지만, 어쩌면 베드로와 쌍벽을 이룰 정도로 중요한 역할을 감당했습니다. 예수님의 제자로서 그분의 죽음과 매장의 장소에 증인으로 있었고, 그분의 빈 무덤을 가장 먼저 발견했고, 부활하신 주님을 맨 처음 만난 사람인 막달라 마리아는 초대 교회 교인들에게 매우 중요한 인물로 받아들여졌을 것입니다. 하지만 그 모든 것보다 부활하신 주님과의 밀도 있는 교제를 통해 오는 부활의 능력이 그녀의 삶 속에서 빛을 발했기 때문에 그녀는 존경을 받았을 것입니다. 그녀는 부활의 역사에 대한 증인일 뿐 아니라 부활의 능력에 대한 증인이기도 했습니다.

부활하신 주님은 막달라 마리아에게만 나타나신 것이 아닙니다. 나중에 열한 제자에게 나타나셨고, 또한 수많은 믿는 사람들에게도 나타나셨습니다. 예외적으로 손으로 만질 수 있는 모습으로 나타나시기도 했지만, 대부분 손으로 잡을 수 없는 방식으로 나타나셨습니다. 주님은 부활의 소식을 믿고 그분을 사모하며 기다리는 사람들을 찾아가셔서 그들의 이름을 불러 주셨습니다. 마음속에 들리는 세미한 음성에 귀 기울이는 사람들은 부활의 주님께서 부르시는 음성을 들었습니다. 그러고는 그분과의 관계 속으로 들어가 그분과 영적으로 하나가 되어 살아갔습니다. 이로써 부활의 능력이 그들의 삶 속에서 살아 움직이게 되었습니다.

이 일은 지금도 계속되고 있으며 세상 끝 날까지 지속될 것입니다. 부활하신 주님은 똑같은 메시지를 요한계시록에서 이렇게 전하십니다. "보아라, 내가 문 밖에 서서, 문을 두드리고 있다. 누구든지 내 음성을 듣고 문을 열면, 나는 그에게로 들어가서 그와 함께 먹고, 그는 나와 함께 먹을 것이다"(3:20). 나의 이름을 부르시는 그분의 음성을 알아듣고 나아가 문을 열면 영적인 관계가 시작됩니다. 그분이 내 삶 속에 들어오셔서, 그분은 나와 함께 먹고 나는 그분과 함께 먹습니다. 함께 더불어 살아가게 됩니다. 부활의 주님과 내가 일심동체가 되는 것입니다. 이로써 무덤 밖에 서서 울고 있던 막달라 마리아와 같은 우리의 삶에 변화가 생겨납니다. 죽음의 세력이 힘을 떨치던 우리의 삶에 부활의 능력과 생명의 능력이 득세합니다. 공동묘지처럼 암울하던 우리의 삶이 잔칫집으로 변화됩니다.

4

성도 여러분, 여러분은 자신의 이름을 불러 주시는 그분을 만났습니까? 혹시 아직도 예수 그리스도가 낯설고 저 멀리 계신 분처럼 느껴지는 것은 아닙니까? 그분에 대해 알기는 하지만, 그분을 세계 3대 성인으로 존경하기는 하지만, 그리고 그분이 인류의 스승으로 존경받아 마땅하다는 사실은 인정하지만, 거기서 멈추어 서 있는 것은 아닙니까? 그렇다면 여러분의 신앙은 무엇을 위한 것입니까? 그냥 마음에 위로나 받자는 것입니까? 혹은 인격 수양을 위한 것입니까? 만일 우리의 신앙이 여기서 그친다면, 우리는 선물을 받고서 선물 포장지에 만족하고 있는 아이와 별로 다를 바가 없을 것입니다.

부활하셔서 지금도 우리 마음속에서 우리의 이름을 부르고 계신 그분을 만나야 합니다. 너 나 할 것 없이 우리 모두는 그 음성을 오래전부터 들어 왔습니다. 여러분 가운데 어떤 분은 그 음성을 알아듣고 지체 없이 응답하여, 문을 열고 주님을 영접해 들였을 것입니다. 어떤 분은 그 음성을 무시하고 외면한 채 지내 오다가, 끝내 항복하고 주님을 영접했을 것입니다. 또 어떤 분은 아직도 응답하기를 거부하고 있을지도 모릅니다. 몸은 교회에 와 있으나 마음으로는 그 음성에 응답하지 않고 있을지도 모릅니다. 그렇다면 믿는다고 말하지만, 그 사람의 삶 속에는 생명의 능력이 아니라 죽음의 세력이 더 강하게 활동하고 있을 것입니다.

저는 흑인 영가를 참 좋아합니다. 음악의 분위기도 어쩐지 우리의 전통 음악과 유사하여 체질에 맞습니다. 뿐만 아니라, 흑인 영가의 가사는 영혼 깊은 곳을 만져 주는 힘이 있습니다. 어떤 곡은 너무 타계적인 면도 있지만, 흑인 노예들의 곤고한 삶을 생각하면 얼마든지 이해할 수 있습니다. 그런 경우를 제외하면, 아무런 교육도 받지 못한 흑인 노예들이 지어 부른 찬송인데, 그 가사에 신앙의 진수가 담겨 있어서 놀랄 때가 많습니다. 교육 받지 못한 흑인 노예들의 찬송이 때로는 위대한 신학자의 글보다 더 심오합니다.

그중 하나가 '조용, 조용, 누군가 내 이름을 부르셔'(Hush, hush, Somebody's Calling My Name)라는 노래입니다. 캐슬린 배틀(Kathleen Battle)의 음성으로 이 노래를 한번 들어 보시기 바랍니다.

조용, 조용, 누군가 내 이름을 부르셔.
조용, 조용, 누군가 내 이름을 부르셔.
조용, 조용, 누군가 내 이름을 부르셔.
오 나의 주님, 오 나의 주님, 제가 어찌하리까, 어찌하리까?

예수님 목소리 같은데, 누군가 내 이름을 부르셔.
예수님 목소리 같은데, 누군가 내 이름을 부르셔.
예수님 목소리 같은데, 누군가 내 이름을 부르셔.
오 나의 주님, 오 나의 주님, 제가 어찌하리까, 어찌하리까?

환난이 끝날 때가 있다니, 나는 기뻐라.
환난이 끝날 때가 있다니, 나는 기뻐라.
환난이 끝날 때가 있다니, 나는 기뻐라.
오 나의 주님, 오 나의 주님, 제가 어찌하리까, 어찌하리까?

조용, 조용, 누군가 내 이름을 부르셔.
조용, 조용, 누군가 내 이름을 부르셔.
조용, 조용, 누군가 내 이름을 부르셔.
오 나의 주님, 오 나의 주님, 제가 어찌하리까, 어찌하리까?

여러분은 어찌하시겠습니까? 이제 그 음성에 응답하시기 바랍니다. 막달라 마리아가 주님의 음성을 듣고 부활하신 주님을 만났던 것처럼, 그분의 음성에 응답하시기 바랍니다. 그분과 만나 사귀는 삶을 시작하시기 바랍니다. 한 집에 살면서, 여러분은 그분과 함께 먹고 그분은 여러분과 함께 먹게 하십시오. 그러면 우리의 삶이 바뀔 것입니다. 무덤에서 울던 마리아가 기뻐 뛰며 제자들에게 달려간 것과 같은 변화가 일어날 것입니다. 눈물은 그치고 억제할 수 없는 기쁨에 사로잡힐 것입니다. 그것이 믿음입니다. 그것이 구원입니다. 그것이 영생입니다. 그것이 천국입니다.

5

부활절에 세례를 받는 교우들을 면담하면서 여러 가지의 특별한 경험을 한 적이 있습니다. 세례 받을 분들의 이야기가 하나같이 특별하고 감동적이며 또한 신비로웠습니다. 그중 한 분의 이야기를 나누려 합니다.

그분은 자라면서 어머니로부터 사랑을 받아 본 기억이 별로 없었습니다. 그래서 사랑받는 것에 대한 갈증이 있었습니다. 그 갈증을 채워 보기 위해서 이것저것에 희망을 두고 여러 가지 시도를 해 보았습니다. 그러나 그 어느 것 하나 신통한 답을 주지 못했습니다. 그러다가 늦은 나이에 자녀들을 데리고 미국으로 건너와 살면서 제가 섬기는 교회에 나와 처음으로 신앙생활을 시작하게 되었습니다. 처음에는 모든 것이 생소했지만, 주일예배와 그 밖의 다른 경로를 통해 조금씩 신앙생활에 대해 배웠습니다. 듣고 배운 대로 하나둘 실천하면서 하나님의 은총에 젖어 갔습니다.

그러던 어느 날, 홀로 말씀을 읽고 기도하고 있었습니다. 손을 모으고 기도하던 중 자기도 모르게 손이 움직였습니다. 그 손은 자신의 볼을 어루만지고 있었습니다. 그와 동시에 "내가 너를 사랑한다. 내가 너를 사랑한다"는 느낌이 마음을 압도했습니다. 그 순간 그 자매님의 손은 잠시 동안 하나님의 손을 대신했던 것입니다. 하나님은 그 자매님의 손을 사용해 그분의 얼굴을 매만지시며 그 마음에 말씀하셨던 것입니다. 잠깐이었지만, 그 경험을 통해 그분은 평생 처음으로 "누구에게 사랑받는다는 것"이 어떤 것인지 체험했고, 몇 십 년 동안 비어 있었던 마음의 빈자리가 채워졌으며, 깊은 위로와 평안을 얻었습니다. 그때 그분은 자신의 이름을 불러 주시는 주님을 만난 것이 아니겠습니까? 막달라 마리아처럼 말입니다.

기억합시다. 부활하신 주님은 막달라 마리아에게 하셨던 것처럼 들릴 듯 말 듯 나직한 목소리로, 그러나 결코 포기하지 않으시며 우리의 이름을 부르고 계십니다. "나와 함께 살자"고, "나와 함께 놀자"고, "나와 함께 눕자"고, "나와 함께 먹자"고, "나와 함께 일하자"고, "나와 함께 살고 지자"고, 우리의 이름을 부르고 계십니다. 그렇게 그분과 함께 살아, 참되고 영원한 삶을 누리자고 부르십니다.

그 부름을 여러분은 어쩌시겠습니까?

사랑의 음성으로 우리의 이름을 부르시는 주님,
저희로 그 음성을 듣게 하시고
그 부름에 응답하게 하소서.
주님을 마음에 모시고
더불어 살게 하소서.
주님의 생명이 저희의 목숨을 채우시고
주님의 진리가 저희의 거짓을 삼키시며
주님의 능력이 저희의 무능을 이기소서.
저희의 슬픔을 기쁨으로 바꾸시고
저희의 눈물이 미소가 되게 하소서.
부활의 능력이
저희의 삶 속에서 빛나게 하소서.
아멘.

3 큰일은 없다

그날, 곧 주간의 첫날 저녁에, 제자들은 유대 사람들이 무서워서, 문을 모두 닫아걸고 있었다. 그때에 예수께서 와서, 그들 가운데로 들어서셔서, "너희에게 평화가 있기를!" 하고 인사말을 하셨다. 이 말씀을 하시고 나서, 두 손과 옆구리를 그들에게 보여 주셨다. 제자들은 주님을 보고 기뻐하였다. [예수께서] 다시 그들에게 말씀하셨다. "너희에게 평화가 있기를 빈다. 아버지께서 나를 보내신 것 같이, 나도 너희를 보낸다." 이렇게 말씀하신 다음에, 그들에게 숨을 불어넣으시고 말씀하셨다. "성령을 받아라. 너희가 누구의 죄든지 용서해 주면, 그 죄가 용서될 것이요, 용서해 주지 않으면, 그대로 남아 있을 것이다."

—요한복음 20:19-23

1

세상에 가장 정복하기 어려운 것, 가장 다스리기 어려운 것이 무엇이라고 생각하십니까? 뭐니 뭐니 해도, 마음이 아닌가 싶습니다. 마음의 평안을 얻고 그 평안을 유지하는 방법은 모든 사람이 배워야 하는 가장 어려운 훈련입니다. 얼마 전, 심란한 일을 당하신 어느 교우께서 제게 이런 말씀을 하셨습니다. 자신을 괴롭히고 있는 문제에 골몰해 있는 것이 오히려 더 큰 문제임을 알기에 거기서 벗어나기 위해 애를 써 보는데, 잠시 벗어난 것 같다 싶으면 어느새 그 문제에 다시 사로잡혀 있는 자신을 발견하곤 한다는 것입니다. 아무리 기도하고 말씀을 묵상해도 잘 되지 않는다고 말입니다.

불면증에 시달려 본 경험이 있는 분이라면, 이 심정을 잘 이해하실 것입니다. 수만 가지 생각이 바통 터치를 해 가며 마음을 흔듭니다. 그래서 잠이 오지 않는 것입니다. 그 상태에 있는 한, 잠이 들 수 없다는 것을 잘 압니다. 그래서 그 모든 상념을 내려놓고 아무 생각 없이 누워 있으려고 노력합니다. 숫자도 세어 보고, 안 되면 거꾸로 세어 보기도 하지만, 마음은 잡히지 않습니다. 잡으려고 할수록 마음은 더욱 잡히지 않습니다.

마음이 흔들리고 분산되어 있으면, 마치 흔들리는 기차에 타고 있는 것처럼 삶을 제대로 살아갈 수가 없습니다. 안정된 삶을 살기 위해 가장 중요한 것이 마음의 평화인데, 그것을 얻고 유지하기가 가장 어렵습니다. 게다가 우리 모두는 마음의 평화를 위협하는 여러 가지의 환경에 에워싸여 있습니다. 크고 작은 일들이 번갈아서 마음의 평화를 위협합니다.

다 잡은 줄 알았던 질병이 다시금 고개를 들고 나타날 때, 우리의 마음은 불안에 휩싸입니다. 은퇴할 때까지 아무 염려 없으리라 생각했던 직장으로부터 갑자기 해고통지를 받았을 때, 우리의 마음은 심하게 요동칩니다. 잘 커 주리라 믿었던 아이에게 이상이 생긴 것을 눈치 챌 때, 우리의 마음은 와르르 무너져 내립니다. 하룻밤 푹 자고 나면 다시 하루 일하기에 아무 문제가 없던 몸에 이상이 느껴질 때, 우리의 마음은 갑자기 불안에 휩싸입니다. 사랑하고 믿었던 사람에게 배신을 당한 것처럼 느낄 때, 우리의 마음은 걷잡을 수 없이 흔들립니다. 악화되는 경제 사정 때문에 그동안 지불한 돈을 모두 날려 보내고 집을 포기해야 할 상황에 마주할 때, 우리의 마음은 심한 풍랑을 만난 조각배처럼 흔들립니다. 이토록 우여곡절이 많은 인생길에서 언제나 마음의 평화를 유지하고 살아가는 것은 '불가능한 과제'(mission impossible)일지도 모르겠습니다.

2

오늘 우리가 읽은 본문의 이야기는 우리로 하여금 이 문제에 대해 깊이 생각해 보도록 도움을 줍니다. 이 본문은 두려움과 불안에 짓눌려 있는 사람들에 관한 이야기입니다. 이야기의 대강은 이렇습니다.

예수께서 부활하신 날 저녁, 제자들은 예루살렘의 어느 집의 방에 모여 있었습니다. 그들은 문을 굳게 닫아 걸고서, 두려워 떨고 있었습니다. 그들은 막달라 마리아로부터 부활하신 주님을 만났다는 이야기를 전해 들었습니다. 베드로와 요한은 그들에게 예수님의 시신이 사라졌다는 이야기를 전해 주었습니다. 이 모든 이야기를 종합해 볼 때, 뭔가 심상치 않은 일이 일어났음이 분명해 보입니다. 하지만 그 일이 무엇인지, 전혀 짐작할 수 없습니다. 게다가 예수를 죽인 유대인들이 언제 들이닥쳐 자신들을 잡아갈지도 모른다는 두려움이 그들의 마음을 짓누르고 있었습니다.

그때 예수께서 갑자기 그들 가운데 나타나셨습니다. 이해할 수 없고 설명하기도 어려운 일입니다. 아무도 드나들지 못하도록 문을 걸어 잠가 두었는데, 문득 예수님이 그들 가운데 나타나신 것입니다. 이것이 우리에게는 기적처럼 보이지만, 부활하셔서 3차원 공간을 초월해 계셨던 예수님에게는 전혀 이상한 일이 아니었습니다. 이렇게 비유할 수 있을 것입니다. 개미가 어디를 가다가 커다란 바위를 만나면, "아, 이것은 나로서는 어쩔 수 없는 한계다!"라고 생각할 것입니다. 그때 제가 그 돌을 집어 옆으로 옮겨 놓으면, 개미는 "나로서는 도저히 이해할 수 없는 일이 일어났다. 내 앞에 있던 거대한 벽이 한순간에 사라졌다! 이것은 기적이다!"라고 생각할 것입니다. 3차원을 초월해 존재하는 예수님이 행하시는 일들이 3차원에 묶여 있는 우리에게는 그렇게 보일 수 있습니다.

제자들이 두려움에 사로잡혀 모여 있던 자리에 나타나신 예수님은 입을 열어 이렇게 말씀하십니다. "너희에게 평화가 있기를!" 이것은 유대인들이 나누던 상투적인 인사말입니다. 상투적인 인사말을 주고받을 때는 말하는 사람도, 듣는 사람도 별다른 의미를 부여하지 않습니다. 건성으로 말하고, 건성으로 대답하는 경우가 대부분입니다. 하지만 이번 경우는 전혀 상투적이지 않은, 제자들의 마음에 깊은 안식과 위로를 주는 인사말이었습니다. 제자들의 마음에 참된 평화가 절실하게 필요했기 때문입니다. 이 인사말을 들었을 때, 제자들은 "그래요! 그 평화를 저희에게 주세요. 지금 저희에게 필요한 것은 마음의 평화입니다"라고 말하고 싶었을 것입니다.

하지만 지금 그들 가운데 나타난 사람은 누구입니까? 제자들은 어리둥절했을 것입니다. 문을 모두 꼭꼭 걸어 잠갔는데 갑자기 그들 한가운데 나타난 이 사람은 도대체 무엇인지! 이게 꿈인가 생시인가 싶은 사람들도 있었을 것입니다. 도깨비에 홀린 것 같은 느낌에 빠진 사람들도 있었을 것입니다. 소름 끼치고 닭살이 돋았을 것입니다. 그 사람은 "너희에게 평화가 있기를!"이라고 말하지만, 그들의 마음은 그 사람으로 인해 더욱 두려웠을 것입니다.

예수님이 그런 감정을 모르실 리 없습니다. 그분은 제자들에게 두 손을 펴서 양 손바닥에 난 못 박힌 상처를 보여 주십니다. 또한 옷자락을 헤쳐 창에 찔린 옆구리 상처를 보여 주십니다. 그제서야 제자들은 그분이 유령도 아니고 도깨비도 아니며, 십자가에서 돌아가신 나사렛 예수께서 부활하셔서 그들 가운데 오셨음을 깨닫습니다. 자신의 정체를 확인하고 나서 제자들이 안도의 한숨을 쉬자, 예수님은 또다시 "너희에게 평화가 있기를 빈다"고 말씀하십니다. 그제서야 제자들의 마음에서 불안과 두려움이 사라지고 든든한 평화가 자리 잡습니다.

3

이 이야기의 초점은 아주 분명해 보입니다. 두려움과 불안에 시달리던 제자들이 부활하신 주님을 믿고 의지함으로 마음에 평안을 얻게 되었다는 메시지입니다. 문이란 문은 모두 걸어 잠그고 피신해 있던 제자들이, 그 후에 문을 활짝 열고 밖으로 나가 죽음의 위협을 두려워하지 않고 담대하게 복음을 전했다는 이야기입니다. 마찬가지로, 우리도 부활하신 주님이 우리 가운데 계심을 깨닫고 그 사실을 믿고 그분과 함께 살아간다면, 마음에 평안을 얻고 그 평안의 힘으로 환난과 시험을 극복해 낼 수 있다는 메시지입니다.

이 메시지는 쉬워 보입니다. 하지만 그게 말처럼 그렇게 쉽던가요? 처음 믿는 분들은 잘 모르시겠지만, 믿음의 연조가 어느 정도 되는 분들은 다 경험해 보았을 것입니다. 그게 말처럼 쉽지 않다는 사실을 말입니다. 그래서 우리는 여기서 질문할 수밖에 없습니다. "혹시 이것은 그냥 귀에 듣기 좋은 위로의 말씀이 아닐까? 그렇게 믿고 의지하고 평안을 구하는데도, 현실을 마주할 때마다 마음이 요동치고 손이 떨리고 눈동자가 흔들리며 판단력이 마비되는 것은 도대체 무엇 때문이란 말인가? 나는 믿음이 좋은 줄 알았는데, 그 믿음으로 큰 시험과 환난이 닥쳐와도 멋지게 이겨 넘길 수 있기를 바랐는데, 작은 사건 앞에서조차 종적을 감춰 버리는 내 믿음은 도대체 무엇이란 말인가? 부활하신 주님을 믿고 의지할 때, 두려움과 불안을 극복하고 마음에 평화를 얻을 수 있다는 복음은 과연 진실일까?"

이야기가 여기에 이르니, 감리교회의 창시자인 존 웨슬리에 얽힌 유명한 일화가 생각납니다. 옥스퍼드 대학교 링컨 칼리지에서 신학을 가르치고 있던 성공회 신부 존 웨슬리는 1735년에 미국 조지아주에 선교사로 가서 미개한 인디언들을 대상으로 복음을 전하겠다고 결심합니다. 그에게는 편안한 환경에서 신학을 가르치는 것으로는 만족할 수 없는 그 무엇이 있었습니다. 1735년 겨울, 그는 배를 타고 조지아로 떠납니다. 겨울에 배를 타고 대서양을 건너는 것은 당시로서는 거센 풍랑과 싸워야 하는 고된 일이었습니다. 그는 야만적인 문화 속에서 죽어 가는 인디언들의 영혼을 구원하려는 열정으로 그 모든 어려움을 감당하기로 결심합니다.

아니나 다를까! 한겨울 대서양의 뱃길은 참으로 험했습니다. 거센 풍랑과 겨우 싸워 이기고 평안을 찾는가 싶으면 또 다른 풍랑이 찾아왔습니다. 웨슬리는 점점 믿음과 용기를 잃어 갔습니다. 그는 종종 죽음의 위협을 직면해야 했습니다. 하지만 그는 죽기 싫었습니다. 죽는 것이 두려웠습니다. 그 전까지는 그런 줄 몰랐습니다. 자신의 믿음이 꽤 좋은 줄 알았습니다. 하지만 풍랑에 시달리며 죽음의 문턱에까지 이르러 보니, 자신의 믿음이 얼마나 초라한 것인지 알 수 있었습니다. 하나님을 설교하고 영생을 말하며 천국을 설교하는 자신이 죽음의 위협 앞에서 혼비백산하고 있었습니다.

어느 날 저녁, 웨슬리는 독일에서 온 모라비아인들(the Moravians)이 드리는 선상 예배에 참석했습니다. 모라비아인은 보헤미아에 살던 한 종족의 이름인데, 로마가톨릭교회의 박해를 피해 독일로 이주한 개신교인들을 가리키는 말입니다. 이들 중 일부가 미국으로 이민하는 중이었고, 마침 웨슬리와 한 배를 타고 있었습니다. 웨슬리가 이들과 함께 예배를 드리던 중 강력한 폭풍이 배에 들이쳤습니다. 배가 뒤집힐 듯 흔들렸고 갑판이 깨졌습니다. 배 안에 있던 승객들은 죽음의 공포에 질려 어쩔 줄 몰라 우왕좌왕했습니다. 웨슬리도 예외가 아니었습니다. 그런데 모라비아인들은 부르던 찬송을 계속해서 부르며 침착하게 앉아 있는 것이었습니다. 웨슬리는 그 모습에 큰 충격을 받았습니다. 어느 전기 작가는 "웨슬리를 뒤흔든 것은 폭풍이 아니라 모라비아인들의 표정에서 그가 본 평안이었다"고 평했습니다. 그는 그때까지 그 같은 평안을, 그 자신에게서나 다른 사람에게서 본 적이 없었습니다.

웨슬리는 자기 자신에 대한 절망감에 빠졌습니다. 그는 야만의 문화 가운데서 죽어 가는 인디언들을 구하겠다고 나선 선교사입니다. 옥스퍼드 대학교에서 신학을 가르치던 신학자입니다. 성공회 신부요 교수요 선교사인 그가 죽음의 위협 앞에서 두려움에 질려 있는데, 변변한 교육도 받지 못한 모라비아인들은 죽음 앞에서도 전혀 흔들림이 없어 보였습니다. 그는 자신의 믿음을 의심할 수밖에 없었습니다. 그는 그날 일기에, "이 날은 내가 그동안 보아 온 날들 중 가장 영광스러운 날이었다"고 적었습니다. 자신의 믿음 없음을 절실하게 깨달은 그날을, 그는 가장 영광스러운 날로 여겼습니다. 그런 경험이 있었기에, 그로부터 약 2년 후 웨슬리 자신도 참된 믿음을 얻었고 모라비아인들이 가지고 있던 그 평화까지 얻게 되었던 것입니다.

4

이 이야기를 곰곰이 생각해 보면 무엇이 문제인지 알 수 있습니다. 부활하신 주님을 뵙고 그분을 의지하며 살아가는 사람은 그 믿음으로 불안과 두려움을 이길 수 있습니다. 이것은 단순한 위로의 말이 아니라, 능력의 복음이며 진리입니다. 인간에게 가장 두려운 적인 죽음 앞에서조차 마음의 평화를 잃지 않을 수 있는 비밀이 이 믿음 안에 있습니다. 모라비아인들은 그런 믿음을 가지고 있었습니다. 문제는 우리 자신의 믿음에 있습니다. 오늘 성경 말씀의 약속은 진리인데, 그 진리가 능력을 발휘하기에 우리의 믿음이 너무 작다는 데 문제가 있습니다. 웨슬리는 믿는다고는 했지만 믿음이 부족했고, 믿음이 부족했기에 그의 평화는 너무도 쉽게 흔들렸습니다. 같은 믿음처럼 보이지만, 흔들리지 않는 평화를 가능하게 하는 믿음이 있고, 지극히 작은 일에도 촛불처럼 꺼져 버리는 믿음이 있습니다.

사랑하는 여러분, 우리에게 있는 믿음은 어떻습니까? 우리 마음에 있는 평화는 어떻습니까? 부활하신 주님을 진실하게 믿고 있다고 하는 우리는 그분에게 있던 그 평화를 얼마나 누리고 있습니까? 존 웨슬리처럼, 우리 자신을 살펴볼 필요가 있다 싶지 않습니까? 우리의 믿음과 우리 마음의 평안을 점검해 볼 필요가 있다 싶지 않습니까? 죽음의 위협 앞에서조차 눈동자에 미동도 없고, 목소리에 떨리는 기색 하나 없으며, 손길과 발걸음이 견고할 수 있다면 얼마나 좋겠습니까? 그런데 우리의 실상은 어떻습니까? 죽음의 위협은 고사하고, 아주 사소한 일 앞에서조차 초라하게 흔들리지 않습니까?

예수님은 돌아가시기 전에 제자들에게 이런 말씀을 하신 적이 있습니다. “나는 평화를 너희에게 남겨 준다. 나는 내 평화를 너희에게 준다. 내가 너희에게 주는 평화는 세상이 주는 것과 같지 않다. 너희는 마음에 근심하지도 말고 두려워하지도 말아라”(14:27). 부활하신 주님께서 제자들에게 “너희에게 평화가 있기를!”이라고 인사하신 것은 돌아가시기 전에 주신 약속을 확인해 주신 것이라고 할 수 있습니다. 여기서 주목할 말씀은 “나는 내 평화를 너희에게 준다”는 말씀입니다. 예수께 있던 그 평화를 우리에게 주신다는 것입니다.

그분에게 있던 그 평화는 어떤 환난과 역경과 반대에도 불구하고 하나님의 뜻을 따라 살아가게 하는 평화였습니다. 그분에게 있던 그 평화는 어떤 의문과 혼란 중에서도 하나님에 대한 믿음을 놓지 않는 평화였습니다. 그분에게 있던 그 평화는 죽음의 위협 앞에서도 흔들리지 않는 평화였습니다. 당시 최강자였던 가야바와 안나스와 빌라도 앞에서도 주눅 들지 않고 자신이 가야 할 길을 흔들림 없이 가게 한 평화였습니다. 내면의 깊은 곳에 자리 잡고 있던 그 평화는 오히려 가야바와 안나스와 빌라도의 거짓 평화를 뒤흔들어 놓았습니다. 전권을 가진 빌라도가 무력한 죄수인 예수 앞에서 떨었습니다. 권력과 금력과 군사력으로 얻은 빌라도의 거짓 평화가 예수님의 참된 평화 앞에서 무참하게 깨어진 것입니다. 예수님은 그 평화를 제자들에게 그리고 믿는 우리에게 주시겠다는 것입니다.

여기서 기억할 것이 있습니다. 이토록 흔들리지 않는 평화를 누리고 있던 예수님도 일시적이었지만 다가오는 위협에 대해 감정적인 반응을 겪으셨다는 사실입니다. 요한복음 12장 27절을 보면, 예수께서는 앞으로 죽음을 당하게 될 것을 내다보면서 이렇게 말씀하십니다. "지금 내 마음이 괴로우니, 무슨 말을 하여야 할까?" 이 구절을 달리 번역하면, "지금 내 마음이 심히 흔들리고 있으니, 무슨 말을 하여야 할까?"로 옮길 수 있습니다. 이 말은 무슨 뜻입니까? 예수님도 인성을 가진 분이므로 환난과 고통과 죽음의 가능성 앞에서 마음의 평화가 일시적이나마 흔들렸다는 뜻입니다.

예수님께 있던 평화를 생각할 때 "아, 그건 신이나 할 수 있는 일이지, 나 같은 인간에게는 불가능해!"라고 생각해서는 안 됩니다. 불가능할 이유가 없습니다. 예수님은 하나님의 아들이셨지만 동시에 우리와 같은 인간이셨기 때문입니다. 그분도 우리와 같은 감정을 가지셨습니다. 환난과 고통과 죽음의 위협 앞에서 그분도 잠시 감정적인 출렁임을 경험하셨습니다. 우리처럼 말입니다! 그러나 그분은 곧 그 흔들림을 진정시키고 다시금 깊은 바다 속 같은 평화를 되찾으셨고, 그 평화의 능력으로 십자가의 길을 완주하셨습니다. 그분에게 있던 그 평화가 모라비아인들에게 있었습니다. 그런데 왜 우리에게는 불가능하겠습니까?

5

아, 이 평화가 우리에게도 있으면 좋겠습니다. 이 평화는 오직 부활하신 예수님에게서만 얻을 수 있습니다. 그분은 지금도 보이지 않는 모습으로 우리 가운데 오셔서 우리에게 말씀하십니다. "너희에게 평화가 있기를!" "내 마음속에 있던 그 평화가 너희에게 있기를!" 이 음성을 듣고 그분께 마음의 문을 열고, "오 주님, 내 마음에 오시옵소서! 나의 주님이 되어 주옵소서. 내 삶의 주인이 되어 주옵소서!"라고 고백하고 그렇게 하루하루를 살아간다면, 그 평화가 내 마음에도 깊이 뿌리 내리게 될 것입니다.

우리는 너무도 쉽게 감정에 속아 넘어갑니다. 감정은 하나님께서 우리에게 주신 귀한 선물이지만, 그것을 인생의 인도자로 삼아서는 안 됩니다. 참으로 믿을 수 없는 것이 감정이기 때문입니다. 특히 부정적인 일이 일어날 때, 우리의 감정은 믿을 수 없게 반응합니다. 작은 일인데도 불구하고 마치 큰일이라도 난 것처럼 우리를 속이려 합니다. 그러한 감정이 예수께도 있었다면, 왜 우리에겐들 없겠습니까?

이런 점에서 우리의 말버릇 가운데 고쳐야 할 것이 하나 있습니다. 무슨 일을 당했을 때, "이거, 큰일 났네!"라고 말하는 버릇입니다. 혹은 다른 사람에게 말할 때, 무턱대고 "큰일 났어!"라고 운을 떼는 버릇입니다. 남성들도 그런 버릇을 가진 분들이 많지만, 특히 여성들에게 이렇게 말하는 습관이 많은 것 같습니다. 아내로부터 온 전화에서, "여보, 큰일 났어!"라는 말을 들으면, 남편의 마음은 철렁 내려앉습니다. 그런데 뒷이야기를 들어 보면, 별로 큰일이 아닙니다. 타이어에 바람이 빠졌거나, 싱크대에 물이 안 내려가거나, 아이 성적이 조금 떨어진 것뿐입니다. 학교에 가 있는 아이가 전화를 걸어 "아빠, 큰일 났어!"라고 말하면 가슴이 철렁 내려앉습니다. 그러나 듣고 보면, 그렇게 큰일이 아닙니다.

정말 큰일이 아닌 이상 "큰일 났어!"라는 말을 하지 말아야 합니다. 그렇게 말하는 것은 감정에 속는 것이며 또한 다른 사람의 감정까지 속이는 일입니다. 감정에 속으면 작은 일도 큰일처럼 보이고, 그렇게 되면 그 일을 처리할 수 있는 마음의 평화를 찾을 수 없습니다. 오히려 큰일처럼 보이는 일을 당해도 작은 일처럼 대하는 태도가 필요합니다. 어떤 일을 당하여 "큰일 났네!"라는 느낌이 들 때, 마음을 진정시키고 "아니야! 이건 분명 그렇게 큰일이 아닐거야!"라고 말할 필요가 있습니다.

부활하신 주님을 영접하고 그분과 함께 매일 동행하는 삶을 살아가는 사람이라 해도, 그리고 그러한 믿음이 매우 깊은 사람이라 해도, 부정적인 사건을 만났을 때 어느 정도 감정이 동요되는 것은 불가피한 일입니다. 물론 영적으로 성장해 가면서 흔들리는 횟수와 정도가 점차 감소하겠지만, 완전히 피할 수는 없습니다. 그럴 수 있다면, 그것은 우리에게서 인성을 제거하는 것이나 마찬가지일 것입니다. 두려움이 들고 불안이 엄습할 때, "그래, 올 것이 왔구나!"라고 생각하면 됩니다.

6

사랑하는 성도 여러분, 요즈음 살아가기가 얼마나 힘드십니까? 경기 침체로 인해 얼마나 고되게 살아가십니까? 자녀들 걱정으로 인해 밤잠을 제대로 잘 수 없는 분들은 또 얼마나 많으십니까? 재정적 압박이나 불안한 직장 사정으로 인해 얼마나 마음이 불안하십니까? 자꾸 약해져 가는 기력으로 인해 낙심될 때가 많지 않습니까? 몸의 기능이 하나 둘 망가져 가는 것을 목도하면서 침울해지고, 다음에는 또 무엇이 망가질까 하는 불안한 마음으로 몸을 살피지는 않습니까? 도대체 이 불안과 두려움에서 완전히 면제되어 살아가는 사람은 누구입니까? 오늘 이 시대에 가장 많은 사람들이 앓고 있는 전염병이 불안이라는 병이라고 하는데, 그 말이 참으로 진실인 듯합니다.

그러니 우리의 마음이 마치 예루살렘의 어느 집 구석진 방에 모여 문을 꼭꼭 걸어 잠그고 장차 일이 어떻게 될지 몰라 두려워 떠는 제자들과 많이 닮지 않았습니까? 우리도 마음의 문을 꼭꼭 걸어 잠그고 한구석에 쪼그려 앉아 두려워 떨고 있지 않습니까? 부활하신 주님께서 제자들에게 주신 말씀, 곧 "너희에게 평화가 있기를!"이라는 말씀이 진실로 우리 모두에게 절실합니다. 그 말씀이 오늘 우리에게 주시는 말씀이 되면 얼마나 좋겠습니까? 예수님께 있었던 그 평화가 우리에게도 있다면 얼마나 좋겠습니까?

이 평화를 얻기 위해 "큰일 났다!"고 외치는 감정의 속임수에 넘어가지 마시기 바랍니다. 고요히 물러서서 감정의 속삭임에 귀 막고 우리 가운데 와 계신 부활의 주님을 바라보시기 바랍니다. 아무도 들어오지 못하도록 꼭꼭 걸어 잠근 우리 마음의 방에도 부활의 주님은 찾아오십니다. "이젠 희망이 없다!"고 속이는 감정의 소리에 귀 막고 현실에 눈 감고 고요히 물러앉아, 하나님께서 보여 주시는 진실에 눈 뜨시기 바랍니다. 지금 우리를 위협하고 있는 그 일이 나를 어찌할 수 있는지 생각해 보시기 바랍니다. 내가 부활하신 주님과 함께한다면, 그리고 내가 예수 그리스도를 죽음 가운데서 다시 일으키신 하나님과 함께 있다면, 두려워할 것이 무엇인지 따져 보시기 바랍니다. 죽음조차도 나를 어찌할 수 없다는 믿음이 우리에게 있다면, 무엇을 무서워하겠습니까? 불안은 미래에 대한 염려에서 오는 법인데, 미래의 주인이신 하나님께서 우리와 함께하시는데, 무엇을 불안해 하겠습니까?

예수님의 말씀을 다시 한 번 들어 보시기 바랍니다. "나는 평화를 너희에게 남겨 준다. 나는 내 평화를 너희에게 준다. 내가 너희에게 주는 평화는 세상이 주는 것과 같지 않다. 너희는 마음에 근심하지도 말고, 두려워하지도 말아라"(요 14:27). 사랑하는 성도 여러분, 마음에 근심하지도 말고 두려워하지도 맙시다. 주님께서 주시는 평화를 구합시다. 그 놀라운 평화가 저와 여러분 모두에게 항상 머물러 있어서, 그 평화의 능력으로 예수님이 하셨던 것처럼 이 세상을 이깁시다. 부활의 주님께서 우리와 세상 끝 날까지 함께하신다고 약속하셨습니다.

평화의 주님,
저희에게 평화가 없습니다.
저희의 평화는 너무나도 깨어지기 쉽습니다.
주님께 대한 믿음이 없기 때문입니다.
주님,
저희에게 믿음을 더하소서.
죽음까지도 두려워하지 않는 믿음을 주소서.
그 어떤 일을 만나도 흔들리지 않는 믿음 위에
늘 서서 살아가도록
저희를 도우소서.

주님의 평화를 저희에게 주셔서
그 평화로 세상을 이기게 하소서.
아멘.

4 죽는 것이 더 나은 인생은 없다

그날, 곧 주간의 첫날 저녁에, 제자들은 유대 사람들이 무서워서, 문을 모두 닫아걸고 있었다. 그때에 예수께서 와서, 그들 가운데로 들어서셔서, "너희에게 평화가 있기를!" 하고 인사말을 하셨다. 이 말씀을 하시고 나서, 두 손과 옆구리를 그들에게 보여 주셨다. 제자들은 주님을 보고 기뻐하였다. [예수께서] 다시 그들에게 말씀하셨다. "너희에게 평화가 있기를 빈다. 아버지께서 나를 보내신 것 같이, 나도 너희를 보낸다."

—요한복음 20:19-21

1

살다 보면, 이런 느낌이 들 때가 있습니다. "죽는 것이 더 낫지 않을까?" 하는 느낌 말입니다! 어떤 사람의 상황이 너무도 처참해 보일 때, 그리고 그 상태로 살아가는 것이 아무 의미가 없어 보일 때, 그런 느낌이 듭니다. 이 느낌은 비록 좋은 것은 아니지만, 그래도 마음으로 그렇게 느끼고 마는 것이니 큰 위험은 없습니다. 문제는 나 자신이 그런 처지에 처했을 때 동일한 느낌이 마음을 지배한다는 데 있습니다. "이렇게 사느니 차라리 죽는 게 낫지!"라는 생각에 일단 사로잡히면, 그 생각은 마음의 느낌으로 머물지 않고 자기 목숨을 거두는 행동으로 연결됩니다. 그래서 참 위험합니다.

남의 일이건 나의 일이건, "죽는 것이 더 나은 인생은 없다"는 사실을 마음 깊이 새길 필요가 있습니다. 마음 같아서는 거듭해서 이 문장만 들려주고 싶습니다. 그렇게 해서 이 진리가 우리 마음 깊이 새겨질 수 있다면, 그렇게라도 하고 싶습니다. 그리하여 딱한 처지에 있는 다른 사람을 볼 때 비교할 수 없는 생명의 가치를 인정하게 되고 그를 고귀한 인간으로 대할 수 있다면 좋겠습니다. 혹은 우리 자신이 앞으로 살아가면서 "죽는 것이 더 낫지 않을까?"라는 생각을 하게 되는 상황에 직면할 때, 그 순간의 유혹을 능히 이겨 넘길 수 있다면 좋겠습니다. “죽는 것이 더 나은 인생은 없다.” 이는 영원불변의 진실이기 때문입니다.

예수께서 말씀하셨듯이, 죄가 많고 악이 판을 치는, 오염되고 비뚤어진 이 세상에서 살아가다 보면 환난과 시험을 피할 수가 없습니다. 우리 믿는 사람들의 과제는 환난과 시험을 피하는 데 있다기보다는 환난과 시험을 극복해 나가는 데 있다고 할 수 있습니다. 부활하신 예수께서 제자들에게 약속하신 평화는 바로 이 환난과 시험을 극복해 나갈 수 있는 힘입니다. 그 평화의 능력에 의지할 때 우리는 환난과 시험을 대면할 용기와 담력을 얻습니다. 그리고 마침내 그 환난과 시험을 이길 수 있습니다. 예수께서 “내가 세상을 이겼다”(16:33)고 말씀하실 때, 그 이김은 바로 환난과 시험을 극복했다는 뜻입니다.

주님께서 주시는 평화가 없으면, 닥쳐오는 환난과 시험에 압도되기 쉽고 우리의 마음은 불안해지며 두려움에 질리게 됩니다. 불안과 두려움에 질리면 우리의 마음은 심히 움츠러듭니다. 어려운 상황은 끝없이 지속되는데 그 두려움과 불안을 누구에게 털어놓지 않고 마음속으로 웅크리고만 있으면, 결국은 돌아올 수 없는 다리를 건너게 됩니다. 자살이라는 것은 한 순간의 충동적인 결심으로 이루어지기도 하지만, 더 많은 경우 오랜 시간 동안의 좌절과 번민과 질문의 결과로 생겨납니다. 처음에는 “차라리 죽는 게 더 낫지 않을까?”라는 질문으로 시작했다가, 중간에는 “차라리 죽는 게 더 나을지 몰라!”라고 수긍하고, 결국 “그래, 죽는 게 더 나아!”라는 결론에 이르는 것입니다.

2

말이 나왔으니, 자살과 관련해서 한 가지 아주 널리 퍼져 있는 믿음에 대해 말씀드리고 넘어가야 하겠습니다. 자살한 사람은 절대로 구원받을 수 없다는 믿음 말입니다. 가톨릭교회에서는 이것을 하나의 교리로 가르치고 있습니다. 그래서 가톨릭교회는 자살한 사람을 위해서는 장례미사를 해 주지 않습니다. 그런 사람에 대해서는 그 어떤 공식적인 예배 행위도 금하고 있으며, 심지어 교회 묘지에 안장하는 것조차 허락하지 않습니다. 오직 죽은 이의 구원을 위해 '개인적으로' 기도하는 것만을 허락할 뿐입니다. 이 때문인지 알 수 없으나, 개신교인들 사이에도 비슷한 생각이 퍼져 있습니다.

성경에는 그 어디에도 "자살한 사람은 구원받을 수 없다"거나 혹은 "자살한 사람은 지옥에 간다"는 가르침은 없습니다. 가톨릭교회에서 가르치는 이 교리는 초대 교회의 주교이자 신학자였던 아우구스티누스와 가톨릭 신학의 대부인 토마스 아퀴나스의 가르침에서 온 것입니다. 아우구스티누스는 자살이 십계명의 제6계명, 곧 "살인하지 말라"는 명령을 위반하는 죄라고 설명했습니다. 가톨릭교회 교리의 골격을 마련해 준 토마스 아퀴나스는 세 가지 이유를 들어 자살을 '용서받을 수 없는 죄'로 규정했습니다. 첫째, 자살은 자기 보존의 욕구라는 자연법을 거스르는 것이며, 둘째, 그것은 자신의 사회적 책임을 거부하는 것이며, 셋째, 그것은 하나님이 주신 권리를 남용하는 것이기 때문이라고 했습니다. 게다가 자살은 자신의 죄에 대해 회개할 기회가 없기 때문에 '가장 치명적인 죄'라고 말했습니다.

자살을 가장 심각한 죄로 보는 점에는 개신교도 이의가 없습니다. 하지만 자살한 사람은 아무도 구원받을 수 없다는 전제를 가지고 있지는 않습니다. 교파마다 목회자마다 입장이 다를 수 있지만, 개신교회는 자살을 인간이 범할 수 있는 가장 큰 실수요 해서는 안 될 일이라고 믿으면서도, 동시에 자살한 이들에게도 하나님의 은총과 자비가 열려 있다고 믿습니다. 한 영혼의 구원 여부는 하나님이 결정하실 일이지, 우리가 교리적인 잣대로 결정할 일이 아니라고 믿기 때문입니다. 그래서 개신교회에서는 마음과 정성을 다해 장례예배를 드립니다. 하나님의 선한 처분을 믿고 우리가 할 수 있는 최선을 다하는 것입니다.

그런 오해 때문에 자살로 인해 사랑하는 사람을 잃은 가족들은 이중고를 겪게 됩니다. 사랑하는 사람을 비극적으로 떠나보낸 아픔에 더하여, 그 사람이 지옥불에서 영원히 고통당할 것이라는 생각 때문에 더 큰 시름을 앓아야 합니다. "자살한 사람은 구원받지 못한다"는 생각은, 자살을 계획하는 사람에게는 강력한 제동장치가 되지만, 이미 사랑하는 사람을 잃은 유가족에게는 참으로 지기 힘든 멍에입니다. 그것이 사실이라면 어쩔 수 없는 일이지만, 인간이 만든 교리적인 판단이므로 언제나 그렇다고 단정해서는 안 됩니다.

사실, 자살에도 여러 종류가 있습니다. 성경에도 자살 이야기가 몇 가지 나옵니다. 대표적인 경우가 예수님을 팔아넘긴 가룟 유다의 자살입니다. 그 경우는 누가 보더라도 용서받을 수 없는 죄라 할 수 있습니다. 하지만 심리적·정신적 병을 앓는 사람이 생활고에 허덕이다가 한순간 판단을 잘못하여 해서는 안 될 선택을 한 것이라면, 같은 기준을 적용해서는 안 됩니다. '악한 것'은 죄이지만, '약한 것'은 죄가 아닙니다. 신체적 질병이 죄가 아니듯, 심리적 질병도 죄가 아닙니다. 자신도 어찌할 수 없는 심리적인 병으로 그런 선택을 했는데, 그 앞에다 교리를 들이대며 "사정이 어쨌거나, 당신은 구원받을 수 없소"라고 말할 수는 없는 것입니다.

그것은 하나님을 피도 눈물도 없는 비정하고 편협하고 완고하고 앞뒤가 꽉 막힌 교리주의자로 오해하는 것과 같습니다. 예수님께서 우리에게 드러내신 하나님은 눈물도 많고 피도 끓는 분이십니다. 우리 인간은 하나님의 형상을 닮았지만, 하나님은 인간의 얼굴을 가지고 계십니다. 그분의 넉넉한 품에는 한 순간의 잘못된 선택으로 인해 고귀한 생의 기회를 반납한 사람들을 위한 자리도 있음이 분명합니다. 사랑하는 사람과 비극적으로 이별한 분들은 이 말씀을 통해 위로와 용기를 얻으시기 바랍니다.

3

자살을 선택한 사람들에게도 구원의 여지가 남아 있다는 점을 말씀드리는 동시에 "죽는 것이 더 나은 인생은 없다"는 사실을 다시 한 번 강조해야 하겠습니다. 자살은 우리가 범할 수 있는 가장 치명적인 실수이며 하나님의 마음을 가장 아프게 하는 죄라는 사실을 명심해야 하겠습니다. 왜냐하면 우리의 생은 그 어떤 상황에서도 살 만한 가치가 있으며, 아무리 불우한 상황에서도 인간의 생은 충분히 만족하고 기뻐할 수 있기 때문입니다. 그렇기 때문에 생명을 주신 하나님께서 그 생명을 취하시기까지는 그 생명을 감사하고 축하하며 기뻐해야 합니다. 상황이 어떠하든지 말입니다.

우리가 어려움을 당할 때 번번이 심리적으로 짓눌리는 이유가 몇 가지 있습니다. 그중 하나가 "나만 이렇게 당하고 산다"는 생각입니다. 질병이든 사고이든 관계의 문제이든, 우리는 어려움에 직면할 때 자주 "왜 나만 이러나?"라는 질문에 빠지게 됩니다. "다른 사람들은 모두 행복하게 사는 것 같은데, 왜 나에게만 불행이 닥치는가?" 하는 감정에 빠지는 것입니다. 교회를 가 보아도 다 행복한 사람처럼 보이고, 속회(소그룹 모임을 가리키는 감리교 용어로서, 구역·셀·목장 등으로 불리기도 한다)로 모여 이야기를 나누어 보면 모두 행복해 보이는데, 왜 나만 이럴까 싶습니다.

속고 있는 것입니다. 앞 장에서 말씀드린 것처럼, 우리의 감정은 아주 기가 막힌 사기꾼이거나 아주 쉽게 속아 넘어가는 바보이거나, 둘 중 하나입니다. 누구나 나름의 아픔과 고민과 불행이 있습니다. 교우들을 심방하여 그들의 삶을 들여다볼 때면, 얼마나 자주 그런 자각을 하게 되는지 모릅니다. 교회에서 뵙기에는 아무 근심이나 불행이나 문제가 없어 보이는 분들인데, 사적으로 만나 대화를 나누다 보면 속에 감추어 두었던 아픔과 고민과 불행을 내놓습니다. 그런 것을 마음에 담고서 어떻게 그렇게 태연하게 살고 있는지 놀라울 때가 한두 번이 아닙니다. 그런 아픔을 보고 나면, 그분들이 더욱 귀해 보이고 아름다워 보입니다.

종류가 다르고 정도가 달라서 그렇지, 우리 모두가 나름의 불행을 가지고 살아간다는 사실을 기억할 필요가 있습니다. 삶의 기본적인 욕구조차 충족시키지 못하고 살아가는 사람들이 얼마나 많은지요! 빡빡하고 분주한 살림살이 때문에 부부가 남남처럼 살아가는 분들이 얼마나 많은지요! 그런 분들에 비하면, 어떤 분들은 모든 것을 다 가지고 살아가는 것 같습니다. 하지만 그분들에게도 나름의 아픔과 불행이 있습니다. 우리 옛말에 "꽃가마 속에도 근심이 있다"고 했습니다. 사실, 따지고 보면 꽃가마 안에 앉아 있는 새색시야말로 가장 근심 많은 사람이 아닙니까? 겉으로 화려해 보일수록 근심은 더 깊고 불행은 더 진할지 모릅니다. 반면, 어떤 분은 겉으로는 불행해 보이지만, 실은 그 불행이 보이는 것만큼 강하지 않고 그 근심이 보이는 것보다 얕을지도 모릅니다.

나만 당하고 있다는 피해의식이 마음을 짓누를 때, "또 내가 속고 있구나!"라고 생각하고 그 사기꾼을 떨쳐 버려야 합니다. 모두가 당하고 있는 아픔이요 불행이요 근심입니다. 누구에게나 있는 고난입니다. 이렇게 당당하게 서서 우렁차게 설교하는 제게도 어려움이 있습니다. 청와대의 이명박 대통령에게도 있고, 백악관의 조지 부시 대통령에게도 있습니다. 영화배우보다 더 배우 같은 모습으로 수만 명의 신도들에게 환각적인 희망의 메시지를 전하고 있는 조엘 오스틴 목사에게도 있습니다. 세계 최대의 갑부인 빌 게이츠에게도 있고, 주식 투자의 현인 워렌 버핏에게도 있고, 부동산 재벌인 도널드 트럼프에게도 있습니다.

4

어려움을 당할 때 마음이 자꾸만 짓눌리는 또 다른 이유는, 지금 어려움을 겪고 있는 문제가 인생의 전부인 것처럼 느껴지기 때문입니다. 마치 그것이 없으면 인생에 아무 의미가 없을 것처럼 생각하기 때문입니다. 자녀들에게 문제가 생기면, 마치 그것이 문제의 전부인 것처럼 느껴집니다. 몸에 이상이 생기면, 그것으로 인해 인생이 완전히 망가졌다고 생각합니다. 재정에 문제가 생기면, 그로 인해 더 이상 살 수 없게 되었다고 생각합니다. 대학 진학이 좌절되면, 인생이 끝난 것처럼 생각합니다. 마치 지금 당한 그 문제가 자신의 전 생애를 집어삼킬 것처럼 느껴집니다. 그러나 사실은 그렇지 않습니다. 지금 내가 포기해야 하는 그 문제 말고도, 인생에는 기쁨과 행복을 느낄 만한 요소가 얼마든지 있습니다. 그것을 보고 살아나가면 얼마든지 행복할 수 있습니다.

얼마 전에 이상우라는 가수의 이야기를 신문 기사에서 읽었습니다. 그는 가수와 연기자로 나름대로 잘 나가는 사람이었습니다. 그런 그가 얼마 전 KBS의 '인간극장'이라는 프로그램에 나와 그동안 숨겨왔던 자신의 아픔을 드러냈다고 합니다. 기독교방송의 '새롭게 하소서'라는 프로그램에도 출연하여 간증한 것으로 알고 있는데, 발달장애를 가진 14세의 아들에 관한 숨겨진 사연을 공개한 것입니다.

결혼 3년 만에 얻은 아들이 30개월이 지나도 말을 하지 못하기에 병원을 찾았더니 발달장애를 가지고 태어났다는 진단을 받았습니다. 진단을 받고 나서 이상우 씨는 자신의 삶이 완전히 망가졌다고 생각하고는 3개월 동안 술독에 빠져 살았습니다. 다행히 현실을 있는 그대로 받아들이고 아이를 위해 씩씩하게 살아가는 아내를 통해 그는 서서히 술독에서 빠져나와 현실을 대면했습니다.

그렇게 정상을 찾아가는 과정에서 이번에는 아내가 갑자기 절망에 빠져 한 달 동안 손을 놓아 버렸습니다. 나중에 알고 보니, 아내가 그렇게 씩씩했던 것은 아들이 나을 줄 알았기 때문이었답니다. 그런데 얼마 후에, 아무리 노력해도 낫지 않을 것이라는 현실을 깨닫고는 절망했던 것입니다. 그러나 그들은 곧 믿음으로 그 절망감을 뿌리치고 일어섰습니다. 그리고 둘이서 함께 아이를 위해 헌신하며 행복을 찾아가고 있습니다. 감추었던 이야기를 공개하게 된 이유를 묻는 기자에게 그 부부는 "장애아를 키우면서도 행복할 수 있다는 것을 보여 주고 싶었다"고 대답했습니다.

기사를 읽으면서 제 마음을 찡하게 울린 대목이 있습니다. 기사를 그대로 옮겨 드리겠습니다.

> "저희 부부는 승훈이를 통해서 새 세상을 봐요. 남들이 당연하게 여기는 일에도 감사하는 걸 배웠으니까요. 승훈이가 어쩌다 단어 하나만 제대로 발음해도 행복했어요. 가장 감동했던 순간이 승훈이가 거짓말을 했을 때예요. 다른 부모 같으면 아이가 거짓말을 하면 화가 났겠죠. 하지만 어느 날 양치질 안 하고서 '했다'고 말하는 승훈이를 보고 눈물이 나올 만큼 감격했어요. 이제 내 아들이 거짓말을 할 줄 아는구나, 이제 이만큼 나아졌구나, 싶어서요."(조선일보 2008년 4월 25일자).

사랑하는 성도 여러분, 도대체 무슨 일이 있으면, 우리가 "이렇게 사느니 차라리 죽는 편이 더 낫지!"라고 말하겠습니까? 없습니다. 살아갈 것을 포기할 만큼 커다란 문제도 없고, 그토록 무거운 짐도 없고, 그토록 고통스러운 아픔도 없습니다. 목숨이 붙어 있는 한 우리는 살아갈 이유가 있으며, 우리는 그만한 가치가 있으며, 그 삶에도 행복이 있습니다. 불행이 더 크게 보일 때도 있지만, 우리의 눈을 불행의 반대편으로 향하고 살아가다 보면, 그 불행보다 더 큰 기쁨을 찾을 수 있습니다.

5

우리의 믿음은 우리로 하여금 환난과 시험에 짓눌리지 않고 그것을 대면할 평화와 용기를 제공해 줍니다. 예수 그리스도를 죽음에서 부활시키신 하나님께서 우리와 함께 계시는 한, 죽음조차도 우리를 어찌할 수 없다는 믿음으로 우리는 우리를 위협하는 환난과 시험을 대면할 수 있습니다. 그 믿음으로 우리는 불행 속에서도 행복을 찾을 수 있습니다. 그 믿음으로 우리는 불행에 고정되어 있는 우리의 눈을 돌릴 수 있습니다. 눈에 눈물이 가득 고여 있어도 마음으로는 웃을 수 있는 이유를 발견할 수 있습니다. 온몸이 상처투성이가 되어 누워서도 마음에는 희망을 품을 수 있습니다. 그런 믿음이면, 어떤 상황에서도 우리에게 주어진 단 한 번의 고귀한 삶의 기회를 감사하고 귀하게 여기며 마지막 순간까지 생을 누릴 수 있습니다.

'팀 호잇'(Team Hoyt)으로 알려진, 아버지 딕 호잇(Dick Hoyt)

과 아들 릭 호잇(Rick Hoyt)의 이야기로 말씀을 마치려 합니다. 릭은 태어날 때 목에 탯줄이 감기는 바람에 뇌성마비를 앓게 되었습니다. 의사와 주변 친지들은 그 아이를 보육기관에 보내라고 권고했지만, 부모인 딕과 리즈는 그 아이를 다른 아이와 동일하게 키우기로 결심하고 그렇게 헌신합니다. 그러던 중 릭이 고등학교에 다닐 때의 일입니다. 장애인들을 위한 5마일 달리기가 열린다는 소식을 들은 릭은, 아버지 딕에게 함께 달릴 수 있겠느냐고 묻습니다. 아버지는 아들을 휠체어에 태우고 밀고 달려서 경주를 완주했습니다. 함께 달려 결승점을 통과했을 때, 아버지는 17년 동안 아들이 그렇게 기뻐하는 모습을 본 것은 처음이라고 했습니다. 아들은 휠체어에 실려 달리는 동안 자신의 장애를 잊고 자유를 만끽했다고 말했습니다.

그 후로 아버지는 아들을 싣고 2007년까지 950회의 달리기 경기에 참여했고, 마라톤 풀코스를 60회 완주했으며, 심지어 철인삼종 경기에 여섯 번이나 참여하게 됩니다. 지금 그 아버지의 나이는 67세입니다. 아들은 보스턴 대학교를 졸업하고 지금은 특수교육 분야에 종사하고 있습니다. 천재 물리학자 스티븐 호킹(Stephen Hawking) 박사처럼 뇌파를 이용한 컴퓨터를 통해 의사소통을 하고 있습니다.

어느 인터뷰에서 아버지 딕은 "도대체 무슨 힘이 당신으로 하여금 아들과 함께 그토록 줄기차게 뛰게 만듭니까?"라는 질문을 받습니다. 그는 이렇게 대답합니다. "내가 아들을 미는 것이 아니라, 아들이 나를 끌고 가는 것입니다." 릭을 비롯한 이 가족 모두는 정말 비참하다고밖에 느낄 수 없는 상황에서 "우리 가족은 더 이상 행복할

"내가 아들을 미는 것이 아니라, 아들이 나를 끌고 가는 것입니다."

수 없습니다"라고 고백하고 있습니다.

성도 여러분, 이 가족의 이야기에서, 죽는 것이 더 나은 인생은 절대로 없고 인생은 어떤 경우에도 살 가치가 있으며 살 만한 이유가 있음을 "느껴" 보시기 바랍니다. 이 진리는 아는 것으로는 부족합니다. 뼈저리게 느껴야 합니다.

물론 우리 모두가 처한 상황은 다 다릅니다. 하지만 릭과 딕이 함께 뛰면서 그 모든 장애와 불행을 극복하고 있는 것처럼, 우리도 그들처럼 살아갈 이유를 발견하게 되기를 바랍니다. 부활하신 주님과 함께 인생길을 걸어갈 때 우리에게 어떤 일이 일어날지, 우리는 오직 상상할 수 있을 뿐입니다. 그리고 실제로 주님과 함께 걸어갈 때, 상상도 못했던 일이 우리에게 일어날 것입니다. 릭이 뇌파로 컴퓨터에 쓴 'CAN'이란 단어처럼, 주님 안에서 우리는 할 수 있습니다. "Yes, we CAN!"

그러니 마음에 근심하지도 말고 두려워하지도 맙시다. 담대히 우리에게 주어진 인생의 길을 걸어갑시다. 주님께서 우리와 함께하십니다. 아멘.

5 . 교회는 종착역이 아니다

그날, 곧 주간의 첫날 저녁에, 제자들은 유대 사람들이 무서워서, 문을 모두 닫아걸고 있었다. 그때에 예수께서 와서, 그들 가운데로 들어서셔서, "너희에게 평화가 있기를!" 하고 인사말을 하셨다. 이 말씀을 하시고 나서, 두 손과 옆구리를 그들에게 보여 주셨다. 제자들은 주님을 보고 기뻐하였다. 〔예수께서〕 다시 그들에게 말씀하셨다. "너희에게 평화가 있기를 빈다. 아버지께서 나를 보내신 것 같이, 나도 너희를 보낸다." 이렇게 말씀하신 다음에, 그들에게 숨을 불어넣으시고 말씀하셨다. "성령을 받아라. 너희가 누구의 죄든지 용서해 주면, 그 죄가 용서될 것이요, 용서해 주지 않으면, 그대로 남아 있을 것이다."

—요한복음 20:19-23

1

때로는 가장 안전해 보이는 것이 가장 위험한 경우가 있습니다. 예를 들어, 우리의 어리석은 마음에는 자신을 폐쇄하고 사는 것이 가장 안전하게 보입니다. 그런데 실은 그것이 가장 위험합니다. 마음 문을 걸어 잠그고 자기 혼자만의 세계 속에서 살아가는 것은 스스로를 유폐시켜 결국은 그 안에서 서서히 죽게 만드는 일이 됩니다. 하나님께서 우리 인간을 만드실 때 관계 안에서만 참된 행복을 발견할 수 있도록, 그리고 관계 안에서만 온전한 인간으로 성장해 갈 수 있도록 창조하셨기 때문입니다. 그렇기 때문에 자신의 세계 안에서 자신만을 위해 사는 것은 스스로를 고립시켜 죽게 하는 일이요, 자신을 열고 다른 사람들과 관계하며 서로를 위해 사는 것은 모두를 살게 하는 일입니다. 그것이 창조의 섭리요 자연의 원리요 심리적인 원리입니다.

그런데 자신을 열고 다른 사람과 관계하는 일이 때로 아주 위험한 일이라는 데 문제가 있습니다. 자신을 다른 사람에게 열지 않고서는 인간은 참되게 살 수 없다는데, 자신을 다른 사람에게 여는 것이 가장 위험한 일이라니, 이를 어찌하겠습니까? 자신을 열고 다른 사람에게 다가가는 일은 필연적으로 상처와 아픔에 자신을 노출시키기 때문입니다. 그렇게 반복하여 상처를 받다 보면, 우리는 자연히 움츠러들고 마음의 문을 닫게 되며 세상에서부터 뒷걸음질 치게 됩니다. 그 아픔과 고난이 정도를 넘어서면, 모든 일을 다 그만두고 아무도 나를 알아보지 못하는 곳으로 이사하여, 아무와도 관계하지 않고 아무에게도 방해받지 않으면서 홀로 마음 편히 살고 싶은 유혹이 마음에서 꿈틀거립니다.

이쯤 되면, 교회에 가는 것조차 두려워집니다. 예배에 참석하기는 하지만, 아무도 만나지 않고 뒷문으로 몰래 들어왔다가 옆문으로 살짝 빠져나가고 싶습니다. 때로 누군가를 만나 마음속에 꼭꼭 숨겨둔 이야기를 털어놓고 싶은 마음도 있지만, 그렇게 했다가 상처받았던 과거의 경험이 되살아납니다. 혹시나 다른 사람이 내 문제를 알게 될까 겁나고, 나도 다른 사람에 대해 상관하고 싶지 않습니다. 제발, 내가 어떻게 하든 아무도 상관하지 않았으면 좋겠습니다. 누구에게 상처를 주고 싶지도 않고, 상처를 받고 싶지도 않습니다. 하나님은 만나고 싶지만, 사람은 만나고 싶지 않습니다. 그래서 할 수 있는 한 사람들과 얽히는 것을 피합니다. 어쩔 수 없이 얽혀야 하는 경우라면, 서로에게 피해가 없을 정도에서 적당히 선을 긋습니다. 자신도 그 선을 넘어가지 않고, 상대방도 그 선을 넘어오지 못하게 합니다.

이런 상황에서 우리는 어떻게 하면 안전하게 자신을 열고 관계할 사람을 찾을 수 있을지 묻습니다. 어떻게 하면 아무 두려움 없이 자신을 열고 다른 사람들과 삶을 나누며 살아갈 수 있을지 묻습니다. 어디로 가겠습니까? 상담가를 찾아가겠습니까? 상담가는, 누군가 마음 놓고 자신을 열어 보일 수 있도록 훈련받은 사람입니다. 그러므로 문제가 있을 때 훈련받은 상담가의 도움을 받는 것은 매우 좋은 일입니다. 하지만 상담가 외에는 내 마음을 열어 보일 사람이 없다면, 우리는 얼마나 딱한 사람들입니까? 실제로 우리 중 대부분이 마음 놓고 마음을 열어 보일 사람이 없이 살아갑니다. 배우자에게도 마음을 다 열지 못하고 사는 것이 많은 사람들이 처한 상황입니다. 점점 더 많은 사람들이 각자 자신의 내면에 성을 쌓고 그 안에 자신을 감금하고서 시름시름 앓고 있습니다.

2

우리에게 필요한 구원은 단지 죽고 나서 영생을 얻는 것만이 아닙니다. 그보다 먼저, 이 땅에서 살아가는 동안 받아야 할 구원이 있습니다. 우리 스스로 자신만의 성을 쌓고, 자기 손으로 안에서 문을 걸어 잠그고, 스스로 자신의 손과 발에 족쇄를 채워 감금한 이 감옥으로부터 구원받아야 합니다. "제 스스로 만든 감옥이니 제 스스로 깨치고 나오면 되지 않을까?" 싶겠지만, 마음에 있는 불안과 두려움이 치료되지 않고는 스스로를 해방시킬 수 없습니다. 더 이상 상처받지 않기 위해 우리 스스로 파고든 감옥이기 때문에 우리의 내면에 어떤 변화가 일어나지 않는 한, 우리는 영원히 그 어두운 그늘 속에 웅크리고 있으려 할 것입니다. 누군가 우리의 내면을 짓누르고 있는 불안과 두려움을 치료하여, 다시금 세상을 대면할 용기를 회복시켜 주어야만 합니다.

우리에게 이 같은 내적인 변화를 일으키실 수 있는 분이 바로 부활하신 예수 그리스도이십니다. 부활하신 우리 주님께서는 우리 내면을 짓누르고 있는 불안과 두려움을 치료하시고 우리의 영을 새롭게 하셔서, 마음의 빗장을 풀고 세상을 향해 나아가도록 우리를 변화시키십니다. 지금 우리가 묵상하고 있는 요한복음 20장 19-23절의 말씀이 이 진리를 증언합니다.

예수님의 제자들은 그들의 스승을 십자가에 처형한 유대인들이 자신들에게까지 마수를 뻗칠 것을 두려워하여 예루살렘의 어느 구석진 집에 모여 문을 꼭꼭 걸어 잠그고 숨어 있었습니다. 그들은 세상이 무섭고 두려웠습니다. 문을 열고 바깥으로 나갈 용기가 그들에게는 없었습니다. 만일 그들에게 어떤 급격한 변화가 일어나지 않는다면, 그들은 사람들의 눈을 피해 숨어 다니며 일생을 보냈을지도 모릅니다.

그렇게 함께 모여 서로 부둥켜안고 식어 가는 체온을 가까스로 유지하고 있는데, 갑자기 부활하신 주님께서 그들 가운데 나타나십니다. 그분은 제자들에게 "너희에게 평화가 있기를!" 이라고 말씀하십니다. 어찌된 영문인지 몰라 당황하는 제자들에게, 그분은 자신이 죽었다가 부활한 나사렛 예수라는 사실을 드러내 보이시며 그들의 마음을 다시금 위로하십니다. 제자들은 그분의 정체를 알아보았고, 그 순간 그들의 마음을 짓누르던 불안감과 공포감이 연기처럼 사라져 버렸습니다. 그때 예수님은 제자들에게 이렇게 말씀하십니다. "아버지께서 나를 보내신 것 같이, 나도 너희를 보낸다."

예수 그리스도는 창조주 하나님 아버지와 함께 계셨던 분입니다. 하나님께서는 이 세상을 너무도 사랑하신 나머지 이 세상을 구원하기 위해 자신의 아들 예수 그리스도를 이 세상에 보내셨습니다(요 3:16). 예수님은 이 세상에서 십자가에 달려 돌아가시기까지 하나님의 뜻을 위해 헌신하고 죽으셨고, 이제 부활하셔서 하나님의 품으로 돌아가기 직전에 계셨습니다. 하나님 품으로 돌아가시기 전에, 예수님은 제자들에게 "아버지께서 나를 보내신 것 같이, 나도 너희를 보낸다"고 말씀하십니다. 이 세상을 구원하기 위해 하나님께서 그 아들 예수 그리스도를 세상에 보내신 것처럼, 예수님께서도 자신의 제자들을 세상에 보내시겠다는 것입니다. 이어지는 22절을 보니, 아주 흥미로운 기록이 있습니다. "이렇게 말씀하신 다음에, 그들에게 숨을 불어넣으시고 말씀하셨다. '성령을 받아라.'"

부활하신 주님께서 제자들에게 숨을 불어넣으셨다? 이게 무슨 뜻일까요? 우리가 '훅!' 하고 숨을 불 때 나오는 것은 단지 공기에 불과합니다. 그러나 부활하신 예수님이 불어넣으신 숨은 단지 공기가 아니었을 것입니다. 그분의 몸이 우리의 몸과 달랐기 때문입니다. 그 몸은 3차원을 초월하는 몸이었기 때문에 그 몸에서 나오는 숨은 단순한 입김이 아니었을 것입니다. 그것은 태초에 하나님께서 아담의 코에 불어넣으신 '생명의 기운'(창 2:7)과 같은 것이었을 겁니다. 그 숨, 그 생명의 기운을 불어넣으시면서 예수님은 "성령을 받아라"라고 말씀하십니다. 태초에 진흙 덩어리 아담을 생령으로 살아나게 했던 그 생명의 기운이 제자들의 내면에 차오르게 하신 것입니다.

예수님께서 그들에게 생명의 기운을 불어넣어 주시자, 제자들은 전에는 경험해 보지 못했던 경험을 하게 됩니다. 그들은 다시금 세상을 대면할 용기를 얻었고, 세상에 의해 상처받을 것을 두려워하지 않게 되었으며, 그리하여 담대하게 세상을 향해 나아가 복음을 전하고 세상의 구원을 위해 일할 힘을 얻게 되었습니다. 마치 흑백 화면이 한순간에 천연색으로 변화하는 것 같다고 할까요? 혹은 쪼그라져 있던 풍선에 갑자기 바람이 차오르는 것 같다고 할까요? 혹은 황량했던 광야가 한순간에 초원으로 바뀌는 것 같다고 할까요? 오늘날 많은 이들이 말하는 '성령 충만'은 바로 이런 것을 두고 하는 말입니다. 그리하여 제자들은 세상에 나아가 한 번에 한 사람씩, 한 번에 한 뼘씩 세상을 바꾸기 시작할 수 있었습니다.

3

우리가 이 땅에 육신을 입고 살아가는 동안 받아야 할 구원이란 바로 이런 것입니다. 오늘도 성령을 통해 우리와 함께하시는 예수 그리스도께서는 우리의 내면을 억압하고 있는 불안감과 두려움을 몰아내고 참된 평안을 안겨 주십니다. 그리고 '부활의 숨', 진흙 덩어리를 생령으로 변화시킨 그 '생명의 기운'을 우리에게 불어넣어 주십니다. 우리의 내면이 하나님의 영으로 가득해지도록 만들어 주십니다. 그 생명의 기운으로 인해 우리의 마음에 희망이 차오르고, 얼굴빛이 변하며, 발걸음이 달라집니다.

세상 속에서 살면서 우리는 한없이 넘어지고 쓰러졌습니다. 세상에서 받는 위협에 짓눌리고, 세상에서 받는 유혹에 넘어갔습니다. 세상 속에서 우리는 늘 희생자였습니다. 예수님의 비유대로, 이리 떼 가운데 버려진 한 마리 양과 같았습니다. 그래서 마음의 문도 닫아걸고, 집의 문도 닫아걸었습니다. 할 수만 있다면 자신이 만든 철옹성 안에 피신하기를 탐했습니다. 그러나 예수 그리스도를 믿어 창조주 하나님을 아바 아버지라 부르고 성령을 받아 부활하신 예수 그리스도를 섬기며 살아가면, 그분이 주시는 능력으로 굳게 닫힌 문을 박차고 이 세상으로 나갈 수 있습니다. 그 능력으로 우리는 이 세상의 위협에 대처할 수 있고 세상의 유혹을 이길 수 있습니다. 이리 떼 가운데 놓인 한 마리 양처럼 무력한 존재였으나, 그 연약한 양 앞에서 이리들이 슬금슬금 뒷걸음질을 칩니다.

그런데 여기서 기억할 것이 있습니다. 우리가 문을 박차고 세상으로 나가기 전에, 먼저 그리고 정기적으로 교회로 모여야 한다는 사실입니다. 제자들이 함께 모여 있던 그 쪽방이 실은 교회였습니다. 믿는 사람들이 모여 있으면, 그 모인 곳이 바로 교회가 됩니다. 그곳에 주님이 찾아오십니다. 예수님의 말씀 그대로입니다. "두세 사람이 내 이름으로 모여 있는 자리, 거기에 내가 그들 가운데 있다"(마 18:20).

우리 믿는 사람들은 부활하신 주님을 만나고 나서 곧바로 세상을 향해 나아가지 않습니다. 먼저 정기적으로 교회로 모여, 세상에 나가 세상을 구원하기 위해 일할 준비를 합니다. 믿음 안에서 다른 사람을 참되게 만나고 마음을 열고 사귀는 훈련을 합니다. 세상에 나가서 해야 할 가장 중요한 일은 사람을 만나는 일이기 때문입니다. 복음을 전하기 위해 우리는 먼저 사람을 참되게 만날 줄 알아야 합니다. 먼저 자신의 마음을 열고 다가가야 합니다. 그런데 그 일은 매우 위험한 일입니다. 섣불리 할 수 없는 일입니다. 그래서 훈련이 필요합니다. 교회가 바로 이 훈련을 하는 곳입니다.

교회의 본질은 관계입니다. 사귐입니다. 나를 열고 다른 사람을 만나 사귀는 곳입니다. 인격적이고 친밀한 사귐 가운데 치유받고 회복되고 성장하여 각자가 온전함에 이르도록 힘쓰는 것이 교회가 존재하는 이유입니다. 위로는 하나님과의 사귐이 깊어지고, 옆으로는 형제자매들과의 사귐이 깊어지도록 힘쓰는 것이 교회로 모여서 하는 일입니다. 그렇게 할 때, 부활하신 주님께서 우리에게 불어넣으신 생명의 기운이 우리 안에 충만할 것입니다. 그 능력으로 세상에 나갈 때 비로소 우리는 알지 못하는 사람들에게 다가가 그들과 관계를 맺고, 그 관계 속에서 그들을 주님 앞으로 인도할 수 있습니다.

교회는 어느 정도 세상과 닮아 있고, 또 어느 정도 세상과 다릅니다. 그것은 마치 군인들이 훈련을 받는 훈련장과 실제 전쟁터가 어느 정도 닮아 있으면서도 또 어느 정도 차이가 있는 것과 같습니다. 실제 전쟁터와 어느 정도 닮은 점이 있어야 훈련에 효과가 있습니다. 하지만 실제 전쟁터와 똑같으면 훈련하다가 아까운 생명을 잃을 수도 있습니다. 그와 비슷하게 교회는 우리가 매일 살아가는 세상과 어느 정도 닮았습니다. 그렇기 때문에 우리가 교회 안에서 다른 사람을 만나 마음을 열고 사귀는 훈련을 한다면, 그 훈련은 세상에서 효력을 나타냅니다. 하지만 교회가 세상처럼 비정하고 살벌해서는 안 됩니다. 교회는 마음을 열고 다른 사람에게 다가가기에 어느 정도 안전한 곳이어야 합니다.

4

교회는 훈련장이기 때문에 거기에는 항상 적당한 위험이 존재합니다. 교회는 그런 곳이어야 하며 또한 그럴 수밖에 없습니다. 왜냐하면 교회는 나와 비슷한 사람들이 오는 곳이기 때문입니다. 얼마나 많은 사람들이 교회에 오면서, 자신 말고는 모두 다 성인(聖人)이기를 바라는지 모릅니다. 이런 사람들은 교회에서 조금만 상처를 받아도 어쩔 줄 몰라합니다. 그런 분들이 입에 달고 다니는 말이 있습니다. "어떻게 교회가 이럴 수가 있나?" 자기 같은 사람들이 교회에 모여 있다고 생각하면 "어떻게 그럴 수 있는지" 충분히 이해할 수 있습니다. 영적인 수준에서 다양한 사람들이 모여 사귐을 나누는 곳이 교회이다 보니, 얼마든지 그럴 수 있습니다.

우리는 교회 안에서 상처받는 일이 완전히 사라지기를 바랄 것이 아니라, 삼위일체 하나님과의 깊은 사귐을 추구하는 데 더 많이 힘써야 합니다. 성령을 통해 부활하신 주님과 사귀어 살아가다 보면, 다른 사람에게서 받을 상처를 두려워하지 않을 담력을 얻게 됩니다. 주님과의 사귐을 통해 마음의 평안을 얻고 성령의 충만함을 얻을 때, 웬만한 상처 따위는 두려워하지 않으면서 마음을 열고 누구에게나 다가갈 수 있습니다. 영적으로 성숙한 사람이 건네는 친교의 악수는 상대방에게 위협감이나 위압감을 주지 않습니다. 그런데 그 영적 성숙은 홀로 기도하고 수도하여 얻을 수 있는 것이 아닙니다. 오직 다른 사람들과 부대끼고 상처를 주고받으면서 기도하고 씨름하는 훈련을 통해서만 그 같은 성숙에 이를 수 있습니다.

이런 점에서 속회를 다시금 강조하지 않을 수 없습니다. 교회 안에서 정기적으로 만나 하나님과의 사귐을 심화시키며 그 능력으로 서로를 더 깊이 알아 가는 모임은 매우 중요합니다. 자신을 열고 다른 사람을 받아들이는 훈련을 하는 데 있어 속회는 가장 좋은 훈련장입니다. 모임 안에는 대하기 어려운 사람이 한둘은 있게 마련입니다. 집요하게 정치 이야기나 스포츠 이야기로 화제를 이끌어 가는 사람도 있고, 어디 가서 물건 산 이야기를 늘어놓는 사람도 있고, 한번 말할 기회를 잡으면 멈출 줄 모르는 사람도 있고, 자기 고백이라는 이름 아래 자랑을 늘어놓는 사람도 있고, 늘 정답만 말하고 가르치기만 하려는 사람도 있고, 자기의 마음은 열지 않으면서 다른 사람의 열린 마음을 비집고 들어가 상처를 내는 사람도 있습니다. 이런 습관은 좀처럼 고쳐지지 않습니다.

이것은 하나님의 섭리입니다. 하나님께서 그렇게 마련하신 것이라고 생각하면 됩니다. 만일 교회 안에 대하기 좋은 사람만 있다고 생각해 봅시다. 그렇게 되면 우리는 교회 안에 살면서 "세상은 이런 곳이겠구나" 하고 착각하게 될 것입니다. 혹은 교회 안에만 머물러 있고 싶어질 것입니다. 대하기 싫은 사람들이 가득한 세상으로 나아가기를 두려워하고, 교회 안에서만 맴돌기 원할 것입니다. 그렇게 되면 교회는 세상으로부터의 도피처가 되어 버립니다. 믿는 사람들에게 교회가 종착역이 되어 버립니다. 그것은 교회의 왜곡입니다. 교회의 타락입니다. 교회의 실패입니다.

우리에게 교회 안에서의 참된 사귐이 필요한 또 한 가지 중요한 이유가 있습니다. 같은 믿음의 울타리 안에서 대하기 어려운 사람들이나 대하기 싫은 사람들을 대하다 보면, 우리는 종종 자신의 한계를 깨닫게 되고 자신에 대해 절망하게 됩니다. 바깥 사회에서는 대하기 싫은 사람은 외면하거나 피하면 그만입니다. 하지만 교회에서는 그럴 수가 없습니다. 하나님께서 내면의 음성을 통해 우리를 괴롭히십니다. 피하지 말라고, 외면하지 말라고, 힘들어도 다시 대면하라고 우리를 흔드십니다. 그 말씀에 순종할 때, 우리는 우리 자신이 그렇게 대단한 존재가 아님을, 아니 오히려 아주 초라한 죄인에 불과함을 자각하고 인정하게 됩니다. 그로 인해 우리는 더 자주 무릎을 꿇고, 더 깊이 하나님을 찾게 됩니다. 그리하여 우리는 점점 변화해 갑니다. 이것이 우리가 교회 안에서 받는 영적 훈련입니다.

5

믿는 우리에게 종착역은 교회가 아닙니다. 우리는 교회 바깥의 세상을 향해 끊임없이 나아가야 합니다. 예수님께서는 우리 믿는 사람들이 도피성을 만들어 놓고 "죄 많은 이 세상은 내 집 아니네"라고 찬송을 불러 가며 함께 모여 있기를 원치 않으십니다. "죄 많은 이 세상은 내 집 아니네"라는 말은 진리의 반쪽만 담고 있습니다. 우리의 영원한 집은 죄 많은 이 세상이 아니라 하나님의 품입니다. 하지만 하나님의 품에 이르기까지, 우리 믿는 사람들은 하나님이 하셨고 또한 예수님이 하셨던 것처럼 죄 많은 이 세상을 끌어안고 이 세상을 구원하기 위해 세상 속으로 나아가야 합니다.

이 세상을 어떻게 구원합니까? 한 사람 한 사람을 예수 그리스도 앞으로 인도함으로 이 세상을 구원할 수 있습니다. 이것을 '전도'라고 부릅니다. 뿐만 아니라, 이 땅의 생명과 인류가 좀 더 행복하게 살 수 있는 세상이 되도록 헌신함으로 이 세상을 구원하는 일에 참여할 수 있습니다. 이것을 '선교'라고 부릅니다. 우리가 이 세상 전체를 한꺼번에 구할 수는 없습니다. 한 번에 한 사람씩, 한 번에 한 뼘씩 바꾸어 갈 수 있을 뿐입니다. 그렇게 해서 언제 무슨 일을 이룰 수 있느냐고 묻고 싶습니까? 당연한 질문입니다. 하지만 예수님도 그렇게 하셨고, 하나님께서도 우리가 그렇게 하기를 기대하신다는 사실을 기억할 필요가 있습니다.

이 일을 하기 위해 우리는 교회 안에서 얻은 관계의 능력을 가지고 세상으로 나가야 합니다. 부활하신 주님과의 깊은 사귐을 통해 평화의 능력과 성령의 능력을 충만히 얻어야 합니다. 그 관계의 능력으로 교회 안에서 형제자매들과의 사귐을 연습해야 합니다. 특히, 대하기 어려운 사람들과의 만남을 적극적인 훈련의 기회로 삼아야 합니다. 그렇게 훈련하고 나서 세상으로 나가면, 직장에서건 사회에서건 누구를 만나든 마음을 열고 대할 수 있습니다. 복음을 전하려는 사람은 만나는 사람에게 먼저 마음을 열어야 합니다. 이 세상의 행복을 위해 헌신하려는 사람은 먼저 그 대상에게 마음을 열어야 합니다. 그렇지 않고는 참된 전도도, 참된 선교도 이루어질 수 없습니다.

이렇게 사는 것은 이 세상을 위한 일이기도 하지만, 실은 나 자신을 위해서도 가장 행복한 선택입니다. 자기만의 성을 쌓고 그 성 안으로 도피하는 것은 결코 안전하지도 않을 뿐더러 아무런 희망도 없습니다. 역설적이지만, 진정한 안전지대는 우리 스스로 만든 성이 아니라 상처와 위험과 유혹이 도사리고 있는 이 세상 한복판에 있습니다. 홀로 이 세상 한복판에 서면 이리 떼 가운데 남겨진 한 마리 양과 같이 처량한 신세가 되겠지만, 부활하신 주님의 숨, 하나님에게서 나오는 생명의 영으로 충만해진다면 우리는 이 세상 한복판에서도 안전할 수 있습니다. 그렇게 세상으로 나아가 만나는 사람마다 마음을 열고 하나님의 사랑을 전하고 다른 사람들의 행복을 위해 섬길 때, 그 속에서 우리는 참된 행복을 발견하게 될 것이며 우리의 인생이 의미로 가득 채워지는 경험을 하게 될 것입니다.

6

이제 우리 자신을 조용히 되돌아봅시다. 우리는 지금 어떤 상태에 있습니까? 혹시 상처받는 것이 두려워 마음의 문도, 집의 문도 꼭꼭 걸어 잠그고 아무 방해도 받지 않고 살아가기를 힘쓰고 있습니까? 진심으로 기도합니다. 여러분이 숨어 있는 그 방에 부활의 주님께서 찾아오시기를! 그분에게서 평화의 능력과 성령의 능력을 전해 받아 스스로 만든 감옥에서 떨쳐 나오시기를! 스스로 만든 안전지대가 실은 스스로 판 무덤이며, 전쟁터 같은 이 세상이 실은 가장 안전한 곳임을 확인할 수 있기를 바랍니다.

혹시 홀로 자기만의 성 안에 갇혀 있는 것이 답답하고 힘들어 교회로 나왔는데, 여전히 상처받는 것이 두려워 마음의 문을 꼭 닫고 조용히 하나님만 만나고 가시려는 분은 안 계십니까? 부활의 주님께서 성령의 숨을 여러분에게 불어넣어 주시기를 기도합니다. 그리하여 이미 받은 상처가 치유되고 그 어떤 상처도 두려워하지 않는 심령으로 만들어 주시기를 기도합니다. 하나님만 만나고 가는 반쪽 신앙에서 벗어나, 믿음의 형제자매들에게 친교의 손을 뻗는 영적 도약이 있기를 기도합니다. 적어도 기독교 신앙 안에는 '홀로의 종교'는 없습니다. 하나님만 만나고 가려 하면, 하나님도 만날 수 없습니다. 귀찮고 짜증나고 힘들고 속상하는 일이 있더라도 다른 사람들과 얽혀야만 합니다. 그래야 하나님도 만날 수 있습니다. 이것이 교회의 본질이며, 그렇게 되어야만 영적으로 성장할 수 있습니다.

혹시 집의 문도 열고 마음의 문도 열고서 믿음의 형제자매들과 사귐을 나누며 영적 사귐의 신비를 누리면서 살고 계십니까? 잘 하셨습니다. 그 사귐이 더욱 깊어지도록 힘쓰십시오. 내가 다른 사람에게 진정한 영적 친구가 되어 줄 수 있도록, 그리고 나에게도 영적 친구가 많아질 수 있도록 '거룩한 사귐'에 더욱 힘씁시다. 위급한 일이 생겼을 때, 찾아가 속마음을 털어놓고 상담할 수 있는 친구가 교회 안에 있다면 얼마나 좋겠습니까? 누군가 위급한 일을 당하여 한밤중에 내게 전화를 걸어와 만나자고 한다면, 그보다 더 좋은 일이 어디 있겠습니까? 그런 사귐에 더욱 힘씁시다.

하지만 잊지 마십시오. 교회는 종착역이 아니라는 사실을 말입니다. 교회에서 우리의 사귐은 이 세상에서 만나는 다른 이들에게 진정한 친구가 되어 주고 그들의 영혼을 주님 앞으로 인도하는 데까지 나아가야만 합니다. 부활하신 주님께서 제자들에게 마음의 평안을 주시고 성령의 선물을 주신 이유는, "아버지께서 나를 보내신 것 같이, 나도 너희를 보낸다"라고 말씀하시기 위함입니다. 주님께서 자신의 몸을 드려 교회를 세우신 것은, 그 안에서 우리를 참된 사귐으로 훈련시켜 이 세상에 내보내기 위함입니다. 모두가 자신이 세운 성에 도피하여 고독 속에서 죽어 가는 이 세상, 그 어디서도 참된 사귐을 찾아보기 힘든 이 세상, 믿고 마음을 열 수 없을 만큼 위험천만한 이 세상 속으로 나아가 그들의 참된 친구가 되어 주라고, 그리하여 참되고 영원한 친구이신 예수 그리스도께 그들을 인도하도록 우리를 보내시는 것입니다.

7

우리는 거기까지 나아가야 합니다. 교회 안에만 머물러 있어서는 안 됩니다. 교회를 통해 어느 정도 훈련을 받았다면, 이제 세상으로 나가야 합니다. 성경은 "하나님께서 세상을 이처럼 사랑하셔서 외아들을 주셨으니"라고 했지(요 3:16), "하나님께서 교회를 이처럼 사랑하셔서 외아들을 주셨으니"라고 하지 않았습니다. 우리는 하나님께서 그토록 사랑하신 이 세상을 마음에 품고, 주님께서 주시는 능력을 힘입어 이 세상 속으로 들어가야 합니다. 이것을 꿈꾸어야 합니다. 이것을 두고 기도해야 합니다. 거기까지 나아갈 때, 우리도 예수님처럼 "다 이루었다"(요 19:30)고 말할 수 있을 것입니다. 자신의 소망을 다 이룬 것이 아니라, 하나님께서 우리 인생에 두신 뜻을 다 이룰 수 있다는 말입니다.

이 땅에 태어나 다 이루고 가는 인생! 이보다 더 큰 행복과 축복이 어디 있겠습니까? 이 축복이 저와 여러분 모두에게 있기를 간절히 기원합니다.

오, 주님,
저희의 밀폐된 방에 침입하소서.
저희의 닫혀진 마음의 문을 부수어 주소서.
떨리는 저희 마음에 평화를 선포하소서.
죽어 있는 저희 영혼에
생명의 숨을 불어넣어 주소서.
마음을 활짝 열고
믿음의 형제자매들을 품게 하시고,
그 능력으로
세상으로 나아가
잃어버린 영혼들을 찾게 하소서.
아멘.

6 누가 성령을 두려워하는가

이렇게 말씀하신 다음에, 그들에게 숨을 불어넣으시고 말씀하셨다.
"성령을 받아라."
—요한복음 20:22

1

'성령'이라는 단어를 들을 때, 여러분에게는 어떤 느낌이 드십니까? '성령 충만'이라는 말을 들으면 어떤 이미지가 떠오르십니까?

'성령'이 들어간 말을 들으면 자신도 모르게 인상이 구겨지면서 외면하고 싶은 느낌을 받는 분들이 계십니다. '성령 충만'이라는 말을 들으면 뭔가 비정상적이고 극단적이며 현실과 동떨어진 삶을 사는 광신자의 이미지가 떠오릅니다. 얼마 전, 제가 섬기는 교회에 나오기 시작한 어느 교우께서 기독교에 대한 첫 경험이 매우 부정적이어서 오랫동안 교회에 나오기를 망설였다는 사연을 제게 들려주었습니다. 대학교 다닐 때 친구의 권유로 생전 처음 기독교인들의 집회에 갔는데, 그 모습이 비정상적일 정도로 열광적이었다는 것입니다. 그 모습을 보고는 "아, 저렇게 되기는 싫다"고 생각하고는 외면했다고 합니다. 다행이 지금은 그 부정적인 선입견을 접어 두고 교회에 나오고 계십니다. 이와 같은 부정적 이미지 때문인지, '성령'을 재수 없으면 걸릴 수 있는 기분 나쁜 유령 가운데 하나인 것처럼 여기는 분들이 적지 않습니다.

이런 선입견을 가지면 성령이 두려워집니다. 그래서 "예수는 믿고 싶지만 성령은 받기 싫다"고 말하는 사람들을 종종 만날 수 있습니다. 교회에는 가고 싶지만 혹시나 성령에 걸리지나 않을까 두려워 용기를 내지 못하는 사람들도 있습니다. 혹은 용기를 내어 교회에 나오지만, 성령에 붙들리지 않도록 마음의 준비를 단단히 하고 다니는 사람들도 있습니다. 이런 분들은 신앙의 중심을 향해 조심스럽게 한 걸음 한 걸음 다가가다가, 어느 순간 너무 깊어졌다 싶으면 얼른 발을 빼고 뒷걸음질 칩니다. 잘못 걸리면, 성령 때문에 인생을 망칠 것 같습니다.

반면, '성령' 혹은 '성령 충만'이라는 말에 대해 정반대의 느낌을 갖고 계신 분들도 있습니다. 이제껏 또렷한 의식을 가지고 모든 것을 상식적이고 합리적인 방법으로 믿고 살아 온 분들 중에서도 성령에 사로잡히는 체험을 갈망하는 분들이 적지 않습니다. 수 년 혹은 수십 년 신앙생활을 해 왔지만, 언제나 내가 주인이 되고, 내 생각과 내 판단과 내 상식 안에서만 맴돌았습니다. 그것이 바른 신앙이라고 생각했지만, 시간이 흐르면서 뭔가 부족함을 느낍니다. 뭔가 비어 있음을 느낍니다. "과연 이것이 신앙생활의 전부인가?"라는 회의감이 듭니다.

또렷한 의식에서 나오는 말로 또박또박 기도하는 것 말고, 내 정신과 영혼이 어떤 초월적이고 거룩한 힘에 사로잡혀 기도의 깊은 경지로 나아갈 수는 없을까? 내가 생각하고 내가 추론하는 것 말고, 내 의식의 저편에서부터 환히 비추어 오는 계시를 경험할 수는 없을까? 내 몸에 주어진 에너지와 내면에서 나오는 정신력 말고, 더 근원적이고 더 차원 높은 힘에 사로잡혀 살아갈 수는 없을까? 내가 어찌할 수 없는 불가항력의 경지가 있지 않을까? 신이 존재하는 것을 믿고 예수 그리스도가 위대한 인물인 것을 믿는 이성적인 믿음을 뛰어넘어, 지금 여기서 나와 함께하시는 신의 존재에 사로잡혀 살아 볼 수는 없을까?

이러한 영적 갈망을 가진 사람들은 '성령'이라는 말을 들을 때 마음이 설렙니다. 그가 열망하는 영적 체험이 바로 성령에 의해서 일어나는 것이라고 믿기 때문입니다. 그런 갈망을 가진 사람들은 '성령 체험'이라는 말을 들을 때 간절한 기도의 마음을 품게 됩니다. "주님, 제게도 성령의 충만을 주옵소서. 그리하여 내 이성과 판단과 생각을 뛰어넘는, 초월적이고 신비롭고 심오한 경지를 보게 하옵소서"라고 기도하게 됩니다.

2

여러분은 어느 쪽이십니까? 성령을 두려워하는 쪽입니까, 아니면 성령을 갈망하는 쪽입니까? 사실을 말하자면, 우리 대부분은 이 두 가지를 모두 가지고 살아갑니다.

지난봄에 저는 32명의 교우들과 함께 2박 3일간의 영성수양회를 다녀왔습니다. '나를 찾는 기도 여행'이라는 주제로 여러 가지 기도 방법을 소개하고 훈련하고 삶을 나누는 일을 하고 돌아왔습니다. 첫날 저녁, 참여하신 분들이 돌아가면서 어떤 기대감을 가지고 영성수련회에 참여했는지를 나누는 시간이 있었습니다. 그때 몇몇 교우들이 영적 체험에 대한 깊은 갈망과 함께 그것에 대한 두려움을 드러냈습니다. 어떤 분은 "내 마음에 갈급함이 있어서 일단 신청을 했는데, 시간이 다가올수록 여기에 오기가 두려워졌습니다"라고 했습니다. 또 다른 분은 "이번에 제대로 깨져 보고 싶은데, 너무 심하게 깨지지나 않을까 두렵습니다"라고 했습니다. 마치 결혼식을 앞둔 신부가 결혼에 대한 기대와 설렘으로 마음이 들뜨는 한편, 미지의 세계에 대한 두려움 때문에 도망가고 싶은 심정이 드는 것과 유사하다고 할 수 있습니다.

그분들이 드러낸 갈망은 우리 인간 존재의 바탕에 있는 영적 차원에 대한 갈망입니다. 하나님은 우리 인간을 영적 존재로 창조하셨습니다. 창세기에서는 그것을 '생령'(living soul)이라고 불렀습니다(창 2:7). 인간이 인간 되기 위해서 필요한 것은, 마침내 흙으로 돌아갈 우리의 육신과 그 육신에 불어넣어진 하나님의 숨, 곧 '성령'입니다. 부활하신 뒤에 예수님께서 제자들에게 불어넣으신 숨이 바로 이 영적 숨, 곧 성령입니다. 흙덩어리 아담을 생령으로 살아나게 했던 그 성령입니다. 그 성령이 우리 존재 안에 채워져야만 우리는 참된 생명을 얻을 수 있고, 참된 만족을 얻을 수 있고, 참된 평안을 얻을 수 있습니다. 그 성령에 사로잡혀야만 영적 차원을 볼 수 있고, 영적 차원에서 일어나는 신비로운 일들을 볼 수 있습니다.

성령에 대한 갈망과 함께 성령에 대한 두려움이 우리 모두의 마음속에 있습니다. 성령에게 잘못 걸리는 바람에 내 인생이 전혀 예상치 못한, 전혀 바라지도 않는 방향으로 뒤틀려 버리는 것은 아닌가 하는 두려움이 있습니다. 성령에 붙들리면 혹시나 내가 가지고 있고 누리고 있는 것을 다 포기하라고 할 것 같은 두려움이 있습니다. 성령에 잘못 붙들리면 이상한 광신자들처럼 되지나 않을까 하는 두려움이 있습니다. 그래서 깨져도 적당히 깨지고 싶고, 붙들려도 옷소매 정도만 붙들리고 싶습니다. 언제라도 아니다 싶으면 털고 나올 수 있도록 말입니다.

저는 이 감정을 십분 이해합니다. 저도 이 두려움을 가지고 있었고, 지금도 다 떨쳐 버리지 못한 상태이기 때문입니다. 이 두려움은 우리가 하나님의 기준에서 너무 멀리 떨어져 살고 있다는 인식에서 옵니다. 누구도 여기서 예외일 수 없습니다. 그렇지 않다고 부정해서 그렇지, 정직하게 자신을 돌아볼 줄 아는 사람이라면 하나님께서 자신에게 기대하시는 삶의 모습과 멀리 떨어져 있음을 인정하지 않을 수 없습니다. 그와 같은 부담감 혹은 죄책감이 우리 마음 안에 있기 때문에, 성령에 붙들리면 자신의 삶이 전혀 바라지 않는 방향으로 뒤틀릴 것 같은 두려움을 가지는 것입니다.

3

이와 관련해서 분명히 기억해 두어야 할 진리가 하나 있습니다. 참된 믿음에 이르기 위해서는 반드시 성령의 감동을 받아야 한다는 진리입니다. "예수는 믿고 싶은데 성령은 피하고 싶다"고 말하는 심정은 이해가 되지만, 성령을 피하고는 예수를 제대로 믿을 수가 없습니다.

만일 성령을 피하고 예수를 믿겠다고 한다면, 우리는 예수님을 세계 3대 성인 중 한 분으로 존경하는 정도에서 벗어날 수가 없습니다. 그런 믿음에서는, 아브라함 링컨을 존경하고 추앙하는 것이나 예수를 존경하고 추앙하는 것에 별 차이가 없습니다. 과거에 살았던 위대한 인물로 존경하며, 그 사람의 인생이 남겨 준 교훈을 배워서 내게 유익하게 사용하는 것으로 끝날 것입니다. 그것도 좋은 일이기는 하지만, 기독교 신앙은 과거의 위인을 추앙하고 교훈을 배우자는 것에서 멈추지 않습니다. 기독교 신앙은 부활하신 예수 그리스도가 성령을 통해 우리 가운데 활동하고 계시다고 믿습니다. 그러므로 진정한 믿음 또는 온전한 믿음은 성령을 통해 우리 중에서 살아 활동하고 계신 부활의 주님을 만나고 그분과 관계를 맺고 그 관계 안에서 살아가는 것입니다.

교회를 다니고 예배를 드리지만 성령을 피한다면, 우리는 성부 하나님을 그저 신(god)으로서 인정하는 것에서 벗어나지 못할 것입니다. 신이 존재한다는 믿음만으로는 충분하지 않습니다. 지금이라도 밖에 나가서 지나가는 사람을 붙들고, "당신은 신이 존재한다고 믿습니까?"라고 한번 물어보십시오. 대다수 사람들이 그렇다고 대답할 것입니다. 2007년도 통계에 따르면, 미국 사람들 중 86퍼센트가 신의 존재를 믿는다고 합니다. 우리말에 '십중팔구'라는 말이 있는데, 86퍼센트가 바로 십중팔구의 확률입니다. 그런데 신의 존재를 인정하는 그들의 삶 속에 신이 존재합니까? 십중팔구는 아닙니다. 왜 그렇습니까? 그들이 존재한다고 믿는 신과 인격적인 관계가 형성되어 있지 않기 때문입니다. 실제적인 관계와 사귐이 없기 때문입니다.

태초부터 스스로 계시면서 온 우주를 창조하시고 지금도 성령을 통해 우리를 인도하시는 그 신(God)에게 "아바, 아버지!"라고 부르는 관계가 열려야 합니다. 이것이 기독교 신앙의 핵심입니다. 그 낯선 신, 생각만 해도 마음에 부담이 되는 신, 나에게 진노한 채로 불꽃같은 눈으로 감시하실 것 같은 신, 내 삶이 기준에 너무도 못 미쳐서 그 앞에 서기만 하면 진노로 나를 불태워 버릴 것 같은 그 신—그 낯설고 무서운 신에게 어찌 우리가 "아바, 아버지!"라고 부를 수 있습니까? 성령의 감동 감화를 받아 예수 그리스도를 주님으로 영접하고, 그분의 보혈의 공로로 우리 죄를 해결받고, 창조주 하나님의 자녀로 우리가 다시 받아들여질 때, 비로소 우리는 그 낯선 신에게 "아버지!"라고 부를 수 있게 됩니다. 이것이 바로 온전한 믿음입니다.

4

그러므로 성령을 두려워하지 맙시다. 우리를 감싸고 계시는 성령께 우리 존재를 활짝 엽시다. 그 성령께서 내 마음을 사로잡아, 나로서는 어찌할 수 없는 불가항력적인 변화가 나타나는 것을 체험해 봅시다. 또렷한 의식에서 나오는 말로 드리는 기도도 좋지만, 때로는 내면에서 나 아닌 누군가가 내 의식을 사로잡아 봇물처럼 터져 나오는 기도의 경험도 사모해 봅시다. 내가 추리하고 분석하여 믿는 믿음도 좋지만, 때로는 나의 지식과 추리와 분석을 넘어서는 차원으로 도약하여 하나님 나라의 신비에 젖는 체험도 사모해 봅시다. 내가 주인되는 생활도 좋지만, 나 아닌 더 높은 존재에게 사로잡혀 살아가는 삶도 사모합시다.

두려워할 것은 성령이 아니라 그 성령에 반응하는 우리의 감정입니다. 감정의 속임수를 조심해야 합니다. 성령께서 우리 마음을 만지시면 종종 감정의 변화가 일어납니다. 마음이 따뜻해지기도 하고, 울컥하면서 통곡하게 되기도 하고, 갑자기 마음에 환한 빛이 비치는 것 같은 변화도 생깁니다. 꼭 무엇에 취한 것처럼 흥분되기도 합니다. 신바람이 나고 흥이 돋습니다. 바람이 불면 파도가 일듯, 성령의 바람이 우리 마음에 세차게 불어치면 이러한 감정의 변화가 일어나고, 우리는 신비한 기쁨에 휩싸이게 됩니다.

이때 정신을 차려야 합니다. 이때 만일 우리가 파도를 일게 한 바람에 주목하지 않고 바람 때문에 일렁이는 파도에 주목하면 속아 넘어가게 됩니다. 저는 2년 동안 벨마라는, 뉴저지 주에 있는 해변 마을에서 산 적이 있습니다. 그때 저는 바닷가를 따라 만들어진 산책로를 걸으면서 매일같이 변화하는 바다의 모습에 매료되곤 했습니다. 바람이 잔잔할 때면 잔잔한 대로, 태풍이 칠 때면 치는 대로 바다는 참으로 매력적입니다. 때로는 바다가 유리를 깔아 놓은 듯이 잔잔합니다. 하지만 그때도 바람은 바닷물 위에 불고 있습니다. 파도만 주목한다면, 바람이 없다고 말할 것입니다. 하지만 바람을 주목한다면, 그곳에 여전히 바람이 있음을 알 것입니다.

영적 바람인 성령도 마찬가지입니다. 성령의 바람이 우리 마음의 바다에 일으킨 감정의 파도는 좋은 것입니다. 하지만 감정의 변화에 주목하면 안 됩니다. 속아 넘어갑니다. 소위 성령을 독점한 듯이 말하고 행동하는 사람들이 왕왕 볼꼴 사나운 행동을 하는 이유가 다 여기에 있습니다. 그들을 그렇게 이상하게 된 것은 성령께서 하신 일이 아닙니다. 그들이 자기 감정에 속았기 때문입니다. 처음에는 성령의 바람이 일으킨 감정 때문에 흥분하지만, 시간이 지나면서 그 감정이 식습니다. 감정이 식는다고 해서 성령이 떠난 것이 아닙니다. 그런데 그들은 성령이 아니라 감정을 추구합니다. 그런 감정을 계속 즐기고 싶어 합니다. 그래서 감정을 조작합니다. 여기서 사이비가 생기고, 영적 사기꾼이 생겨납니다.

믿는 사람들이 빗나간 성령 운동에 취해 감정을 조작하는 양상을 보면 참으로 위태롭습니다. 과거에 성령께 받았던 감정을 다시 살려 내기 위해 몸부림을 칩니다. 마치 바람 잔잔한 날에 파도를 보고 싶어서 바다에 들어가 물장구를 치는 것과 같은 모습입니다. 억지로 눈물 콧물을 짜내고는 은혜 받았다고 말합니다. 그런 은혜는 불과 두세 시간도 지속하지 못하고 식어 버립니다. 그렇게 되면 그들은 더더욱 몸부림을 칩니다. 이런 몸부림을 만족시키기 위해 열광적인 집회를 하는 교회들도 있습니다.

진실로 성령을 사모하십니까? 그렇다면 정신은 말짱하게 깨어 있어야 합니다. 감정의 속임수에 넘어가지 말아야 합니다. 그러기에 「성서조선」의 주필이었던 김교신 선생은, 성경 말씀을 공부하다가 마음이 뜨거워지면 나와서 찬물로 등목을 하고 다시 시작하라고 권고했습니다. 성령의 만지심으로 인해 일어나는 감정의 변화를 환영하기는 할지언정, 그 감정에 놀아나지는 말아야 한다는 뜻입니다. 그렇게 한다면, 우리는 성령에 푹 젖어 살면서도 결코 꼴사나운 모습으로 변해 가지는 않을 것입니다.

5

우리가 성령을 두려워하는 또 다른 이유는 혹시 성령을 만났다가 지금의 내 삶의 방향이 완전히 틀어지지 않을까 하는 우려 때문입니다. 앞에서도 말씀드렸듯이, 우리 모두에게는 우리의 삶이 하나님의 뜻에서 많이 벗어나 있다는 부담감 혹은 죄책감이 있습니다. 그렇기 때문에 성령을 만났다가는 뒷덜미를 잡혀 자신이 원하지 않는 방향으로 갈지 모른다는 두려움이 있습니다. 지금 내가 끌어안고 있는 것을 포기하라고 할지 모른다는 두려움이 있습니다. 지금 내가 즐기고 있는 것을 포기하라고 할지 모른다는 두려움이 있습니다. 혹시나 지금 하고 있는 일을 모두 내려놓고 선교사가 되어 아무도 가고 싶어 하지 않는 곳으로 가라고 하시지나 않을까 두렵습니다. 장래에 언젠가는 그렇게 할 수도 있겠지만, 하나님의 시간표가 아니라 나의 시간표대로 하고 싶습니다. 하나님에 의해 내 삶이 침범당하는 것이 싫습니다.

성령을 정면으로 맞닥뜨려 그분께 사로잡혀 살아온 사람들의 삶을 보면, 이 모든 우려가 어느 정도 사실임이 분명합니다. 어떤 사람은 성령에 사로잡힌 후, 자신의 세속 직업을 버리고 오지에 선교사로 가거나 도시 빈민을 위해 헌신하고 있습니다. 어떤 사람은 성령을 체험하고 영원한 생명에 눈을 뜬 후, 자신의 전 재산을 헌납하여 거룩한 일을 위해 헌신하고 있습니다. 어떤 사람은 성령의 인도하심에 이끌려, 대면하고 싶지 않은 사람과 대면하고 화해합니다. 어떤 사람은 성령과의 깊은 사귐의 결과, 목을 조이는 것 같은 경쟁에서 벗어나 이웃을 위해 봉사하는 일에 헌신하고 있습니다. 어떤 사람은 성령의 변화를 받아, 골프와 여행과 식도락으로 충만한 은퇴를 꿈꾸다가 어렵고 힘든 사람들을 위한 봉사 활동에 노년을 헌신하고 있습니다. 이런 예를 들자면 끝이 없습니다.

성령을 만나고 성령의 인도하심을 따라가다 보면, 어떤 일이 일어날지 우리는 모릅니다. 전혀 계획하지 않은 방향으로 인생길이 굽어질 수 있습니다. 하기 싫어 피하고 외면해 온 일을 직면해야 할지도 모릅니다. 대면하기 싫은 사람을 대면해야 할 수도 있습니다. 그러므로 진실을 말하자면, 성령을 만나는 일은 우리에게 일어날 수 있는 가장 위험한 일 중 하나입니다.

하지만 그와 함께 반드시 기억해야 할 것이 있습니다. 우리가 성령에 사로잡힘으로 인해 일어날 변화를 두려워하는 이유는, 우리가 아직 성령에 온전히 사로잡히지 않았기 때문이라는 사실입니다. 성령에 사로잡혀 본 적이 없는 사람에게는 골프와 여행과 식도락으로 즐기는 노년보다 어렵고 힘든 사람들을 위해 일하며 보내는 노년이 더 나아 보일 리가 없습니다. 하지만 그렇게 사는 분들에게 물어보기 바랍니다. 그분들은 골프와 여행과 식도락으로 보내는 소위 '멋진 은퇴'(golden retirement)보다 봉사와 헌신으로 보내는 '거룩한 은퇴'(holy retirement)가 훨씬 행복하다고 말할 것입니다. 성령에 사로잡혀 본 적이 없는 사람에게는 고액 연봉의 최고 직장보다 낮은 연봉의 봉사하는 직장이 더 나아 보일 리가 없습니다. 하지만 성령의 인도하심을 따라 그런 선택을 한 사람은 자신이 포기한 고액의 연봉에 아무런 미련을 갖지 않습니다. 자신의 선택에 대해 털끝만큼의 후회도 없습니다.

그러므로 성령에 대해 갖는 두려움은 끝내 성령을 회피해 가면서 우리의 생을 허망하게 소비하도록 만들려는 악한 영의 속임수라 할 수 있습니다. 성령의 다스림을 따라 변화를 받는 것이 실은 가장 행복한 길이며, 변화되어 갈수록 더욱 행복해지는 것인데, 악한 영은 우리를 속여 그것이 불행해지는 길인 양 믿게 만듭니다. 그 속임수를 간파해야 합니다. 내가 내 인생을 내 계획과 내 의도대로 이끌고 가야 가장 행복할 것처럼 생각한다면, 역시 속은 것입니다. 나보다 더 크신 분이 계십니다. 나보다 나를 더 사랑하시는 분이 계십니다. 나의 지혜와는 비교할 수도 없이 지혜로운 분이 계십니다. 그분의 손에 붙들리는 것이 더 행복합니다. 성령에 붙들리는 것이 바로 그분의 손에 붙들리는 것입니다.

6

사랑하는 성도 여러분! 그렇다면 성령에 대해 가지고 있던 모든 선입견과 우려와 두려움을 내려놓고, 성령께서 우리 마음을 만지시고 우리 삶을 전폭적으로 다스리시기까지 그분을 사모하고 추구해야 하지 않겠습니까? 아직 내 때가 아니라고 저항할 것이 아니라, 자신의 마음을 열어 놓고 성령의 만지심을 기다려야 하지 않겠습니까? 그분이 우리의 마음을 만지심으로, 자신의 죄가 얼마나 중한지를 깨달아 "이제 내가 죽게 되었구나!"(사 6:5) 하고 절망하고, 십자가에서 달려 돌아가신 예수 그리스도를 주님으로 영접하여 그 죄와 벌로부터 구원받고, 낯설었던 성부 하나님을 향해 "아바, 아버지!"라고 부를 수 있게 되기를 구해야 하지 않겠습니까? 우리 안에 거하시는 성령께서 우리 삶을 점차 장악하심으로 우리 삶에 참된 변화가 일어나기를 구하고 기도해야 하지 않겠습니까? 나 혼자 살아가는 삶이 아니라, 내 안에서 누군가가 내 삶을 이끌어 가는 그런 삶을 구해야 하지 않겠습니까?

이런 변화를 맞이하기 위해 우리에게 필요한 것이 무엇입니까? 영성수양회입니까? 물론 영성수양회에서 많은 분들이 성령의 만지심과 다스리심과 충만히 채우심을 경험합니다. 하지만 그 무엇보다도 예배 중에 그 같은 성령의 역사가 가장 많이, 가장 빈번하게 일어납니다. 선교지에 가서 봉사하면서 그런 체험을 하는 사람도 있습니다. 교회 안에서 봉사 활동을 하면서 성령을 체험하는 분도 있습니다. 새벽기도회에서 혹은 수요예배에서 혹은 홀로 기도하는 중에 그런 체험을 하는 분도 있습니다. 그러니 영성 수련회가 오기까지 넋 놓고 기다릴 일이 아닙니다. 매일매일 영적 생활에 충실하게 임해야 합니다.

문제는 무엇을 하느냐에 있지 않습니다. 성령의 역사에 나 자신을 활짝 열어 놓고 그분의 만지심을 사모하며 그분이 내 삶의 주인 되시기를 얼마나 진실하게 구하느냐에 달려 있습니다. 그같이 진실하고 강렬한 열망이 있을 때, 성령께서는 그분 보시기에 가장 적절한 때에 은혜를 주실 것입니다. 저와 여러분, 우리 모두가 성령의 만지심을 받고 성령의 다스림 안에서 참되고 복된 삶으로 이끌림 받게 되기를 간절히 기원합니다.

우리 중에 계시며
우리 안에 계신 성령이시여,
당신의 모습을 드러내소서.
무뎌진 저희 마음을 녹여 주시고
생기를 잃은 마음을 회복하여 주소서.
부활의 주님이시여,
성령을 통하여 저희 마음의 중심에 오소서.
오셔서
저희의 주인이 되시고
왕이 되소서.
더 이상 내가 사는 삶이 아니라
주님께서 이끄시는 삶이 되게 하소서.
저희가 삶의 주인 되기를 포기하고
그 삶을 주님께 드립니다.
받으셔서
당신 뜻대로 사용하소서.
아멘.

7 얼숨으로 산다

이렇게 말씀하신 다음에, 그들에게 숨을 불어넣으시고 말씀하셨다. "성령을 받아라." —요한복음 20:22

항상 기뻐하십시오. 끊임없이 기도하십시오. 모든 일에 감사하십시오. 이것이 그리스도 예수 안에서 여러분에게 바라시는 하나님의 뜻입니다.

—데살로니가전서 5:16-18

1

간단한 퀴즈로 말씀을 시작하겠습니다. 다음에 열거하는 열세 가지 치료 효과를 듣고, 어떤 치료법 혹은 어떤 약에 관한 것인지 추측해 보시기 바랍니다. 무엇을 하면, 무엇을 고치면, 혹은 무엇을 먹으면 다음과 같은 다양한 치료 효과를 얻겠습니까?

1. 심폐기능이 강화된다.
2. 소화흡수기능이 촉진된다.
3. 배설기능이 활발해진다.
4. 혈액순환이 활발해진다.
5. 손발의 냉증이 해소된다.
6. 뇌빈혈이 해소된다.
7. 태아에게 혈액 공급이 원활해진다.
8. 자율신경이 개선되어 불안과 초조감이 제거된다.
9. 백혈구의 증가로 저항력이 높아진다.
10. 기억력이 좋아지고 머리가 맑아진다.
11. 체내 독소가 잘 배출되어 피부 미용에 좋다.
12. 집중력이 높아지고 정신력이 강해진다.

13. 혈압이 정상으로 돌아간다.

어떻습니까? 거의 만병통치라 할 만하지 않습니까? 이 모든 치료 효과를 주는 치료법이 무엇이라고 생각하십니까? 산삼이나 로열젤리 같이 천연의 희귀 약재를 생각하고 계십니까? 틀렸습니다. 걷기나 달리기 같은 운동을 생각하십니까? 그것도 아닙니다. 하기는 이것을 운동이라고 부르는 사람도 있습니다. "요즘 무슨 운동을 하십니까?"라고 물으면, "숨쉬기 운동만 하고 있습니다"라고 답하는 사람들이 있지요. 정답은 "바른 호흡"입니다.

"호흡, 숨 쉬는 것이 뭐 그리 대단하기에 그런 치료 효과가 있다고 말하는가?"라고 반문하고 싶을지 모르겠습니다. 또는 "숨 쉬는 거야 태어나면서부터 해 온 것인데, 거기에 무슨 비법이 있단 말인가?"라고 질문하고 싶은 분들도 계실지 모르겠습니다. 하지만 목으로 쉬는 숨, 곧 호흡이야말로 육신의 생명의 기초이며, 태어나면서부터 자연적으로 해 온 것이지만, 그렇기 때문에 많은 사람들이 제대로 하지 못하는 것 가운데 하나이기도 합니다. 호흡은 우리의 생명에서 가장 근본적인 것이므로, 잘못되었을 때에는 가장 크고 많은 부작용을 일으키지만, 잘못된 호흡을 고칠 때에는 위와 같은 많은 치료 효과를 얻게 됩니다.

굳이 수련원에 가서 단전호흡이나 복식호흡 같은 것을 배우라는 뜻은 아닙니다. 평소에 숨을 깊고 고르게 쉬는 습관만 익혀도 큰 차이를 경험할 수 있습니다. 때로 조용히 물러 앉아 10분 이상 심호흡만 하고 나도, 위에서 말한 효과의 절반 정도를 경험할 수 있습니다. 아니, 상쾌한 바람이 부는 밖으로 나가서 크게 숨을 몇 번만 쉬어도 좋습니다. 효과가 대단하지 않다고 느껴 무시해서 그렇지, 하루를 살면서 이따금 자신의 숨쉬기를 점검하고, 조용히 일어서거나 앉아서 깊은 숨을 쉬는 시간을 가지게 되면, 그리고 그러기를 일주일이나 한 달 혹은 일 년을 지속하게 되면, 어떤 약으로도 얻을 수 없는 대단한 치료 효과를 얻을 수 있습니다.

2

이것은 우리의 영적 생활에도 마찬가지입니다. 영적 생명을 키워 가는 데 가장 중요하고 가장 기본적인 것이 바로 영적 호흡입니다. 이번 장의 제목을 보고 많이들 이상하게 여기셨을 것입니다. '얼숨'으로 산다? 이게 도대체 무슨 뜻인가? '얼쑤'라는 말은 들어 보았지만, '얼숨'이라는 말은 처음 들어 보았을 것입니다. 사전에도 없는 말입니다. 이 말은 20세기 한국인 가운데 우리말을 가장 깊이 이해했다고 평가되고 있는 다석 유영모 선생이 만든 말입니다. 영혼을 가리키는 우리말 '얼'과 '목숨'이라 할 때의 '숨'을 합친 말입니다. 영혼으로 쉬는 숨, 곧 '얼숨'은 바로 기도를 가리킵니다. 그의 제자인 함석헌 선생도 이 말을 자주 사용했습니다.

아마 여러분은 "기도는 영적 호흡이다"라는 말을 익히 들어 알고 있을 것입니다. 얼숨이란 바로 영적 호흡을 가리킵니다. 육신의 호흡이 목을 통해 공기를 들이마셔 체내에 산소를 공급하고 날숨으로 이산화탄소를 몸 밖으로 배출하는 것처럼, 영적 호흡은 영혼을 통해 성령을 들이마심으로 영적 산소를 속사람에게 공급하고 날숨으로 영혼 안에 있는 더러운 독소를 배출해 냅니다. 이것이 얼숨, 곧 기도입니다. 육신의 생명을 유지하는 데 호흡이 가장 기본이 되듯, 영적 생명을 유지하는 데는 영적 호흡, 곧 기도가 가장 기본이 됩니다.

목숨은 공기를 들이마시는 것인 반면, 얼숨은 성령을 들이마시는 것입니다. 성령은 인격인데 어떻게 우리가 성령을 들이마십니까? 그분과 인격적인 사귐을 나누는 것이 바로 성령을 마시는 것입니다. 지난 장에서 저는 '누가 성령을 두려워하는가'라는 설교를 통해 우리 내면에 계시면서 동시에 우리를 에워싸고 계신 성령의 임재에 우리 자신을 활짝 열자고 말씀드렸습니다. 예수님을 온전히 믿고 하나님을 "아바 아버지"라고 부르는 관계에 이르려면, 반드시 성령의 만지심을 받아야 한다고 말씀드렸습니다. 우리 가운데 영적 실체로 활동하시는 예수 그리스도를 주님으로 영접하고 하나님과 살아 있는 관계 속에서 살아가려면 우리 가운데 성령의 다스림이 있어야 한다고 말씀드렸습니다. 그 성령이 우리 존재 안에 항상 가득 채워져 있고 우리가 매일 성령의 인도하심 속에서 살아가려면, 얼숨을 통해 성령을 호흡해야 합니다. '성령을 호흡한다'는 말은 '성령과 사귄다'는 뜻입니다.

요한복음 20장 22절 말씀은 기도를 얼숨이라고 부르는 것이 적절한 일임을 보여 줍니다. 부활하신 주님께서 제자들에게 숨을 내쉬시며 "성령을 받아라" 하고 말씀하십니다. 2003년에 나온 필립 새빌(Phillip Saville) 감독의 영화 '요한복음'(The Gospel of John)에 보면, 예수님이 숨을 내쉬면서 "성령을 받아라" 하고 말씀하시자, 두려움에 질려 어두운 표정으로 모여 있던 제자들이 자신들의 몸 전체에 뭔가 새로운 기운이 들어차는 듯한 느낌을 받으면서 밝은 표정으로 변화합니다. 아마 실제로도 그러했을 것입니다. 부활하신 주님께서 내쉰 숨은 그분의 목숨이 아니라 얼숨, 곧 영혼의 숨, 성령이었습니다. 제자들은 예수님이 내쉰 숨을 코로 들이마신 것이 아니라 영혼으로 받아들였던 것입니다. 그렇게 하여 그들 마음에 새로운 활력과 희망이 생겨났습니다.

3

사람들은 호흡에 대해 잘 안다고 생각하지만, 실은 제대로 호흡할 줄 몰라 늘 할딱거리는 짧은 숨을 쉬고 그로 인한 자주 긴 한숨을 몰아쉬면서 간신히 연명하는 경우가 많습니다. 얼숨인 기도의 경우도 마찬가지입니다. 기도에 대해 오해하는 사람들이 참으로 많은데, 자신이 오해하고 있다는 사실조차 알지 못하는 경우가 많습니다. 기도는 내 마음에 끌리는 대로 하면 되는 것이라고 생각합니다. 마음 끌리는 대로 기도하다 보면, 갑자기 어려움에 빠졌을 때 그 어려움에서 벗어나기를 구하는 정도에서 기도가 그치고 맙니다. 거기서 조금 더 나아가 보아야, 하루 세끼 식사기도를 하는 정도입니다. 그것으로 충분히 기도하고 있다고 생각하는 사람들이 많습니다.

다행히 거기서 약간 더 나아가는 분들도 계십니다. 기도 생활이 중요하다 생각하고 항상 기도하기 위해 힘쓰는 분들도 계십니다. 하지만 이렇게 하시는 분들도 자신의 기도 방법에 문제가 있다고 생각하지는 않습니다. 자신의 욕구에서 나오는 대로 자신의 요구 사항을 나열하는 것으로 기도 시간을 다 채웁니다. 이들은 대부분 "기도는 구하는 것이다"라는 생각에 따라 기도합니다. 자신이 얻고자 하는 것을 얻을 때까지 포기하지 않고 기도하는 것이 좋은 믿음이라고 생각합니다. 기도 응답이란 자신이 구하는 것을 손에 쥐는 것이라고 생각합니다.

오래전에 저희 아이들이 초등학교에 다닐 때의 일입니다. 저희 집 벽에 "항상 기뻐하라. 쉬지 말고 기도하라. 범사에 감사하라"는 데살로니가전서 5장 16-18절 말씀이 쓰인 액자가 걸려 있었습니다. 어느 날, 저희 아이 중 하나가 그 액자를 골똘히 들여다보더니 제게 물었습니다. "아빠, '쉬지 말고 기도하라'는 말이 무슨 뜻이야?" 저는 "네 생각에는 무슨 뜻인 것 같니?"라고 반문했습니다. 그랬더니 그 아이가 이렇게 대답하는 것이었습니다. "기도하다가 중간에 멈추지 말라는 뜻이야?"

그 아이는 나름대로 추리를 한 것입니다. 기도에 대해 그동안 자신이 배운 대로라면, 하루 종일 기도만 하라는 뜻이 아님은 분명해 보였을 것입니다. 어떻게 하루 종일 눈 감고 기도만 하겠습니까? 어린아이의 생각에도 그것은 말도 안 되는 명령이었던 것입니다. 그렇다면 가능성은 하나뿐입니다. 일단 기도를 시작했으면 마칠 때까지 중단하지 말라는 뜻으로 보였을 것입니다. 참 똑똑하지 않습니까?

하지만 아쉽게도 그 추측은 빗나갔습니다. 그 아이가 기도를 오해했기 때문입니다. 만일 기도가 눈을 감고 하나님에게 무엇인가를 요구하는 것이라면, "쉬지 말고 기도하라"는 말씀은 실현 불가능한 명령입니다. 그럴 수도 없을 뿐 아니라, 만일 그렇게 한다면 정상이라고 할 수 없습니다. 물론, 얼마 동안 기간을 정해 놓고서 모든 일을 멈추고 기도하는 것은 좋은 일입니다. 하지만 늘 그렇게 한다면, 그것은 빗나간 믿음이라고밖에 할 수 없습니다. 그러므로 "쉬지 말고 기도하라"는 말씀은, 그 아이의 추측대로 "한번 기도를 시작하면 마칠 때까지 딴전 팔지 말라"는 뜻으로밖에 풀 수 없습니다.

그러나 눈을 감고 내게 필요한 것을 구하는 것은 기도의 한 요소일 뿐입니다. 기도의 본질은 하나님과 영적으로 사귀는 것입니다. 얼숨을 통해 하나님의 영을 들이마시는 것입니다. 우리가 살아 있는 한 쉬지 않고 목숨을 쉬듯이, 우리의 영혼이 살아 있으려면 쉬지 말고 얼숨을 쉬어야 합니다. 자신의 요구를 하나님께 내놓는 기도는, 호흡에 비유하자면, 가슴으로 쉬는 '할딱숨'이요 그 숨을 보충하기 위해 자주 몰아쉬는 한숨과 같습니다. 기도, 곧 얼숨에도 아랫배로 쉬는 깊은 숨이 있고, 가슴으로 쉬는 얕은 숨이 있습니다. 하나님께 자신의 요구를 아뢰고 그것을 얻을 때까지 끊임없이 부르짖는 기도는 얕은 얼숨입니다. 그런 숨으로는 성령의 산소를 우리의 영적 사람에게 충분히 공급하기 어렵습니다. 그래서 종종 한숨을 몰아쉬어야 합니다. 때로 밤을 새워서라도 기도하고 싶은 갈증이 생기는 이유가 무엇입니까? 평소에 우리의 얼숨이 할딱거리는 얕은 숨이기 때문입니다. 우리가 원하는 것을 하나님께 말씀드리기는 했지만, 하나님의 성령을 들이마시지는 않았기 때문에 그런 현상이 일어나는 것입니다.

기도는 성령을 통해 예수 그리스도와 성부 하나님을 만나 사귀는 일입니다. 그렇게 사귐을 가지는 것이 성령을 들이마시는 일입니다. 이러한 기도는 깊은 얼숨에 해당합니다. 기도의 복식호흡인 셈입니다. 기도의 심호흡인 셈입니다. 이렇게 깊은 얼숨을 통해 성령을 마시면, 우리의 영혼은 성령의 다스림 아래 있게 됩니다. 마치 잘 단련된 호흡법을 통해 맑은 정신과 활력 넘치는 건강을 유지하는 사람처럼, 깊은 얼숨을 쉬는 사람, 하나님과 깊은 영적 사귐을 나누는 사람은 늘 성령의 충만함 속에서 살아갈 수 있습니다.

4

기도에 대한 우화 하나를 소개해 드리겠습니다. 어느 수도원에서 여러 가지 기도 방법을 훈련하고 있었습니다. 한 제자가 스승에게 묻습니다. "하나님을 얻기 위해 무슨 일을 할 수 있습니까?" 그 질문에 스승이 제자에게 되묻습니다. "태양이 떠오르게 하기 위해 자네는 무엇을 할 수 있는가?" 그러자 제자가 스승에게 화를 냅니다. "그렇다면 스승님은 왜 이 모든 기도 방법을 저희에게 가르치셨습니까?" 그러자 스승이 대답합니다. "태양이 비추고 있을 때 자네가 깨어 있게 하기 위함이지."

많은 사람들이 하나님에게서 무엇인가를 얻어 낼 목적으로 기도를 합니다. 물론 그것도 기도의 중요한 요소 중 하나입니다. 하지만 기도의 핵심은, 우리와 함께 계시는 성령을 통해 예수 그리스도를 만나고, 그분을 통해 성부 하나님의 자녀로 받아들여지고, 삼위일체 하나님과 사귐을 나누며 그 사귐 안에서 살아가는 과정입니다.

마치 태양이 빛나고 있는 환한 대낮에 그 빛에 자신을 활짝 열고 깨어서 그 빛 가운데 활동하는 것과 같습니다. 기도는 나를 깨워서 그 빛 아래 나아가 그 안에서 활동하는 일입니다. 하나님은 성령을 통해 언제나 우리를 비추고 계십니다. 문제는 우리가 그 사실에 충분히 깨어 있지 못하다는 데 있습니다. 기도는 우리로 하여금 하나님의 현존에 깨어 있게 만들어 주는 것이어야 합니다. 그렇게 하나님과 사귐을 나누는 것이 영적 호흡이요 얼숨입니다.

하나님과의 사귐은 없으면서 자신의 필요를 구하기만 하는 사람은, 비유하자면 밝은 대낮에 집 안에 틀어박혀 잠을 자다가 캄캄한 밤이 되면 깨어 일어나서 "제게 빛을 좀 비춰 주십시오" 하고 구하는 사람과 같다 할 수 있습니다. 그런 사람은 가끔 달빛과 별빛을 보면서 기도 응답을 받았다고 감사할지 모릅니다. 하지만 그는 늘 "왜 이렇게 하나님이 보이지 않는가? 왜 이렇게 어둡기만 한가?"라고 질문할 것입니다. 그렇게 불평하다가 태양이 떠오르는 아침이 되면 다시 잠에 곯아떨어집니다. 다른 사람들이 활개를 치며 활동하고 있는 동안, 그 사람은 깊은 잠에 빠져 있습니다. 그러다가 땅거미가 깃들 즈음이면 다시 일어나 어둠 속에서 빛을 찾습니다.

예수 그리스도는 우리 위에 비추는 태양빛과 같습니다. 세례 요한의 아버지 사가랴는 예수 그리스도의 탄생을 예고하면서 이렇게 노래했습니다. "그[하나님]는 해를 하늘 높이 뜨게 하셔서, 어둠 속과 죽음의 그늘 아래에 앉아 있는 사람들에게 비추게 하시고, 우리의 발을 평강의 길로 인도하실 것이다"(눅 1:78-79). 예수 그리스도는 영원한 태양으로 우리 위에 빛나고 계십니다. 기도는 우리를 깨워 그 태양빛 아래로 나아가게 하여 그 빛을 즐기고 그 빛 가운데 살아가는 과정입니다.

기도가 이런 것이라면, 우리는 늘, 항상, 쉬지 않고, 끊임없이 기도할 수 있고 또 기도해야 합니다. 무슨 일을 하든지 하나님과의 관계 안에서 하면 그 모든 것이 기도가 됩니다. 감리교회의 창시자인 존 웨슬리가 이런 말을 한 적이 있습니다. "그리스도인이 하는 모든 일은, 심지어 음식을 먹고 잠을 자는 일까지, 모두 기도가 된다. 단, 그 모든 일을 하나님의 명령에 따라서 단순히 행하고 자신의 뜻대로 더하거나 감하지 않는다면!" 옳습니다. 기도가 있고, 기도가 아닌 것이 따로 있지 않습니다. 무엇이든 기도가 될 수 있습니다. 예수 그리스도의 빛 아래에서 깨어 행하는 모든 일이 기도입니다.

5

믿는 사람들은 얼숨으로 살아갑니다. 목숨으로 육신의 생명이 살아가듯, 얼숨으로 속사람, 곧 영적 생명이 살아갑니다. 존경하는 성도 여러분, 영적 사람으로 거듭나서 무럭무럭 자라나기를 원하십니까? 성령의 만지심을 받고 성령의 다스림을 받으며 성령의 드러나심을 경험하며 살고 싶으십니까? 얼숨을 쉬어야 합니다. 기도를 통해 끊임없이 성령을 마셔야 합니다. 성령을 통해 하나님과 끊임없이 사귀어야 합니다.

목숨과 얼숨이 크게 다른 점이 하나 있습니다. 목숨은 저절로 쉬어지지만 얼숨은 의도적으로 노력해야 한다는 점입니다. 여러분, 호흡을 참아서 목숨을 끊을 수 있다고 생각하십니까? 이 세상에 제 힘으로 호흡을 멈추어 목숨을 끊을 수 있는 장사는 인류 역사 이래 단 한 사람도 없었고 앞으로도 없을 것입니다. 그것은 헤라클레스의 힘으로도 안 되고, 삼손의 힘으로도 안 됩니다. 하나님께서 그렇게 지으셨기 때문입니다. 하나님이 정해 놓으신 시간이 되어 숨이 저절로 멈출 때까지 목숨은 제 스스로 쉬어지게 되어 있습니다. 다만, 고르고 깊은 숨을 쉬도록 훈련하는 것이 필요합니다.

하지만 얼숨은 저절로 쉬어지지 않습니다. 처음에는 스스로 노력해야 합니다. 물론, 어느 정도 얼숨에 익숙해지면, 목숨만으로는 만족할 수 없음을 깨닫게 됩니다. 얼숨을 쉬지 않고는 갈급하고 답답해서 견딜 수가 없게 됩니다. 하지만 처음에는 훈련이 필요합니다. 예수님께서 얼숨을 내쉬면서 "성령을 받아라"라고 말씀하셨으니, 이제 그 얼숨을 들이마시는 일은 우리의 책임입니다. 한 번 마시고 마는 것이 아니라, 매일 매 순간 마셔야 합니다. 성령을 호흡해야 참된 생명을 얻을 수 있음을 믿고 그렇게 하도록 힘써야 합니다. 하나님의 성령과 사귄다는 것이 무엇인지 감이 잡히지 않더라도 계속 시도하여 터득해 가야 합니다. 처음에는 쉽지 않습니다.

얼마 전 저의 책 「사귐의 기도」를 읽었다는 독자로부터 메일을 받았습니다. 신학을 공부하는 학생인데, 제 책을 읽고 동감하는 바가 많아서 '구하는 기도'가 아니라 '사귐의 기도'를 시도해 보았다고 합니다. 며칠 동안 시도해 보았으나, 어떻게 해야 할지 도무지 알 수 없었고, 그러니 도움을 달라고 제게 메일을 보내온 것입니다. 하나님의 영과 사귐을 나누려고 앉아 있으면 3분도 안 되어 온갖 잡생각에 시달려 포기하게 된다는 것입니다. 그래서 며칠 하다가 포기할 지경에 이르렀다고 합니다.

저는 그 학생에게, 지금까지 몸에 밴 기도의 방식에서 벗어나 새로운 기도 방식에 익숙해지려면 적어도 6개월 이상은 걸리므로 시간을 좀 더 길게 잡으라고 권고해 주었습니다. 3분 정도 시도해 보다가 되지 않아 포기했다는 말에서 그 학생이 실패한 원인을 발견할 수 있습니다. 하나님과 인격적으로 사귀는 기도를 하기 위해서는 적어도 매일 30분 이상 시간을 투자해야 합니다. 흙탕물이 들어 있는 병을 한껏 흔들었다가 가만히 놓아 보십시오. 물속에서 소용돌이치던 불순물들이 가라앉는 데만도 1분 가까이 걸립니다. 그렇다면 우리의 마음속에 가득히 떠돌던 잡념들이 가라앉는 데는 더 많은 시간이 걸리지 않겠습니까? 넉넉히 시간을 투자하여 얼숨 연습을 해야 합니다. 복식호흡을 연습하듯, 하나님 앞에 머물러 앉아 그분과 영적으로 교감하는 훈련이 필요합니다.

6

앞에서 우리는 호흡법 하나만 고쳐도 적어도 열세 가지의 치료 효과를 얻을 수 있음을 보았습니다. 호흡이 육신의 건강에서 가장 기초가 되는 것이기 때문입니다. 기초가 바로잡힐 때, 그 파급효과는 여러 가지로 나타납니다. 반면, 기초에 문제가 있을 때, 그로 인한 부정적인 파급효과 역시 여러 가지로 나타납니다.

그것은 얼숨에서도 마찬가지입니다. 기도를 통해 사업의 성공을 구할 수 있습니다. 하나님께서 그 기도에 응답하셔서 사업에 성공을 주실 수 있습니다. 하지만 그가 구한 기도의 응답은 사업 하나에 그치고 맙니다. 하지만 기도를 통해 하나님과 깊은 인격적인 사귐을 나누고 성령을 깊이 그리고 충분히 호흡하여 성령의 충만함에 이르면, 그 파급 효과는 다양하게 나타납니다. 호흡을 바로 했을 때 얻을 수 있는 치료 효과 열세 가지보다 더 많은, 더 유익한 도움을 얻을 수 있습니다. 몇 가지 나열해 보면 이렇습니다.

1. 마음의 평안을 얻습니다.
2. 숨겨진 상처와 아픔까지 치료받습니다.
3. 삶에 질서가 잡힙니다.
4. 깨어졌던 관계들이 회복됩니다.
5. 삶의 우선순위가 제자리를 찾습니다.
6. 육신적으로 건강해집니다.
7. 정신적으로 건강해집니다.
8. 불필요한 일에 끌려 다니며 허둥대지 않습니다.
9. 직장에서 예배드리듯 일하게 됩니다.
10. 사람을 대할 때 주님 대하듯 하게 됩니다.
11. 교회에서 섬기는 일에 좋은 열매를 맺습니다.
12. 비윤리적이고 비도덕적인 일에서 손을 떼게 됩니다.
13. 하나님의 심정을 품고 이웃을 돌보게 됩니다.
14. 자신의 인생에 대한 하나님의 뜻을 알게 되고 그것에 헌신하게 됩니다.

15. 자신의 생명이 자신의 것이 아니라 하나님의 것임을 알고 소중히 여기며 살아갑니다.
16. 자신의 소유가 자신의 것이 아님을 알고 거룩한 일을 위해 드립니다.
17. 이렇게 사는 것이 너무 좋아서, 얼숨을 모르고 영생을 모르는 사람들에게 자신의 삶을 나눕니다.

어떻습니까? 믿기 어려우십니까? 진실입니다. 아주 부족하지만, 감히 자랑하려는 것은 결코 아니지만, 제 작은 경험으로도 증언할 수 있습니다. 저와 같은 경험을 말해 줄 수 있는 증인들이 여러분 가운데도 적지 않을 것입니다. 얼숨으로 사는 것은 이와 같이 우리의 삶 전체를 변화시켜 주는 명약 중에도 명약입니다.

얼숨으로 삽시다. 기도로 삽시다. 쉬지 말고 기도합시다. 참된 생명의 근원이시며 진리 그 자체이시며 진실한 사랑의 원천이신 하나님, 그분과 늘 함께 살아갑시다. 그렇게 살아가는 것이 기도입니다. 그것이 성령을 호흡하는 것입니다. 이것은 다른 누구를 위한 것이 아니라 바로 우리 자신을 위한 것입니다.

존경하는 성도 여러분, 저와 여러분 모두가 얼숨으로 살아 영적 존재로 온전히 회복되어, 세포 덩어리가 아니라 생령으로 살아가는 인생이 된다면, 그리하여 '인생'이 아니라 '영생'이 된다면, 그리하여 이 땅에서 사는 동안 하나님의 거룩한 뜻을 위해 우리의 인생이 사용된다면, 이 얼마나 감사한 일이겠습니까? 이 같은 은총과 축복이 저와 여러분에게 늘 함께하기를 기원합니다.

우리의 존재 위에 떠올라
태양처럼 빛나시는 주님,
저희를 깨워 주셔서
주님의 빛 가운데 거하게 하소서.
저희의 기도가
영혼의 호흡이 되게 하셔서
기도로
저희가 성령 충만에 이르게 하소서.
성령에 사로잡혀
참되고 거룩하며 아름다운 생을 살게 하소서.
그렇게 살아 영생에 이르게 하소서.
아멘.

8 죄의 심장을 쏘다

그날, 곧 주간의 첫날 저녁에, 제자들은 유대 사람들이 무서워서, 문을 모두 닫아걸고 있었다. 그때에 예수께서 와서, 그들 가운데로 들어서셔서, "너희에게 평화가 있기를!" 하고 인사말을 하셨다. 이 말씀을 하시고 나서, 두 손과 옆구리를 그들에게 보여 주셨다. 제자들은 주님을 보고 기뻐하였다. [예수께서] 다시 그들에게 말씀하셨다. "너희에게 평화가 있기를 빈다. 아버지께서 나를 보내신 것 같이, 나도 너희를 보낸다." 이렇게 말씀하신 다음에, 그들에게 숨을 불어넣으시고 말씀하셨다. "성령을 받아라. 너희가 누구의 죄든지 용서해 주면, 그 죄가 용서될 것이요, 용서해 주지 않으면, 그대로 남아 있을 것이다."

—요한복음 20:19-23

1

"모든 종교는 동일한 산 정상에 이르는 여러 갈래의 길과 같다." 세계의 여러 종교들을 어떻게 볼 것인지를 두고 하는 말들 중 하나입니다. 얼른 들으면 그럴 듯하게 들립니다. 하지만 이 말이 귀에 그럴 듯한 것만큼이나 진실인가 하는 점에 대해서는 의문의 여지가 많습니다. 제 판단에는, 다음과 같이 고치면 좋겠습니다. "모든 종교는 산 정상에 이르는 길을 찾으려고 하는 점에서 동일하다." 물론 여기서 사이비 종교나 사교(邪敎)는 제외해야 합니다. 그런 것을 뺀, 이른바 모든 고등종교(enduring religions)는 산 정상에 이르는 길, 곧 구원받는 길을 찾으려는 점에서 동일합니다.

모든 종교는 인간의 현재 상태가 불행하다는 점에 동의합니다. 지금처럼 살아서는 안 된다는 점에서 일치합니다. 그래서 각각의 종교는 나름대로 인간 불행의 원인을 진단하고, 그 불행을 치료할 해법을 제시합니다. 불행의 원인에 대한 진단과 그에 대한 해법과 그 해법을 통해 얻게 되는 구원의 성격에서 각 종교는 서로 다릅니다.

이렇게 비유할 수 있을 것입니다. 여러 개의 봉우리를 가진 거대한 산을 상상해 보십시다. 그 산 아래에 여러 개의 길이 나 있습니다. 어떤 길은 동쪽에 있는 작은 봉우리에 이르고, 어떤 길은 서쪽으로

난 중턱 봉우리에 이르며, 어떤 길은 가장 높은 봉우리에 이릅니다. 산 속에 난 길이 모두 위를 향하기는 하지만, 그 길의 종착지는 각기 다릅니다. 이처럼 모든 종교는 현재 당하고 있는 불행으로부터 인류를 구하겠다는 뜻을 가지고 있지만, 인간의 불행에 대한 진단과 그 불행에 대한 해법이 다르기 때문에 그것이 가져다주는 구원도 다릅니다.

예를 들어, 불교에는 '사성제'라는 교리가 있습니다. 고(苦, suffering), 집(集, obsession), 멸(滅, destruction), 도(道, way or truth)라는 네 한자어로 요약되는 것이 불교의 진리입니다. 인간은, 불행('고')에 빠져 있는데, 그 원인은 집착('집')이라는 겁니다. 따라서 그 집착으로부터 벗어나는 '멸'이 필요하며, 그러기 위해서는 방법('도')이 필요합니다. 이 '도'를 통해 얻는 구원을 '열반'이라고 부릅니다. 유교에서는 '극기복례'(克己復禮)를 가르칩니다. 유교는 인간 불행의 원인이 욕심에 물든 자아가 자연 원리와 인륜에 어긋나게 행동하는 데서 온다고 봅니다. 따라서 불행을 극복하려면 이기적인 자아를 극복하고 자연 원리와 인륜에 맞게 살아가도록 계몽해야 합니다. 그것이 유교가 말하는 구원입니다.

2

인간이 현재 불행한 상태에 있으며 구원이 필요하다고 보는 점에서 기독교도 다른 종교와 동일합니다. 기독교에서도 불교처럼 '집착'을 문제로 여깁니다. 기독교에서도 유교처럼 '이기적인 자아'를 문제의 핵심으로 생각하고, 자연 질서와 인륜에서 벗어나는 것을 문제로 여깁니다. 하지만 기독교는 그것보다 더 근원적인 문제가 있다고 생각합니다. 인간은 우연히 혹은 자연히 생겨난 존재가 아니며, 인간을 지은 신이 존재한다고 믿습니다. 따라서 인간의 근본 문제는 인간과 신의 관계에 있다고 생각합니다. 지어진 존재인 인간은 마땅히 창조한 존재인 신에게 의존하고 그분과의 관계 속에서 살아야 하는데, 그러지 않음으로 인해 문제가 생겨났다는 것입니다.

신과 인간의 왜곡된 관계, 어그러진 관계를 가리켜 '죄'라고 부릅니다. 죄에 대한 성경의 가르침을 종합해 보면, 우리는 죄라는 말을 두 가지로 나누어서 보아야 합니다. 첫째는, 영어식으로 설명하면 정관사를 붙이고 대문자를 사용하고 단수로 써서 'the Sin'이라고 해야 할 죄가 있습니다. 우리말로는 '죄' 입니다. 둘째는, 복수를 사용해서 'the sins'라고 해야 할 죄가 있습니다. 우리말로 하자면 '죄들'이라고 할 수 있습니다.

우리가 흔히 "내가 죄를 범했다"라고 말할 때에는 두 번째 종류의 죄를 가리킵니다. 이는 거짓말, 미움, 살인, 절도, 음란 같은 것을 가리킬 때 사용하는 말입니다. 단수 대문자로 'the Sin'이라고 말할 때는 근본적인 문제를 가리킵니다. 이것은 우리가 범한 죄들이 아니라, 그 죄들을 범할 수밖에 없게 만드는 그릇된 상태를 가리킵니다. 우리를 창조하신 분과 분리된 상태, 그분에게 등을 돌린 상태, 그분을 무시하는 상태, 그분과 아무 상관없이 살아가는 우리의 상태를 가리킵니다. 그런 상태에 사는 사람을 '죄인'이라고 부릅니다. 그 상태에 머물러 있는 한, 아무리 수양을 하고 교양을 쌓아도 죄들을 범하지 않을 수 없기 때문입니다.

죄들을 범하지 않고 있다 하더라도, 자신의 존재의 근원이신 하나님을 무시하거나 외면하거나 등지고 사는 것 자체가 이미 죄입니다. 불효 중에서 가장 큰 불효가 무엇입니까? 용돈을 안 드리는 것입니까? 생일을 챙겨 드리지 않는 것입니까? 물론, 그런 것도 불효에 속하지만, 가장 큰 불효는 자식이 그 마음으로 부모를 무시하거나 외면하거나 등지고 사는 것 아닙니까? 그 패역한 마음에서 모든 불효의 행동이 나옵니다. 비록 행동을 하지 않더라도, 그런 마음을 갖고 있다면 이미 불효의 상태에 있는 것입니다. 하나님과의 관계도 마찬가지입니다. 우리가 어떤 죄들을 범하지 않았더라도, 마음으로 하나님을 무시하거나 외면하거나 등지고 살아간다면, 그 마음 상태 자체가 이미 죄입니다.

바로 이 죄가 인간이 당하는 온갖 불행의 원천입니다. 인간은 자신이 짓는 혹은 다른 사람들이 짓는 '죄들' 때문에 고통 속에서 살아갈 수밖에 없습니다. 시기심 때문에, 이기심 때문에, 미움 때문에, 분노 때문에, 절도 때문에, 음란 때문에, 사기 때문에, 살인 때문에 우리 인류는 개인적으로나 집단적으로 불행을 피할 수 없습니다. 다른 종교들은 이 '죄들' 가운데 가장 근본적인 것이 무엇인지를 찾아 그것을 치료하려고 힘씁니다. 반면, 기독교는 그 모든 죄들의 뿌리가 하나님과의 왜곡된 관계, 곧 근원적인 죄에 있다고 생각합니다. 기독교는 그 근원적인 관계를 고치는 해법을 제시합니다.

앞에서 말씀드린, 여러 개의 봉우리를 가진 거대한 산의 이미지를 다시 기억해 봅시다. 불교가 제시하는 구원은 열반이고, 유교가 제시하는 구원은 자연 질서와 인륜에 순응하는 삶이라고 했습니다. 그 둘은 같지 않습니다. 서로 다른 봉우리입니다. 기독교가 제시하는 구원은 하나님과의 관계 회복입니다. 그것은 또 다른 봉우리입니다. 산에 오르는 사람으로서 우리는 선택을 해야 하며, 그것도 아주 중요한 선택을 해야 합니다. 팻말을 주의 깊게 보고, 어느 봉우리로 오르는 길인지를 잘 알아보고, 정말 가야 할 봉우리가 어디인지를 진지하게 생각해 보고 길을 선택해야 합니다.

3

잊고 살았던 하나님, 외면하고 살았던 하나님, 마음속에서 그 음성을 들었지만 끊임없이 거부했던 하나님, 그 하나님과 관계를 회복하기 위해 우리는 성령을 받아야 합니다. 성령께서 우리의 마음을 만지셔야만 우리는 자신의 참 모습을 깨닫게 됩니다. 우리 자신이 세포 덩어리가 아니라 영적인 존재이며, 생령인 우리의 존재의 뿌리가 하나님께 있으며, 그 하나님을 무시하고 외면하고 거역하고 살아온 것이 가장 큰 죄라는 사실을 깨닫게 됩니다. 그냥 머리로 아는 것이 아니라, 마음이 찢어지고 몸이 떨리는 깨달음으로 알게 됩니다. 성령께서 우리를 만지실 때 이런 깨달음이 일어납니다.

이 깨달음 속에서 "오호라, 내가 죽게 되었도다! 내가 어찌할꼬?"라고 부르짖으며 구원의 길을 찾을 때, 우리는 십자가에서 구원의 길을 발견하게 됩니다. 내 죄를 대신해 죽으신 예수 그리스도를 주님으로 영접하고, 그분의 보혈의 공로를 힘입어 창조주 하나님 앞에 나아가 그분께 "아바 아버지!"라고 부르게 됩니다. 그렇게 하나님의 자녀로 다시 받아들여지고 나면, 우리는 새로운 존재가 됩니다. 겉 사람은 그대로이지만, 속 사람이 새롭게 지어집니다. 거듭나는 것입니다. 위로부터 다시 한 번 태어나는 것입니다. 근원적인 죄를 치료받게 되는 것입니다.

그런 다음 내 안에 계신 성령께서 내 삶을 다스려 가실 때, 나의 '죄들'이 점차 해결됩니다. 그 죄들은 내 존재가 하나님과 분리된 근원적인 죄로 인해 발생한 것입니다. 그런데 이제 나는 하나님의 자녀가 되었고, 예수 그리스도의 제자가 되었으며, 성령의 사람이 되었습니다. 근원적인 죄가 치료되었으므로, 거기서 파생하는 '죄들'이 점차 줄어들어 갑니다. 성령의 다스림이 점점 더 강해지고 그 다스림의 영역이 점점 더 넓어져 갈 때, 죄의 유혹은 점점 그 힘을 잃고 죄들은 하나씩 자취를 감춥니다.

그렇다고 해서 죄의 유혹으로부터 완전히 벗어날 수 있다는 말은 아닙니다. 육신을 입고 살아가는 한 죄의 유혹은 언제나 있을 것이며, 그 유혹은 때로 거부하기 어려울 정도로 강할 것입니다. 하지만 성령의 다스림이 내 안에 살아 있고 그 통치력이 강할 때, 우리는 유혹을 이길 수 있습니다. 죄들로부터 점점 더 멀어져 갈 수 있습니다. 처음에는 매우 힘겨웠던 죄들과의 씨름이 점점 수월해질 것입니다. 하지만 그럴 때 더욱 조심해야 합니다. 영적 교만이 더 큰 죄의 유혹을 끌어들이기 때문입니다. 더 교묘한 죄로 인도하기 때문입니다. 하나님 앞에서는 영적 교만 자체가 큰 죄입니다. 이것만 조심한다면, 우리가 죄와의 싸움에서 승리하는 횟수는 점점 늘어날 것입니다.

4

최근 저는 크레이그 그로쉘(Craig Groeschel)이라는 분이 쓴 「목사로 산다는 것」(*Confessions of a Pastor*)이라는 책을 읽었습니다. 그는 '라이프 교회'(LiveChurch.tv)라는 창조적인 방식의 초대형 교회를 이끌고 있는 목사입니다. 원제목에서 보듯이, 이 책에서 그는 목사로서 차마 내놓기 어려운 내면의 번민과 갈등과 유혹을 진솔하게 고백하고 있습니다. 같은 목사로서 저는 그의 고백을 읽으면서 많이 공감했고, 자신의 부끄러운 허점들을 있는 그대로 고백한 그의 용기에 박수를 보냈습니다. 그의 고백 중 하나를 소개하겠습니다.

그는 청소년기에 술과 마약과 도박과 섹스에 마음이 팔려 살다가 열아홉 살에 성령의 만지심을 통해 예수 그리스도를 만나 거듭났습니다. 그는 성령의 도우심을 받아 이전에 탐닉하던 많은 죄들을 해결받았으나, 성적인 유혹만큼은 이후에도 여전히 기세등등했다고 합니다. 그는 자신의 미래가 그 죄에 달려 있다고 생각하고는, 그 죄로부터 자신을 지키기 위해 여러 가지의 대책을 강구했습니다. 아내에게 순결을 지킬 수 있도록 나름대로 생활 원칙을 정했습니다. 예를 들어, '절대로 혼자서 여행하지 않는다' 같은 것이었습니다. 뿐만 아니라, 인터넷 포르노에 빠지지 않기 위해 가까운 친구 몇 사람과 약속을 맺어 서로의 컴퓨터를 정기적으로 검사하게 했습니다. 이렇게 하여 성적인 유혹으로부터 자유한, 신선한 기쁨을 누리며 살았습니다.

그러던 어느 날, 한 집회에서 열정적인 설교를 끝내고 집으로 돌아가는 길이었습니다. 공항에서 탑승 시간을 기다리던 중, 볼일이 있어서 화장실에 갔습니다. 화장실 문을 잠그고 변기에 앉았는데, 손을 뻗치면 닿을 만한 바닥에 과거에 즐겨 보던 음란 잡지가 있는 것입니다. 순간, 그의 심장은 고속철도의 기관처럼 심하게 쿵쾅거렸습니다. 마약에 취한 듯한 익숙한 흥분감이 느껴졌습니다. 집에서 이역만리 떨어진 은밀한 공간 속에, 그는 혼자였고 그를 아는 사람은 아무도 없었습니다.

그때 그로쉘 목사가 "아, 안타까운 일이다. 이것을 가져온 그 가련한 사람을 위해 기도하자. 아무도 유혹받지 못하게 내가 갖다 버리자"라고 생각했다면 얼마나 좋았겠습니까? 그러나 그는 잠시 동안의 번민 끝에 결국 떨리는 손을 뻗어 그 잡지를 집어 들었습니다. 다행히 그것이 전부였다고 합니다. 그는 잡지를 펼쳐 보지는 않았습니다. 하지만 화장실 바닥에 떨어져 있던, 정신적으로나 위생적으로나 불결한 그 잡지를 집어 들었다는 사실에 그로쉘 목사는 심히 민망하고 슬펐습니다.

하지만 이 경험은 그에게는 아주 큰 성장의 계기가 되었습니다. 그로부터 얼마 지나지 않아 그는 비슷한 상황을 다시 만났습니다. 이번에도 혼자였고, 손을 뻗으면 닿을 수 있는 곳에 음란 잡지가 놓여 있었습니다. 하지만 이번에는 아무런 갈등 없이 그 잡지를 집어 휴지통에 던져 넣었습니다. 성령의 다스림 아래서 죄로부터 그만큼 멀어져 있었던 것입니다. 잡지를 휴지통에 집어 던질 때의 그 승리감과 기쁨은 그 잡지를 펼쳐 보면서 즐기는 은밀하고 부정한 쾌락에 비교할 수 없는 것이었습니다.

이같이 성령의 만지심을 통해 예수 그리스도를 영접하고 하나님의 자녀로 받아들여진 후에도, 심지어 매일 기도의 깊은 얼숨을 쉼으로써 성령의 다스림 아래 살아가더라도, 죄의 유혹은 언제나 있게 마련입니다. 성령의 충만함 속에 살아가는 사람도 때로 속절없이 죄의 유혹에 넘어갈 수 있습니다. 하나님과의 관계가 깊어져 갈수록 자연히 없어지는 죄들도 있지만, 자신을 죄들의 유혹으로부터 지키기 위해 우리는 그로쉘 목사가 한 것처럼 방책을 세우기도 해야 합니다. 그렇게 하면 더 빨리 성장할 수 있고 더 많이 자유할 수 있습니다.

그것은 우리 자신의 행복으로 끝나지 않습니다. 내가 죄에서 벗어나는 만큼 내가 사랑하는 사람들이 행복해집니다. 내 가정이 그만큼 행복해지고, 내 교회가 그만큼 행복해지고, 내 나라가 그만큼 행복해집니다. 우리가 우리의 사랑하는 사람들에게 해 줄 수 있는 가장 큰 선물은 바로 우리 자신이 성령의 만지심을 받고 그 다스림을 받아 변화하는 것입니다. 한 사람이 진실로 변하면, 그 사람으로부터 가정의 평화가 시작되고, 직장에 평화가 흘러넘치고, 교회가 달라집니다. 이런 사람들이 많아질 때 사회가 달라지고 나라가 달라집니다.

5

그렇다면 우리 자신에게 물어봅시다. 우리는 모든 인간의 괴로움의 근원인 죄의 문제를 해결받았습니까? 성령의 만지심을 받아 자신의 죄성을 자각하고 예수 그리스도를 주님으로 영접함으로 하나님의 자녀로 회복되었습니까? 하나님 없이 살던 삶, 하나님을 떠나 살던 삶, 하나님을 거역하고 살던 삶을 청산했습니까? 근원적인 죄(the Sin)를 치료받았습니까? 마치 대지로부터 뿌리 뽑혔던 나무가 다시 대지에 심겨지듯, 물을 떠났던 물고기가 다시 물속에 던져지듯, 우리 존재의 근원이신 하나님을 떠나 살던 우리는 과연 하나님과 다시 연합되었습니까? 예수 그리스도를 향해 "주님!"이라 부르고, 하나님을 향해 "아바, 아버지!"라 부를 담력이 우리에게 있습니까?

만일 이 질문에 "예!"라고 답할 수 없다면, 성령께서 여러분의 마음을 만지시고 여러분의 마음을 점령하시기까지, 여러분의 마음을 활짝 열고 하나님의 은혜를 더욱 간절히 사모하고 구하시기 바랍니다. 종교인이 되는 것만으로는 부족합니다. 교인이 되는 것만으로는 부족합니다. 형식만으로는 부족합니다. 살아 계신 하나님과 통해야 합니다. 성령께서 우리의 마음을 만지셔야만 그런 일이 일어납니다.

이 질문에 "예!"라고 대답할 수 있습니까? 그렇다면 감사하십시오. 그리고 매일, 매 순간 깊은 얼숨을 쉬는 일에 부지런하십시다. 성령께서 우리의 마음을 다스리시도록, 그 다스림이 점점 더 강해지도록, 그리고 그 다스림의 영역이 점점 더 넓어지도록, 매일 성령과 사귀어 살아갑시다. 성령의 인도하심을 따라 우리를 오염시키고 넘어뜨리려 하는 죄들의 유혹에 대처합시다.

이 죄들은 참 교묘합니다. 당장 볼 때는 나에게 이익을 가져다줄 것 같고 나를 더 행복하게 할 것 같습니다. 그것에 탐닉하고 있는 동안에 그 죄들은 우리가 진실로 행복한 것처럼 우리를 속입니다. 그러나 그 죄들은 결국 본성을 드러냅니다. 그로 인해 우리의 인생은 황량해지고 파멸에 이르게 되며, 우리가 사랑하는 사람들은 심한 상처를 입고, 우리가 사는 이 사회는 더욱 지옥으로 변해 갑니다. 한 인간의 불행도, 한 가정의 불행도, 한 사회의 불행도, 한 국가의 불행도 결국 따져 보면 죄와 죄들 때문에 생기는 것입니다. 따라서 나 한 사람이 성령의 만지심을 통해 하나님과 화해되고 그분의 다스림을 통해 변화되어 간다면, 그것은 나 한 사람의 문제가 아닙니다. 내 가정의 문제요 내 교회의 문제이며, 내 나라의 문제요 마침내 인류 전체의 문제입니다.

그러니 이 일에 더욱 마음을 다합시다. 성령의 다스림을 받아 내 존재의 모든 것이 변화되도록, 그리하여 죄들로부터의 무한한 자유를 누릴 수 있도록 더욱 성령을 사모합시다. 예배로, 말씀 묵상으로, 기도로, 성찬을 나눔으로, 영적 교제를 나눔으로, 봉사와 사랑의 일에 참여함으로, 선교와 전도에 참여함으로, 하나님의 부름에 순종함으로 깊은 얼숨을 줄기차게 쉽시다. 이로써 우리는 죄의 심장을 쏘게 됩니다.

6

우리가 진실로 성령의 만지심과 다스림을 통해 죄를 해결받고 죄들로부터 해방되었다면, 그리고 그것이 인간의 불행에 대한 참된 해결책이라는 사실을 믿는다면, 우리는 이 해결책을 전할 책임이 있음을 기억해야 합니다. 우리가 걷고 있는 이 길을 다른 사람들에게도 알려 주어야 합니다. 우리가 치명적인 질병으로부터 치료받았다면, 그

치료법을 다른 사람들에게도 알려서 그들도 치료를 받도록 도와주어야 합니다.

우리가 이 세상에 할 수 있는 가장 큰 공헌은 이 구원의 길을 전하는 일입니다. 부활하신 주님께서 말씀하시지 않았습니까? "너희가 누구의 죄든지 용서해 주면, 그 죄가 용서될 것이요, 용서해 주지 않으면, 그대로 남아 있을 것이다"(요 20:23). 제자들이 부활하신 주님께서 뿜어내시는 얼숨을 받아 마셔서 성령의 충만함을 입고 굳게 잠근 문을 열고 세상에 나가서 복음을 전했듯이, 우리가 성령을 안다면 우리도 마땅히 그렇게 해야 합니다. 이 세상으로 나아가 아직 죄와 죄들 가운데 있는 사람들에게 이 구원의 길을 전해야 합니다. 헨리 나우웬(Henri Nouwen)의 유명한 책 제목에 빗대어 말하자면, 우리는 '치료받은 치료자'로서 이 세상에 나아가야 합니다.

복음이 전해지는 만큼 죄의 문제가 치료됩니다. 복음이 전해지지 않는 만큼 죄의 문제는 그대로 남아 있거나 더 심각해집니다. 죄가 그대로 남아 있으면 인류의 불행은 없어지지 않고 그대로 남아 있거나 더 심해집니다. 이 세상에 죄가 판을 치고 그로 인해 인간의 불행이 더 심해지는 것은, 먼저 복음을 받고 성령을 알게 된 우리 믿는 사람들의 책임입니다. 우리가 선교와 전도를 게을리하면 이 세상에 죄가 더 번성하고 그로 인해 이 세상은 더욱 살기 어려운 곳으로 변하기 때문입니다.

부활하신 주님께서 "아버지께서 나를 보내신 것처럼 나도 너희를 세상에 보낸다"고 말씀하신 이유가 여기에 있습니다. 성령의 만지심과 다스리심을 받아 죄와 죄들의 문제를 해결받은 우리를, 주님은 이 세상에 보내어 다른 사람들도 우리처럼 변화되도록 이끌고 싶어 하십니다. 창조주 하나님은 자신의 독생자까지 아끼지 않으실 정도로 이 세상을 사랑하시기 때문입니다. 죄와 죄들 가운데 죽어 가고 있는 인간을 한 사람이라도 더 구원하고, 우리가 사는 이 세상을 조금이라도 더 복된 곳으로 만들기 원하시기 때문입니다. 선교는 바로 이 하나님의 바람을 행하는 것입니다. 전도는 바로 이 일을 하자는 것입니다.

이 절박하고도 거룩한 명령, 우리를 향한 그리고 이 세상을 향한 하나님의 이 뜨거운 기대 앞에서, 성부 하나님의 자녀요 예수 그리스도의 제자요 성령의 사람이 된 우리는 과연 어떻게 해야 하겠습니까?

주님,
저희가 죄인입니다.
예수 그리스도를 믿는다 하면서도
성령의 다스림을 구하는 데 게을렀습니다.
하나님의 자녀로 받아들여졌지만
여전히 죄들 속에 빠져 살고 있습니다.
저희 삶 속에 성령의 증거가 없으니
다른 사람들에게 "우리처럼 믿어 보라"고 말할 용기가 없습니다.
오, 주님,
저희를 불쌍히 여기소서.
성령을 더욱 사모하게 하시고

그 거룩한 다스림을 더욱 사모하게 하소서.

성령의 증거가 저희 삶 속에서 나타나고,

그 증거를 가지고 나아가

겸손히 그러나 담대히 복음을 전하도록,

그리하여 치료받은 치료자로서 일하도록,

오, 주님,

저희를 이끄소서.

아멘.

9 하나님은 이 세상을 포기하지 않으신다

"너희가 누구의 죄든지 용서해 주면, 그 죄가 용서될 것이요, 용서해 주지 않으면, 그대로 남아 있을 것이다." —요한복음 20:23

그러나 여러분이 사람을 차별해서 대하면 죄를 짓는 것이요, 여러분은 율법을 따라 범법자로 판정을 받게 됩니다. 누구든지 율법 전체를 지키다가도 한 조목에서 실수하면, 전체를 범한 셈이 되기 때문입니다. —베드로전서 2:9-10

1

세월은 참 빠르고, 우리의 망각의 능력은 실로 대단합니다. 온 나라를 떠들썩하게 했던 아프가니스탄 선교단 피랍 사건이 터진 것이 2007년 7월 19일이었습니다. 당시에는 영원히 잊힐 것 같지 않더니만, 이제는 그 사건을 기억하는 사람이 별로 없어 보입니다. 우리 국민들이 이 사건을 잊어 준 것은 참으로 다행한 일이지만, 그 사건이 선교에 남긴 여운은 지금까지 남아 있습니다. 이전에도 '선교'라는 말을 들으면 신경질적인 반응부터 보이는 사람들이 많이 있었지만, 그 사건은 이러한 반응을 단번에 온 국민에게 확산시키는 계기가 되었습니다. 지금도 선교에 목숨을 거는 사람들이 많지만, 목숨 걸고 선교에 반대하는 사람들도 적지 않습니다. 실로, 선교에 관한 한 중립지대가 없어 보입니다. 절대 찬성이거나, 절대 반대이거나, 둘 중 하나로 나뉩니다.

여러분은 어느 쪽이십니까? '선교'라는 말을 들으면 가슴이 울렁이고 뭔가 하고 싶은 쪽이십니까, 아니면 저도 모르게 고개가 돌려지는 쪽이십니까?

제가 섬기는 교회 교우 가운데는 선교에 대해 부정적인 시각을 가진 분들이 적지 않습니다. 그 원인도 다양합니다. 어떤 분은 어릴

적에 서양 선교사들을 보면서 겪은 부정적인 경험 때문이라고 합니다. 넓은 대지에 으리으리한 저택을 지어 놓고 송아지만한 도사견을 기르면서, 웬만한 사람은 얼씬도 못하게 했던 서양 선교사들에게 원인 모를 적대감을 느꼈다고 합니다. 서양 선교사들의 이중적인 언행으로 인해 선교에 대해 부정적인 감정을 갖게 된 분들도 계십니다.

선교에 열성적인 사람들과의 충돌로 인해 선교에 등을 돌린 분들도 적지 않습니다. 보통, 선교에 마음을 빼앗기면 그것밖에 보이지 않습니다. 이상하게도 선교 열정에 감전되고 나면 균형 감각을 잃는 경향이 있습니다. 어떤 사람은 자신의 사업체를 선교의 도구로만 생각합니다. 그 사업체를 통해 손님들에게 봉사할 생각은 없고, 사업을 통해 돈을 벌어 선교할 생각만 합니다. 어떤 목회자는 교인들이 모두 선교사가 되어 해외로 떠나야만 목회가 성공한 것이라고 본다고 말합니다. 어떤 사람은 자신이 하고 있는 선교만이 제일 중요하다고 믿는 것처럼 행동합니다. 이런 종류의 사람들에게 한번 데고 나면, 선교가 싫어집니다.

지난 2천 년 동안의 기독교 선교 역사로 인해 선교에 대해 부정적인 시각을 가진 분들도 있습니다. 특히 기독교 세력이 금력과 권력으로 자신의 세력을 확장하는 과정에서 선교를 도구로 사용했던 역사를 아는 분들은 오늘날의 선교 활동에 대해서도 긍정적으로 동의하기가 어려워집니다.

2

선교에 대해 사람들이 보이는 두 가지의 서로 상반된 반응 중 어느 한 편에 서라고 제게 요구하신다면, 저는 난처해집니다. 감정적으로 볼 때 저는 선교에 부정적인 반응을 보이는 쪽에 더 가깝지만, 이성적으로 볼 때 저는 선교가 신앙의 열매 중 가장 중요하며 선교가 바로 교회의 존재 이유라는 점을 부정할 수 없기 때문입니다. 그렇기 때문에 어느 편을 택해야 할지 망설일 수밖에 없습니다.

저도 선교에 온 마음을 빼앗긴 사람들을 겪어 보았고, 서양의 선교 역사가 어떤 열매를 맺어 왔는지도 공부했고, 선교사로 나선 사람들이 어떤 사람들인지도 직접 경험해 보았습니다. 그런 경험으로 인해 제 안에도 선교에 반(反)하는 본능적인 거부감이 있습니다. 하지만 그 감정에 속아서는 안 된다는 것도 잘 알고 있습니다. 그러한 경험과 감정은 그동안 교회가 얼마나 선교를 잘못해 왔으며 그 같은 잘못이 지금도 고쳐지지 않았음을 보여 주는 증거일 뿐입니다. 이런 감정적인 이유 때문에 "선교는 일단 접자!"고 결론을 내려서는 안 됩니다. 오히려 우리는 그런 부정적인 경험들을 잘 소화하여 바른 선교를 할 수 있도록 노력하는 것이 옳습니다.

부활하신 주님께서는 제자들을 세상으로 내보시겠다고 말씀하시고는, 성령을 불어넣어 주시며 이렇게 말씀하십니다. "너희가 누구의 죄든지 용서해 주면, 그 죄가 용서될 것이요, 용서해 주지 않으면, 그대로 남아 있을 것이다"(요 20:23). 이 말씀은 앞 장에서 잠시 묵상해 보았습니다만, 이번 장에서는 '너희'라는 복수 형태에 주목해서 살펴보겠습니다. 이 말씀은 제자들 한 사람 한 사람에게 주신 말씀이기도 하지만, 제자들 모두에게 주신 말씀이기도 합니다. 즉, 믿는 사람들의 공동체인 교회에 주신 말씀이라는 뜻입니다. 주님께서 세상의 죄의 문제를 해결할 권위와 능력과 책임을 교회에게 부여하신 것입니다.

이 말씀의 뜻을 제대로 이해하기 위해서는 구약성경에 대한 지식이 조금 필요합니다. 앞 장에서 말씀드린 것처럼, 성경은 인간이 불행한 근본적인 원인이 인간의 근본적인 죄와 매일같이 짓는 죄들에 있다고 봅니다. 그렇기 때문에 구약성경의 율법에 보면, 이 죄의 문제를 해결하기 위해 여러 가지 장치를 마련해 놓고 있습니다. 성전과 제사와 제사장 제도가 바로 그것입니다. 이 제도에 따르면, 백성이 죄를 지었을 때 백성 스스로는 그 문제를 해결할 수 없습니다. 백성은 제사장에게 가서 자신의 죄를 위해 제사를 드려 달라고 청해야 했습니다. 제사장이 정해진 규정에 따라 성전에서 제사를 드려야만 죄를 해결받을 수 있었습니다.

예수님은 이 모든 제도를 폐기하셨습니다. 그분은 하나님을 만나기 위해 예루살렘 성전에 가야만 한다는 생각을 버리라고 가르치셨습니다. 어디서나 하나님의 성령과 함께하면 그곳이 곧 성전이 된다고 말씀하셨습니다. 또한 그분은 짐승의 피로 드리는 제사를 멈추라고 하셨습니다. 그분 자신이 십자가에서 쏟으신 피가 모든 짐승의 피를 대치하는 영원한 제물이 될 것이라고 하셨습니다. 더 나아가 그분은 제사장 제도까지 폐기하셨습니다. 하나님과 사람 사이에 더 이상 중재자가 필요 없다고 하셨습니다. 이제는 더 이상 예루살렘 성전에 가서 제사장에게 제사를 드려 달라고 청하지 않아도 됩니다. 예수 그리스도께서 십자가 위에서 드리신 단 한 번의 영원한 제사로 인해 우리는 언제나 하나님 앞에 나아가 죄의 문제를 해결받을 수 있게 되었습니다. 이것이 예수 그리스도께서 하신 일입니다.

3

요한복음 20장 23절의 말씀, 곧 "너희가 누구의 죄든지 용서해 주면, 그 죄가 용서될 것이요, 용서해 주지 않으면, 그대로 남아 있을 것이다" 하신 말씀은 이런 배경에서 보아야 합니다. 예수님은 자신의 생명을 바쳐 폐기하신 제사장의 역할을 교회에 부여하고 계신 것입니다. 이제부터는 제사장이 아니라 교회가 백성의 죄의 문제를 해결할 권한과 능력과 책임을 맡게 되었다는 뜻입니다. 제사장 대신 교회가, 제사장이 했던 것과는 전혀 다른 방법으로, 온 인류의 불행의 원인이 되고 있는 죄와 죄들의 문제를 해결하는 일에 헌신해야 한다는 것입니다.

요한복음 본문과 함께 읽은 베드로전서 2장 9절을 보면, 베드로 사도는 교회를 "왕과 같은 제사장들"이라고 규정하고 있습니다. 믿는 사람들은 개인으로서도 제사장이 되지만, 믿는 사람들의 공동체인 교회는 전체로서 이 세상에 대해 제사장 역할을 하도록 부름받았습니다. 제사장 역할의 핵심은 사람들이 자신의 죄를 용서받도록 도와주는 일입니다. 마찬가지로, 제사장 공동체인 교회도 이 세상의 죄가 용서받도록 돕기 위해 존재합니다.

선교란 바로 이 일을 하는 것을 말합니다. 개인적으로 혹은 교회적으로 세상의 죄와 죄들을 해결하기 위해 행하는 노력입니다. 그렇게 함으로써 개인을 구원하고 사회를 변화시키는 노력입니다. 그런데 그릇된 선교 활동으로 인해 선교가 얼마나 왜곡되었는지 모릅니다. 선교는 교회 성장을 위한 것이 아닙니다. 교세를 확장시키기 위한 것도 아닙니다. 엄밀하게 말해, 선교는 개종시키자는 것도 아닙니다. 스탠리 존스(Stanley Jones) 선교사가 말한 것처럼, 선교의 목적은 회심에 있지 개종에 있지 않습니다. 개종은 선교의 결과일 뿐입니다.

선교는 세상 사람들이 개인적으로 집단적으로 겪고 있는 불행을 안타까워하시는 하나님의 마음을 품고, 그들이 겪고 있는 불행을 해결하도록 돕기 위해 우리가 먼저 받은 용서와 자유의 복음을 그들과 나누는 것입니다. 그렇게 하여 한 사람이라도 더 죄와 죄들로부터 해방되고 새로운 생명을 얻게 하여, 우리가 사는 사회가 더 건강하고 행복해지도록 하는 것입니다. 이것이 바로 제사장으로서 믿는 사람이 할 일이며 또한 제사장 공동체로서 교회가 할 일입니다.

만일 믿는 사람이나 교회가 이 세상으로 나아가 선교하지 않는다면, 그것은 자신의 본질적인 소임을 저버리는 일입니다. 그러면 이 세상의 죄의 문제를 치료할 사람도, 그 일을 할 단체도 없어지게 됩니다. 그렇게 되면, 인류 사회는 죄와 죄들 속에 매몰되어 썩어 가다가 비참한 종말을 맞이할 수밖에 없습니다. 어떤 사람들은 그것이 성경에서 말하는 '종말'이라고 생각합니다. 그렇게 인류의 종말이 온다고 생각합니다. 아닙니다. 인류가 죄 속에서 부패하고 타락하여 스스로 파멸에 이르는 것은 하나님의 뜻이 아닙니다. 하나님의 뜻은 그분이 정하신 시간까지 인류의 역사가 발전해 가다가 그분의 덮어씌우는 능력으로 인해 영광스럽게 완성되는 것입니다. 그것이 우리가 '재림'이라고 부르는 종말의 사건입니다.

그러므로 하나님을 믿는 우리는 이 세상이 죄와 죄들 가운데 매몰되어 썩어 가도록 내버려 두어서는 안 됩니다. 성경을 제대로 읽어 보신 분이라면, 그렇게 되는 것이 하나님의 뜻이 아님을 분명히 알 수 있을 것입니다. 인간은 끊임없이 하나님을 떠나 죄를 탐하고 타락하고 이 세상을 지옥으로 만들어 놓지만, 하나님은 한 번도 포기하지 않으시며 그 인류를 깨우치고 돌이키고 회복시켜 이 세상을 새롭게 하기 위해 노력하십니다. 성경의 사상을 한 문장으로 요약한다면, "하나님은 세상을 포기하지 않으신다"고 할 수 있을 것입니다. 그 일을 위해 하나님은 수많은 당신의 종들을 불러내셨습니다. 그리고 마침내 당신의 독생자 예수 그리스도까지 보내 주셨습니다. 십자가는 하나님께서 이 세상을 얼마나 사랑하시는지를 보여 주는 증거입니다. 그 사랑을 품고 종말이 올 때까지 이 세상으로 나아가 세상의 죄와 죄들의 문제를 해결하기 위해 노력하는 것이, 하나님께서 믿는 우리 각 사람과 교회에 거시는 기대입니다.

생각해 보면, 구약의 제사장과 새로운 제사장인 교회 사이에 한 가지 중요한 차이가 있습니다. 구약의 제사장은 앉아서 기다렸습니다. 가만히 앉아서 기다려도 죄의 문제를 해결하고자 찾아오는 사람들이 많이 있었습니다. 하지만 인류가 죄와 죄들의 문제에 마비되어 있는 이 시대를 사는 교회는 앉아서 마냥 기다릴 수만은 없습니다.

세상 속으로 나가야 합니다. 죄에 대해 아무 생각 없이, 아니 오히려 죄를 자랑하며 살아가는 사람들을 찾아가 만나야 합니다. 그들을 만나 인격적인 사귐을 나누면서 그들 속에 마비된 죄의식을 되살려 내야 합니다. 성령의 비추심을 받아 자신의 참상을 깨닫도록 도와주어야 합니다. 자신의 죄성을 깨닫고 그 죄로부터 구원을 얻고자 할 때, 우리는 그 사람에게 예수 그리스도를 소개해 주어야 합니다. 그렇게 하여 성령의 능력 안에서 새 사람이 되도록 이끌어 주어야 합니다. 그것이 제사장으로서 우리 믿는 사람들이, 우리 교회가 해야 할 일입니다.

4

여러분은 이 세상을 어떻게 보고 계십니까? 이 세상에서 일어나고 있는 일을 제대로 보는 사람 가운데 미래를 낙관할 사람이 얼마나 있을까요? 문명은 한계를 모르고 발전하고, 인류는 그 첨단 문명을 사용하여 죄에 물든 욕망을 채울 궁리를 하고 있지 않습니까? 최근에 발생한 초등학생들의 성폭행 기사를 읽어 보셨습니까? 이런 기사를 보면서도, 우리가 자랑하는 현대의 첨단 문명이 인류의 정신을 계도하고 더 행복하게 해 줄 것이라고 믿을 수 있겠습니까?

정말로 인류의 정신과 도덕과 문화는 점점 개선되고 있으며 계속해서 개선될 것이라고 보십니까? 모든 절대 진리를 부정하고 모든 권위를 무너뜨린 결과, 인간의 정신이 더 나아졌습니까? 도무지 듣지도 보지도 못했던 일들이 초등학교에서, 중고등학교에서 일어나고 있음을 여러분도 아시지 않습니까? 대학 캠퍼스에서 어떤 일들이 일어나고 있는지 조금이라도 아십니까? 도심의 버려진 슬럼가에서 혹은 비밀 고객만 출입할 수 있는 사교장에서 어떤 일들이 벌어지고 있는지 아십니까?

절대 진리와 절대자를 몰아낸 그 공백을 사람들이 무엇으로 채우고 있는지 여러분도 아시지 않습니까? "모든 종교는 다 같다"는 낭만적 다원주의 사상이 전파된 후에 우리 젊은이들을 사로잡고 있는 것은 위험천만한 사이비 종교들입니다. 부모들이 "나는 내 종교를 내 자식에게 주입시키지 않겠다"고 팔짱을 끼고 지켜보는 사이에 이 시대의 미디어들은 그들의 마음에 온갖 궤변과 철학을 심어 주었습니다. 그들은 "모든 것이 가하다"는 시대정신을 빌미로 하여 자신들의 욕망을 한없이 채우고 있습니다. 이 세대는 '옳다', '그르다' 같은 단어를 폐기 처분했습니다. '죄', '의' 같은 단어는 이미 오래전에 사전에서 지워 버렸습니다. 그들은 다만 자신에게 좋은지, 나쁜지만을 생각합니다. 그리고 좋은지, 나쁜지를 판단하는 기준은 그들의 타락한 욕망입니다.

이 세상을 사랑하시되 자신의 독생자까지 아끼지 않으신 하나님을 믿는 사람이라면, 이 죄의 문제에 대해 무심할 수 없습니다. 쓰라린 마음으로 이 세상을 지켜보게 됩니다.

효자는 아버지의 마음을 알아주는 사람입니다. 저도 그런 경험을 합니다. 제 아이들이, 아버지가 고민하는 것이 무엇이며 아버지가 무엇을 위해 분투하고 있는지 알고 있음을 느낄 때, 아버지로서 저는 참 행복합니다. 하물며 그냥 마음으로 느끼고 알아줄 뿐 아니라, 그 같은 일에 헌신하게 된다면 얼마나 더 기쁘겠습니까? 오해는 하지 마십시오. 제 아이들이 꼭 목사나 선교사가 되기를 바란다는 뜻은 아닙니다. 목사가 되든 일반 직장인이 되든, 제가 헌신했던 것과 같은 가치를 위해 헌신하며 살아가는 아이들이 되기를 바라는 것입니다.

하나님도 그러실 것입니다. 그분을 "아바 아버지!"라 부르는 자녀들이 그분의 고민이 무엇이며, 그분의 간절한 소망이 무엇이며, 그분께서 마음 아파하시는 일이 무엇인지를 알아본다면, 하나님께서는 얼마나 기뻐하실까요! 거기서 한 걸음 더 나아가, 하나님의 근심과 고민과 소원을 마음에 품고 그 관심사를 위해 헌신한다면, 하나님은 얼마나 더 기뻐하실까요? 선교란 바로 하나님의 근심을 알아드리는 것이며, 그 근심을 풀기 위해 내 물질과 시간과 생명을 드리는 일입니다. 하나님의 가장 큰 근심은 이 세상에 관영한 죄와 죄들입니다. 그로 인해 인류가 겪고 있는 불행입니다. 그분을 믿는 우리가 그분의 근심을 마음에 품고 그 일을 위해 헌신할 때, 하나님께서는 더없이 행복하실 것입니다.

5

이렇게 보면, 선교를 하는 데 있어 두 가지의 기본 조건이 있음을 알 수 있습니다. 하나는, 성령께서 나를 다스림으로 일어난 변화가 있어야 합니다. 하늘이 쪼개지는 것 같은 대단한 경험이 아니어도 좋습니다. 성령께서 내 마음을 만지시고 나를 인도하심으로 생겨난 증거가 있어야 합니다. 다른 하나는, 이 세상의 죄와 죄들의 문제에 대한 애끓는 안타까움이 우리 마음에 있어야 합니다. 제사장이 자신의 소임을 다하기 위해 가장 필요한 것은, 죄 속에서 멸망을 향해 가고 있는 한 사람 한 사람과 이 세상 전체를 향한 애끓는 마음입니다.

누군가 이런 말을 했습니다. "우리에게는 믿을 수 있는 신념과 부를 수 있는 노래가 필요하다"고 말입니다. 그리스도인들의 신념은 "하나님은 이 세상을 결코 포기하지 않으신다"는 것이며, 그리스도인들이 부를 노래는 성령께서 부르게 하시는 노래입니다. 선교가 진정으로 이 세상의 죄와 죄들의 문제를 해결하는 능력이 되려면 이 두 가지의 요건이 반드시 필요합니다.

만일 성령께서 나를 만지신 경험이 없다면, 그리고 성령의 다스림 아래서 죄의 문제를 해결받고 죄들로부터 해방되어 성화되는 과정에 살고 있지 않다면, 모든 선교의 노력은 그저 자신을 들볶는 일이 되고 말 것입니다. 인간 불행의 근원적인 문제를 알지 못하고 그 문제를 어떻게 해결해야 하는지 알지 못하는데, 어떻게 선교를 하겠다는 것입니까? 반면, 성령께서 나를 만지신 경험은 있지만 이 세상의 죄와 죄들에 대한 애끓는 마음이 없다면, 그 선교 활동은 변질되기 쉽습니다. 모든 선교 활동이 나와 우리를 위한 것이 될 가능성이 큽니다. 내 공로를 세우고, 내 업적을 쌓으려는 활동이 되기 쉽습니다. 교회 선전을 위한 활동이 되기 쉽습니다. 그 같은 선교 활동은 자칫 사람들로 하여금 예수 그리스도께 영원히 등을 돌리게 만들 수 있습니다.

6

그래서 저는 선교를 포기하고 싶지 않습니다. 아니, 더욱 열심히 선교를 하기 원합니다. 우리가 제대로 선교하는 교회가 되었으면 좋겠습니다. 제 마음에는 과거의 부정적인 경험으로 인해 선교라는 말만 들어도 움츠러드는 경향이 있지만, 그래서 더더욱 열심히 선교를 해야 하겠습니다. 피한다고 해서 될 일이 아니기 때문입니다. 더욱 열심히 선교하되, 바른 선교를 하기 위해 더 연구하고, 더 조심하고, 더 기도해야 하겠습니다. 이제까지도 우리는 바른 선교를 하기 위해 많은 노력을 해 왔습니다. 하지만 그것으로 만족할 수 없습니다.

여러분 중에 선교에 대해 부정적이고, 도대체 선교에 참여할 마음이 없고, 지원할 마음은 더더욱 없는 분들에게 청합니다. 만일 그 자세에 그대로 머물러 계신다면, 그것은 여러분이 과거에 겪은 부정적인 경험을 더 많은 사람들에게 보급하는 결과를 낳을 뿐입니다. 우리는 선교를, 균형 잃은 열성 신자들에게만 맡기고 물러나 있어서는 안 됩니다. 많은 사람들, 많은 교회들이 잘못 선교하고 있음을 안다면, 더더욱 바른 선교를 하기 위해 힘쓰는 사람들과 교회들이 있어야 합니다. 그러니 여러분, 참여해 주시기 바랍니다. 기도로 참여해 주시고, 물질로 참여해 주시고, 시간을 내어 참여해 주시기 바랍니다.

여러분 중에 이미 선교에 참여하여 헌신하고 계신 분들에게 청합니다. 열정이 강한 만큼 더 많이 스스로를 돌아보고, 더 많이 기도하고, 더 세심하게 살피고, 더 조심하여, 우리가 하는 선교가 바른 선교가 되도록 힘씁시다. 우리가 하는 선교가 선교에 대해 이미 부정적인 입장을 가지고 있는 사람들의 선입견을 고쳐 줄 수 있을 때까지, 두 번 생각할 것은 세 번 생각하고, 세 번 기도할 것은 네 번 기도합시다. 선교와 관계된 일일 경우, 말과 행동을 더욱 조심합시다.

그러므로 우리는 바른 선교를 위해, 무엇보다도 먼저 "변화된 증거"와 "애끓는 마음"이 우리 가운데 늘 살아 있도록 합시다. 성령과 깊이 사귀어 살아감으로 죄와 죄들로부터 해방됩시다. 잃어버린 영혼들과 죄와 죄들 속에서 멸망을 향해 가고 있는 이 세상에 대한 하나님의 애끓는 심정을 품읍시다. 그렇게 할 때, 우리는 이 세상을 위한 제사장으로 섬길 수 있습니다. 그렇게 할 때, 우리의 교회는 이 세상을 위한 제사장 공동체로 살아갈 수 있습니다.

아, 얼마나 좋겠습니까? 주님의 은총과 축복을 힘입어 저와 여러분 각자가 자격 있는 제사장이 된다면! 그리하여 나를 만나는 사람들이 나를 통해 주님을 만나고, 자신들의 문제를 해결할 실마리를 찾고, 마침내 주님 안에서 새 생명을 얻는다면, 얼마나 좋겠습니까! 주님의 은총과 축복을 힘입어 우리의 교회가 자격 있는 제사장 공동체가 된다면! 우리의 교회가 행하는 모든 선교 활동이 진실로 세상을 위한 것이 되고, 진실로 성령께서 사용하실 만한 도구가 되어, 그로 인해 이 세상의 불행이 조금이나마 줄어들 수 있다면! 이 은총과 축복이 저와 여러분 각자에게, 그리고 우리의 교회 위에 항상 머물러 있기를 간절히 기원합니다.

애끓는 심정으로 세상의 불행에 대해 근심하시며
잃어버린 영혼들을 찾기 위해 앓으시는 하나님,
이 세상을 결코 포기하신 적이 없고
또한 그러시지도 않으실 주님,
저희에게 자비와 긍휼을 베풀어 주셔서
주님의 마음을 품게 하소서.
저희에게 성령을 충만하게 하셔서
제사장으로 자격 있게 하소서.
애끓는 마음을 품고
성령의 증거를 가지고
이웃에게 다가가게 하소서.
그 마음을 품고
성령의 노래를 가지고
세상으로 나아가게 하소서.
저희가 하는 모든 일이
죄와 죄들의 문제를 해결하는 일에 사용되게 하소서.
저희의 삶 전체가 선교가 되도록
저희를 인도하여 주소서.
아멘.

10 사랑이면 된다

그날, 곧 주간의 첫날 저녁에, 제자들은 유대 사람들이 무서워서, 문을 모두 닫아걸고 있었다. 그때에 예수께서 와서, 그들 가운데로 들어서셔서, "너희에게 평화가 있기를!" 하고 인사말을 하셨다. 이 말씀을 하시고 나서, 두 손과 옆구리를 그들에게 보여 주셨다. 제자들은 주님을 보고 기뻐하였다. [예수께서] 다시 그들에게 말씀하셨다. "너희에게 평화가 있기를 빈다. 아버지께서 나를 보내신 것 같이, 나도 너희를 보낸다." 이렇게 말씀하신 다음에, 그들에게 숨을 불어넣으시고 말씀하셨다. "성령을 받아라. 너희가 누구의 죄든지 용서해 주면, 그 죄가 용서될 것이요, 용서해 주지 않으면, 그대로 남아 있을 것이다."

—요한복음 20:19-23

그러나 우리가 아직 죄인이었을 때에, 그리스도께서 우리를 위하여 죽으셨습니다. 이리하여 하나님께서는 우리들에 대한 자기의 사랑을 실증하셨습니다.

—로마서 5:8

1

최근에 한국인이 작곡한 찬양곡 가운데 가장 많이 불린 노래, 세속적인 용어로 표현하면, 가장 크게 히트한 곡이 하나 있습니다. '당신은 사랑받기 위해 태어난 사람'이라는 찬양곡입니다. 지금은 목사가 된 이민섭이라는 찬양 사역자가 1997년에 발표한 이 노래는 믿는 사람들뿐 아니라 믿지 않는 사람들 사이에서도 널리 사랑받는 노래입니다.

저는 "이 찬양이 왜 이토록 널리 사랑받게 되었는가?" 하고 질문해 보았습니다. 물론, 가장 큰 이유는 아름다운 선율에 있습니다. 바이올린이나 첼로와 함께 연주되는 이 찬양은 참으로 감미롭습니다. 그 밖에 다른 이유는 없을까? 저는 이런 의문도 가져 보았습니다. "혹시 이 찬양의 가사가 사랑받고 싶어 하는 인간의 원초적인 욕망을 자극하기 때문은 아닐까?" 좀 더 부정적으로 표현하면 이렇습니다. "누군가에게 사랑받고 싶어 하는 자기중심적이고 지극히 사적인 감정에 호소하고 있기 때문은 아닐까?" 그 가사는 이렇습니다.

당신은 사랑받기 위해 태어난 사람
당신의 삶 속에서 그 사랑 받고 있지요.

태초부터 시작된 하나님의 사랑은
우리의 만남을 통해 열매를 맺고
당신이 이 세상에 존재함으로 인해
우리에게 얼마나 큰 기쁨이 되는지
당신은 사랑받기 위해 태어난 사람
지금도 그 사랑 받고 있지요.

제 생각에 동감하는 분들은 안 계십니까? 젊은 가수들이 부르는 이 찬양을 듣고 있노라면, 마치 자기만 사랑받고 싶어 하는 병든 영혼에게 바치는 노래처럼 느껴집니다. 이 노래에 반영된 기독교 신앙은 매우 자기중심적이고 개인주의적이며 감상주의적인 것처럼 느껴집니다. 이 노래 안에는 기독교 사상에서 매우 중요한 자리를 차지하고 있는 '이웃'도 없고, '사회'도 없으며, '희생'과 '봉사'도 없어 보입니다.

저는 이 부정적인 느낌을 해결하기 위해 이 노래의 가사를 곰곰이 생각해 보았습니다. 사랑이 어떤 것인지, 특별히 하나님의 사랑이 어떤 것인지, 인간에게 그 사랑이 얼마나 중요한 것인지, 그리고 인간이 그 사랑을 만날 때 어떤 변화가 일어나는지를 깊이 생각해 보았습니다. 사랑에 대한 묵상이 깊어질수록 저는 이 찬양이 복음의 핵심을 담고 있다는 사실을 새로이 알게 되었습니다.

2

현대 정신분석학자들이 공통적으로 증언하는 내용이 있습니다. 인간이 인간 되기 위해 가장 필요한 것은 사랑이라는 사실입니다. 인간이 겪는 대부분의 마음의 병은 사랑을 충분히 경험하지 못한 데 그 뿌리가 있으며, 따라서 마음의 병을 고치는 최고의 약도 역시 사랑이라는 것이, 정신분석학자들이 내린 결론입니다. 다시 말해, 인간은 사랑받기 위해 태어났다는 것입니다. 사랑받지 않고는 인간이 될 수 없다는 것입니다. 인간은 사랑을 갈망하는 존재라는 것입니다.

사랑에도 여러 종류가 있습니다. 헬라 말에 사랑을 의미하는 단어가 네 가지 있다는 사실은 널리 알려져 있습니다. 남녀 간의 이성적인 사랑을 가리키는 '에로스', 친구 사이의 우정을 가리키는 '필리아', 부모의 자식 사랑과 같은 자연적인 사랑을 가리키는 '스토르게', 그리고 인간으로서는 꿈꿔 볼 수 없는 이상적인 사랑, 무조건적인 사랑, 완전한 사랑을 가리키는 '아가페'가 그것입니다. 인간이 인간 되는 데 있어서 필요한 사랑은 바로 아가페의 사랑입니다. 남녀 간의 사랑인 에로스나 친구 사이의 우정을 가리키는 필리아는 아가페를 본뜬 모조품에 불과합니다.

그나마 아가페에 가장 가까운 것이 부모가 자녀에게 주는 스토르게의 사랑입니다. 하나님의 전적이고 무조건적인 사랑을 경험하지는 못했어도, 부모로부터 희생적인 사랑을 받고 자란 사람은 건강한 인성을 가지게 됩니다. 그런 사랑을 경험하고 자란 사람은 하나님의 사랑을 더 열망하고 추구하게 마련입니다. 부모님의 사랑을 통해 참된 사랑이 무엇인지 약간이나마 맛보았기 때문에, 그 온전한 사랑을 더 깊이 맛보고 싶어집니다. 통계적으로도 그렇습니다. 부모의 사랑을 충분히 맛보고 자란 사람일수록 하나님을 찾고 믿을 가능성이 높아집니다.

몇 주일 전 저는 버지니아 연회(1년에 한 번씩 모이는 연합감리교회 지역회의)에 참석하기 위해 로아노크까지 가는 길에 동행한 여러 목사님들과 많은 대화를 나눴습니다. 이야기 가운데 성장 과정에서의 상처와 아픔이 화제가 되었습니다. 한 사람의 성품과 인격과 삶에서, 성장 과정 중 가정에서 얼마나 사랑받고 자랐는지가 매우 중요한 요인이라는 점에 서로 의견이 일치했습니다. 그때 부목사님 한 분이 제게 이렇게 말씀하는 것이었습니다. "제가 보기에 목사님은 가장 이상적인 가정에서 자라신 것 같습니다."

저는 그렇지 않다고, 그저 평범한 가정에서 자랐다고 대답했습니다. 실제로 그렇습니다. 제가 자란 가정은 어느 면으로 보나 이상적이라고 할 수 없었습니다. 그냥 보통 가정이었습니다. 다른 가정이 겪는 아픔과 갈등이 저희 가정에도 있었습니다. 넉넉하지 못한 살림 때문에 어려움을 겪을 때도 많았습니다. 그랬더니 그 목사님이 이렇게 대답하셨습니다. "아니, 제 말은, 목사님을 옆에서 지켜보니, 아무런 상처나 아픔 없이 성장한 것처럼 느껴진다는 뜻입니다."

그 말을 듣고 잠시 생각해 보았습니다. 정말 그랬나? 그렇지 않았습니다. 저의 부모님도 다른 부모님과 크게 다르지 않았습니다. 생활고에 쪼들릴 때는 이유 없이 화를 내기도 하셨고, 밖에서 받은 스트레스를 집에까지 끌고 들어와 집 안을 살벌하게 만들기도 하셨습니다. 가끔 두 분이 다투어 저희들을 긴장하게 만들기도 하셨습니다. 그렇게 자라는 과정에서 어찌 상처와 아픔이 없었겠습니까? 그렇지만 이상한 것은 상처와 아픔에 대한 기억은 제 머릿속에 있는데, 그것이 더 이상 아프게 느껴지지 않는다는 것입니다.

왜 그럴까, 생각해 보았습니다. 제가 받은 상처와 아픔과는 비교할 수 없이 크고 진하고 뜨거운 사랑을 받았기 때문이라는 생각이 들었습니다. 자식이 당신의 살을 먹어야만 살 수 있다는 처방이 내려지면 서슴없이 당신의 살을 베어 주시리라고 믿을 만큼, 제가 부모님의 사랑을 믿고 있었기 때문이 아닐까 싶었습니다. 제가 뭔가 큰 잘못을 범해서 세상이 모두 내게 등을 돌릴 때에라도, 적어도 어머니만큼은 등을 돌리지 않으시리라는 믿음이 제게 있었습니다. 초등학교 교사로서 매우 엄하셨던 제 아버님은 다른 사람들보다 먼저 등을 돌리시겠지만, 돌아앉아 남몰래 아들을 위해 눈물 흘리시리라는 믿음이 제게 있었습니다. 부모님에 대한 그 믿음이 제가 자라면서 받은 모든 상처와 아픔을 치유한 힘이 아니었나 싶습니다. 이 한 가지 점에서만 본다면, 저는 분명 이상적인 가정에서 자랐다고 할 수 있습니다.

3

혹시 부모에 대한 경험이 저와 달라서, 돌이켜 생각할 때마다 상처가 되살아나고 오랜 세월이 지난 지금까지 그 아픔을 종종 느끼고 살아가는 분들이 계시다면, 제 말을 용서해 주시기 바랍니다. 하지만 잊지 마십시오. 아무리 대단한 부모의 사랑이라 할지라도, 십자가에서 드러난 하나님의 사랑에 비하면 그것은 단지 모조품에 지나지 않는다는 사실을 말입니다. 그 참 사랑을 모를 경우, 비록 모조품일지언정 그 사랑을 경험한 사람과 그렇지 않은 사람 사이에는 큰 차이가 있습니다. 하지만 하나님의 참 사랑을 안다면, 모조품 사랑은 즉시로 그 빛을 잃고 맙니다. 참 사랑을 만난다면, 모조품 사랑이 나에게 없었다는 사실은 크게 문제가 되지 않습니다.

그러므로 이제 와서 부모님을 원망할 것은 없습니다. 그런다고 해서 달라질 것도 없지 않습니까? 오히려 우리는 십자가를 바라보며, 그 위에서 드러난 하나님의 영원한 사랑을 만나야 하겠습니다. 제가 오늘날 부모님을 생각하며 감사할 것밖에 생각나지 않는 이유도 하나님의 완전한 사랑을 통해 더 많이, 더 깊이 치유되었기 때문이라 할 수 있습니다. 우리가 하나님의 온전한 사랑을 경험하게 되면, 다른 사랑의 결핍은 크게 문제가 되지 않습니다.

오늘 바울 사도가 말씀하는 대로, 하나님께서는 우리가 아직 죄인 되었을 때에 자신의 아들 예수 그리스도를 십자가에 내어 주심으로써 우리를 향한 자신의 사랑을 실증해 주셨습니다(롬 5:8). 지난 설교에서 저는 성경 66권을 한 문장으로 요약하면 "하나님은 결코 세상을 포기하지 않으신다"고 할 수 있다고 말했습니다. 이 말을 달리 표현하면, "하나님은 결코 나를 포기하지 않으신다"라고 할 수 있습니다. 그 집요한 사랑의 증거가 바로 십자가입니다.

하나님의 사랑에 대해 생각할 때 사람들은 자주 '자격'을 따집니다. 하나님의 사랑을 받으려면 어느 정도 자격을 갖추어야 할 것처럼 느낍니다. 교회 생활도 잘 하고, 십일조와 헌금도 부족함 없이 드리고, 직장 생활에 있어서도 정직하고 진실해야만 하나님의 사랑을 받을 자격이 있을 것이라고 생각합니다. 때로는, 자신이 궁핍하게 살기 때문에 교회에 아무런 도움이 되지 않는다고 죄송해 하면서, 자신에게는 하나님의 사랑을 받을 자격이 없는 것처럼 생각하는 분도 계십니다. 혹시 심각한 죄를 범하게 되면 자격을 완전히 상실한 것처럼 낙심하기도 합니다.

그렇게 자격지심을 가지는 분들은 로마서 5장 8절의 말씀을 마음속에 굵은 글씨로 깊이 새겨 두면 좋겠습니다. 우리가 아직 죄인으로 있을 때, 하나님은 우리를 사랑하셔서 자신의 아들을 내어 주셨습니다. 내가 교회에 나오기 전에도 하나님은 나를 사랑하셨다는 것입니다. 내가 예수 그리스도를 믿기 전에도 그분은 나를 사랑하셨다는 뜻입니다. 내가 믿는다고 하면서도 믿는 사람답게 살지 못하는 지금도 하나님은 나를 사랑하신다는 것입니다. 내가 친구들과 함께 밤늦게까지 술독에 빠져 있는 동안에도, 혹은 내가 배우자를 속이고 삿된 욕망을 즐기고 있는 동안에도, 하나님은 여전히 나를 사랑하신다는 것입니다. 내가 경쟁자를 넘어뜨리기 위해 비열한 계획을 꾸미고 있는 동안에도 하나님은 여전히 나를 사랑하신다는 것입니다.

그러한 죄들이 하나님께 아무런 문제가 되지 않는다는 뜻이 아닙니다. 우리가 범하는 죄들은 가장 먼저 하나님의 마음을 아프게 합니다. 하나님께서는 우리가 죄 속에 빠져 있는 것을 심히 아파하십니다. 우리가 죄 속에 빠져 있기에 하나님은 더욱 간절한 마음으로 우리를 사랑하십니다. 우리가 불행의 길에 서 있으면서도 그것을 행복으로 착각하고 있기에, 하나님의 사랑은 더욱 불 일듯 타오릅니다. 건강한 자식보다 아픈 자식을 향한 부모의 사랑이 더 간절하듯, 죄 가운데 있는 사람에게 하나님의 사랑은 더욱 간절합니다.

우리에게 사랑받기에 충분한 자격이 있어서 하나님께서 사랑하시는 것이 아닙니다. 참된 부모라면 자식이 사랑받을 자격이 있는지를 따지지 않습니다. 자식이라는 한 가지 이유만으로 사랑합니다. 마찬가지로, 하나님은 자신의 손으로 나를 지으셨다는 그 한 가지 이유만으로 나를 사랑하십니다. 절대로 나를 포기하지 않으십니다. 그분의 사랑의 품으로 돌아가기까지 그분은 우리를 향한 사랑의 손길을 거두지 않으십니다.

하나님은 그 본질이 사랑이십니다. 하나님을 만나면 가장 먼저 그분의 사랑을 만납니다. 성령을 체험한다는 것도 실은 하나님의 사랑을 체험하는 것입니다. 성령을 체험할 때 통곡하게 되는 것은 하나님의 사랑에 감격하기 때문입니다. 바울 사도가 로마서 5장 5절에서 말씀하는 그대로입니다. "하나님께서 우리에게 주신 성령을 통하여 그의 사랑을 우리 마음속에 부어 주셨[습니다]." 우리는 성령을 통해 하나님의 사랑을 경험하고, 그 사랑에 녹고, 그 사랑에 항복하고, 그 사랑으로 변화됩니다.

4

브레넌 매닝(Brennan Manning)이라는 분이 쓴 「아바의 자녀」(*Abba's Child*)라는 책이 있습니다. 이 책에서 그는, 하나님의 사랑에 취하는 것이 우리로 하여금 거짓 자아에서 벗어나 참된 자아로 거듭나게 하고 그 자아로 살아가게 한다는 사실을 자신의 체험을 소재로 해서 잘 설명해 주고 있습니다. 일독을 꼭 권하고 싶은 책입니다. 이 책에 보면, 제임스 백스터라는 분이 만든 우화가 하나 소개되어 있습니다.

감당하지 못할 정도로 인생이 힘겨워진 한 남자가 있었습니다. 다행히 그는 자살을 택하지 않았습니다. 그 대신 쭈그러진 대형 철제 탱크를 사서 그 안에 모든 생필품을 넣어 놓고는 그 안에서 숨어 살기를 택합니다. 그는 탱크 벽에 십자가를 달아 놓고 기도하면서 외롭지만 흠 없이 살기 위해 힘씁니다. 그렇게 하니, 하루하루가 만족스러웠습니다.

그런데 문제가 하나 있습니다. 아침저녁으로 날마다 탱크 벽으로 총탄이 날아오는 것입니다. 처음에는 끄떡도 없던 탱크 벽이 매일같이 날아오는 총탄에 점점 얇아지더니, 마침내 총알이 탱크 안에까지 날아듭니다. 그 남자는 총성이 들리는 동안은 자세를 낮추고 있다가 총성이 멎으면 다시 일어나, 하던 일을 계속합니다. 하지만 시간이 지나면서 탱크 안으로 날아든 총알을 피하지 못하게 되어 군데군데 상처를 입습니다. 탱크 벽에는 많은 구멍이 뚫려 바람과 햇빛이 들어왔고, 비 오는 날이면 물도 샜습니다.

그는 구멍을 틀어막으며, 자신을 향해 매일같이 아침저녁으로 총을 쏘아 대는 그 사람을 저주합니다. 총알 구멍을 틀어막기에 급급했던 그는 때로 그 구멍들을 통해 밖을 내다봅니다. 연 날리는 아이들의 모습, 손잡고 걷는 연인들의 모습, 하늘의 구름과 날아다니는 새의 모습을 봅니다. 그럴 때면 그는 잠시나마 자신을 잊습니다.

그러던 어느 날, 총탄에 누더기가 된 탱크가 더 이상 쓸모없게 되어 버립니다. 그는 별수 없이 탱크를 버리고 밖으로 나옵니다. 밖에는 한 남자가 소총을 들고 서 있습니다. 탱크에서 나온 남자가 자포자기의 심정으로 말합니다. "이제 나를 죽이겠군요. 하지만 그 전에 한 가지 알고 싶은 것이 있소. 그동안 나를 못살게 군 이유가 무엇이요? 나는 당신을 전혀 해친 적도 없고, 당신을 알지도 못하는데, 당신은 왜 나를 죽이려 하는 것이오?"

그러자 그 사람은 소총을 내려놓으며 빙긋이 웃습니다. 그러고는 이렇게 말합니다. "나는 당신의 적이 아니오. 나는 당신을 죽이려 한 것이 아니라, 당신이 스스로 만든 감옥에서 당신을 해방시키려 한 것이오." 탱크에서 나온 사람은 자신을 향해 웃고 있는 사수를 자세히 살펴봅니다. 그 사람의 손과 옆구리에는 총을 쏘는 동안 생겨난 상처가 깊게 나 있습니다. 그 상처들은 태양빛 아래에서 빛을 발하고 있습니다.

이 이야기는 오늘로 벌써 여러 주일째 묵상하고 있는 요한복음 20장 19-23절의 이야기와 유사한 면이 많습니다. 그 남자가 두려움에 질려 탱크 안으로 숨은 것처럼, 제자들도 예루살렘의 어느 구석방에 숨어들었습니다. 자신의 몸에 깊은 흉터를 남기기까지 포기하지 않고 사랑의 총을 쏘아 댄 그 사람은, 제자들을 방문하여 자신의 손과 옆구리의 상처를 보여 준 예수 그리스도와 닮았습니다. 부활하신 주님께서 제자들에게 자신의 손과 옆구리의 상처를 보여 주신 것은 "내가 너희를 이만큼 사랑했다"는 몸짓이기도 했습니다. 제자들은 그 상처들을 통해 자신들을 향한 하나님의 끝없는 사랑을 확인했고, 그때 그들의 마음에 평화가 찾아왔습니다. 누군가 나를 사랑하고 있다는 믿음 없이는 진정한 마음의 평화를 얻을 수 없습니다.

그 사수가 사랑의 총으로 탱크를 허물어뜨리고 그 사람을 해방시켰듯이, 예수님은 제자들에게 십자가의 그 사랑을 확신시켜 주시고는 그들을 세상으로 내보내십니다. 예수님은 그들에게 얼숨을 불어넣으시며 "성령을 받아라" 하고 말씀하십니다. 성령을 충만히 받으면 십자가에서 쏟으신 그 사랑에 취하게 됩니다. 그 사랑에 취하면, 그 사랑으로 인해 우리 내면의 상처와 아픔이 치유됩니다. 흔들리지 않는 마음의 평안을 얻게 됩니다. 우리 내면에 있는 모든 어둠이 걷히고, 굽은 것이 곧게 되고, 꼬인 것이 풀어집니다. 그럴 때 우리는 비로소 사랑할 수 있는 사람이 됩니다. 오직 그때에만 우리는 꼭꼭 걸어 잠근 방문을 열고 세상에 나갈 수 있고, 우리 스스로를 가두고 있던 탱크를 버리고 밖으로 나올 수 있습니다.

5

그렇습니다. 우리는 사랑받기 위해 태어난 사람들입니다. 우리에게 있어서 가장 중요한 것, 가장 필요한 것은 사랑받는 것입니다. 십자가에서 드러난 그 무조건적인 사랑에 취하는 것입니다. 헨리 나우웬은 예수님에게 있어서 가장 중요한 체험은 바로 하나님의 사랑을 체험한 사건이었고, 그래서 그분은 자신을 "하나님의 사랑받는 자"로 규정하고 살았을 것이라고 말한 적이 있습니다.

이는 예수님에게만 해당하는 것이 아니라, 모든 믿는 사람에게도 해당되는 진리입니다. 여러분은 어떻습니까? 이 사랑을 경험한 적이 있습니까? 누군가 여러분에게 "당신에게 일어난 사건 중에서 가장 결정적인 사건은 무엇입니까?"라고 물으면, 어떻게 답하시겠습니까? "내 인생에서 가장 결정적인 사건은 하나님께서 나를 사랑하신다는 사실을 깨달은 사건입니다"라고 말할 수 있다면, 그 사람보다 더 행복한 사람은 없을 것입니다. 만일 누군가가 여러분에게 "당신은 누구요?"라고 묻는다면 어떻게 답하시겠습니까? "나는 하나님의 사랑받는 사람입니다. 제게 그럴 자격은 없지만, 그분은 결코 저를 버리지 않으십니다. 그 외에 다른 것은 저에게 중요하지 않습니다"라고 답할 수 있다면, 그 사람보다 더 행복한 사람은 없을 것입니다. 사랑이면 다 되기 때문입니다.

그 사랑은 우리를 녹여서 새로운 사람으로 만듭니다. 우리는 우리가 나누는 모조품 사랑을 통해서도 그런 것을 수없이 경험합니다. 자그마한 사랑이 한 사람을 얼마나 깊이 변화시킬 수 있는지를 말입니다. 부모가 자녀에게 쏟아 부은 사랑이 얼마나 강력한 변화의 능력이 되는지를 말입니다. 선생이 제자에게 쏟아 붓는 사랑이 얼마나 깊은 변화의 능력이 되는지를 말입니다. 교회 안에서 한 사람이 다른 한 사람에게 쏟아 붓는 사랑이 얼마나 큰 변화의 힘이 되는지를 말입니다. 우리가 행하는 모조품 사랑에도 그 같은 능력이 있다면, 하나님의 사랑은 어떠하겠습니까?

그러므로 십자가에서 드러난 하나님의 사랑에 항복하고 나면 더 이상 전과 같은 사람일 수 없습니다. 그 사랑이 우리의 모든 아픔과 상처를 치유해 주기 때문에, 내면의 상처와 아픔에 뿌리를 두고 있던 꼬이고 비틀린 언행은 자연히 사라지게 됩니다. 십자가에서 드러난 그 사랑은 우리로 하여금 하나님께 눈을 뜨게 해 줄 뿐 아니라 이웃에게도 눈을 뜨게 해 줍니다. 하나님의 사랑으로 상처와 아픔을 치유받았으니, 앞으로 어떤 상처와 아픔을 받아도 상관없다는 든든한 마음이 생깁니다. 그래서 두려움 없이 이웃에게 다가갈 수 있습니다. 그리고 자신을 새롭게 한 그 하나님의 사랑을 이웃과 나누게 됩니다. 그것이 전도요, 그것이 선교입니다.

선교는 명령이기 이전에 우리 속에서 솟아나와 맺어지는 열매이어야 합니다. 우리 속에 진실로 하나님의 사랑이 살아 있다면, 선교는 저절로 이루어질 수밖에 없습니다. 그 사랑을 모르면서 억지로 선교하려 들면, 결국 사람의 공로와 업적밖에 되지 않습니다. "나는 하나님의 사랑으로 가슴 벅차다"고 말하는 사람이 만일 자기만의 탱크에 숨어 지내거나 마음의 문을 꼭꼭 걸어 잠그고 살아간다면, 그가 말하는 사랑은 하나님의 사랑이 아닐지 모릅니다. 하나님의 사랑은 우리로 하여금 자신에게만 붙들려 있게 그냥 놔두지 않습니다. 그 사랑은 내 마음의 빗장을 열게 하고, 내 집의 문을 열게 하며, 내 지갑을 열게 합니다.

그러므로 다른 사람에게 선교하러 가기에 앞서, 먼저 하나님의 사랑으로 나 자신을 선교해야 합니다. 하나님의 사랑으로 나부터 먼저 깨어져야 합니다. 그런 경험이 없이 선교를 나가는 사람은 "내가 선교하러 간다"고 생각할 것이 아니라, "내가 선교 당하러 간다"고 생각하는 편이 좋을 것입니다. 그렇게 겸손한 마음으로 선교에 임하면, 그 일을 통해 하나님의 사랑을 만나게 될 것입니다. 실제로, 선교지에 가서 봉사하면서 하나님의 사랑에 흠뻑 취해 돌아오는 경우가 얼마나 많습니까?

6

앞에서 저는 '당신은 사랑받기 위해 태어난 사람'이라는 찬양을 소개해 드렸습니다. 그 가사를 다시금 생각해 보면, 이 찬양이 진리를 담고 있기는 하지만, 진리의 다른 반쪽에 대해서는 침묵하고 있음을 알게 될 것입니다. 우리는 사랑받기 위해 지어진 존재입니다. 그래서 우리에게는 하나님의 그 사랑이 필요합니다. 그런데 그 사랑을 받고 나서 어떻게 변하는지, 이 찬양은 아무런 언급이 없습니다. 뭔가 더 해야 할 말이 있는데 생략하고 있는 것 같습니다.

저와 같은 생각을 한 사람이 있었던 것 같습니다. 지금은 목사가 된 설경욱이라는 찬양 사역자가 2002년에 '또 하나의 열매를 바라시며'라는 찬양을 발표했습니다. 이 찬양의 가사는 마치 '당신은 사랑받기 위해 태어난 사람'의 답가처럼 되어 있습니다. 그 찬양에 미진했던 그 무엇을 보완하기 위해 만들어진 곡 같습니다. 그 가사는 이렇습니다.

감사해요 깨닫지 못했었는데
내가 얼마나 소중한 존재라는 걸
태초부터 지금까지 하나님의 사랑은

항상 날 향하고 있었다는 걸
고마워요 그 사랑을 가르쳐 준 당신께
주께서 허락하신 당신께
그리스도의 사랑으로 더욱 섬기며
이제 나도 세상에 전하리라.

여기까지는 마치 '당신은 사랑받기 위해 태어난 사람'이라는 노래를 통해 전도 받고 예수를 믿게 된 사람이 응답하는 것처럼 되어 있습니다. 그런 다음, 찬양은 이렇게 마무리됩니다.

당신은 사랑받기 위해
그리고 그 사랑 전하기 위해
주께서 택하시고 이 땅에 심으셨네
또 하나의 열매를 바라시며.

사랑하고 존경하는 성도 여러분, 여러분이 너무도 소중한 존재라는 것을, 태초부터 지금까지 하나님의 사랑은 항상 여러분을 향하고 있었고 또 영원무궁토록 그럴 것임을 알고 계십니까? 그것을 믿으십니까?

만일 그 믿음이 없다면, 십자가를 묵상하며 그 사랑을 찾으시기 바랍니다. 그 사랑이 아니고는 그 무엇도 여러분을 진정으로 만족시키지 못할 것입니다.

그 사랑을 이미 경험했고, 이미 알고 있으며, 이미 믿고 있습니까? 그렇다면, 그 사랑에 더욱 취하도록 힘쓰시기 바랍니다. 그 사랑이 우리 안에 살아 있게 합시다. 그 사랑이 내 속에서 자라나 또 하나의 열매를 맺을 때까지, 그 사랑 속에서 살아갑시다. 그 사랑이 나를 구원할 것이며 내 이웃을 구원할 것입니다.

사랑이신 주님,
저희로 십자가를 바라보게 하소서.
주님의 손과 옆구리에 난 상처를 보게 하소서.
저희를 향한 그 진한 사랑을 보게 하소서.
그 사랑에 항복하게 하소서.
그 사랑에 취하게 하소서.
그 사랑으로 저희를 정복하소서.
그 사랑이 저희의 내면을 치료하고
그 사랑이 저희의 결박을 깨뜨려
이웃에게 나아가
그 사랑 전하게 하소서.
아멘.

11 정직한 의문에 길이 있다

열두 제자 가운데 하나로서 쌍둥이라고 불리는 도마는, 예수께서 오셨을 때에 그들과 함께 있지 않았다. 다른 제자들이 그에게 "우리는 주님을 보았소" 하고 말하였으나, 도마는 그들에게 "나는 내 눈으로 그의 손에 있는 못 자국을 보고, 내 손가락을 그 못 자국에 넣어 보고, 또 내 손을 그의 옆구리에 넣어 보지 않고서는 믿지 못하겠소!" 하고 말하였다. 여드레 뒤에 제자들이 다시 집 안에 모여 있었는데 도마도 함께 있었다. 문이 잠겨 있었으나, 예수께서 와서 그들 가운데로 들어서셔서 "너희에게 평화가 있기를!" 하고 인사말을 하셨다. 그리고 나서 도마에게 말씀하셨다. "네 손가락을 이리 내밀어서 내 손을 만져 보고, 네 손을 내 옆구리에 넣어 보아라. 그래서 의심을 떨쳐 버리고 믿음을 가져라." 도마가 예수께 대답하기를 "나의 주님, 나의 하나님!" 하니, 예수께서 도마에게 말씀하셨다. "너는 나를 보았기 때문에 믿느냐? 나를 보지 않고도 믿는 사람은 복이 있다."

—요한복음 20:24-29

1

최근에 '도마복음서'에 대한 관심이 부쩍 커졌습니다. 도올 김용옥 선생이 TV에서 이 책에 대해 강의하면서 더욱 그렇게 되었습니다. '도마복음서'는 예수님의 제자 중 하나인 도마가 쓴 복음서라고 알려져 있지만, 실은 다른 누군가가 쓰고서 거기에 도마의 이름을 달아 놓은 책입니다. 어떤 사람들은 기독교가 이 책을 애써 숨겨 온 것처럼 말하지만, 사실은 그렇지 않습니다. 이 책은 초대 교회에서 이미 신뢰할 만한 책이 못된다는 평가를 받고 밀려난 책입니다.

실제로 도마에 대해서 우리가 아는 것이 별로 없습니다. 마태복음과 마가복음과 누가복음은 도마라는 사람이 열두 제자 중 하나였다는 정보만을 전해 줄 뿐입니다. 요한복음에만 도마에 얽힌 일화가 세 번 나오는데, 비록 간단한 일화이지만, 쌍둥이 형제 중 하나였던 도마가 어떤 기질의 사람이었는지는 어느 정도 알 수 있습니다.

첫 번째 일화는 요한복음 11장에 나옵니다. 예수께서 당신의 친구 나사로가 죽었다는 소식을 들으시고 유대 지방으로 가려고 하시자, 도마가 다른 제자들에게 "우리도 그와 함께 죽으러 가자"고 말합니다(16절). 도마는 예수께서 로마 정부를 대항하여 폭동을 거사하리라 생각했던 것 같습니다. 그는 민족의 해방을 위해 예수님과 함께 죽을 각오를 하고 있었습니다.

두 번째 일화인 14장에 보면 도마의 또 다른 면이 드러납니다. 예수께서 자신의 죽음을 예고하시면서 "나는 너희가 있을 곳을 마련하러 간다. 내가 가서 너희가 있을 곳을 마련하면, 다시 와서 너희를 나에게로 데려다가, 내가 있는 곳에 너희도 함께 있게 하겠다. 너희는 내가 어디로 가는지 그 길을 알고 있다"고 말씀하십니다(2-4절). 이 말씀을 듣고 다들 어리둥절하여 머리를 굴리고 있는데, 도마가 불쑥 나서서 이렇게 질문합니다. "주님, 우리는 주님께서 어디로 가시는지도 모르는데, 어떻게 그 길을 알겠습니까?"(5절)

오늘 읽은 요한복음 20장 24-29절은 도마에 관한 세 번째 이야기입니다. 예수께서 부활하신 후 제자들에게 자신을 보이셨을 때, 도마는 그 자리에 없었습니다. 나중에 도마를 만난 다른 제자들이 부활하신 주님을 보았다고 말해 주었습니다. 그러자 도마는 "나는 내 눈으로 그의 손에 있는 못 자국을 보고, 내 손가락을 그 못 자국에 넣어 보고, 또 내 손을 그의 옆구리에 넣어 보지 않고서는 믿지 못하겠소!"라고 대답합니다(25절).

그로부터 여드레 후에, 부활하신 주님이 도마에게 나타나십니다. 주님께서는 도마의 말을 들으셨는지, "네 손가락을 이리 내밀어서 내 손을 만져 보고, 네 손을 내 옆구리에 넣어 보아라. 그래서 의심을 떨쳐 버리고 믿음을 가져라"고 말씀하십니다(27절). 도마는 손을 뻗어 예수님의 상처를 만져 보지도 않고, "나의 주님, 나의 하나님!"이라고 고백합니다. 이때까지 예수님에게 "나의 하나님!"이라고 고백한 사람은 한 사람도 없었습니다. 도마가 처음입니다.

요한복음에 있는 세 가지 일화를 종합해 보면, 도마의 기질과 성질을 어느 정도 짐작할 수 있습니다. 그는 매우 직선적이고 단순하며 성격이 급한 사람입니다. 마음에 있는 생각이나 느낌을 그대로 담아 두지 못하는 사람입니다. 어떤 의문이 생기면 단서가 발견될 때까지 마음에 품고 있는 것이 아니라, 그 의문을 퉁명스럽게 표현하는 사람입니다. 어떤 결론이 마음에 집히면 좀 더 점검하거나 확인하지 않고 그대로 표현하는 사람입니다. 그에게는 아주 쉽게 흥분하는 경향이 있습니다. 뭔가 의로운 일이라 생각되면 목숨을 초개와 같이 바칠 결의도 있습니다. 불의를 보면 의연히 칼을 빼어들 열정이 있습니다.

2

우리 중에는 도마와 같은 기질과 성질을 가진 분들도 있을 것입니다. 도대체 마음에 있는 생각을 그대로 품고 있지 못하는 사람들 말입니다. 더 깊이 따져 보고, 더 살펴보고, 더 생각해 볼 겨를도 없이, 마음에 있는 것을 있는 그대로 내뱉는 사람들 말입니다. 반면, 도마와는 전혀 다른 기질과 성질을 가진 분들도 있을 것입니다. 좀처럼 마음의 생각을 드러내지 않는 사람들 말입니다. 자신의 의중은 전혀 드러내지 않으면서 다른 사람의 의중을 살피는 사람들 말입니다.

어떤 기질의 사람이든 혹은 어떤 성질의 사람이든, 도마에게서 배워야 할 점이 하나 있습니다. 그가 자신의 믿음에 대해 혹은 자신의 믿지 못함에 대해 정직했다는 점입니다. 그가 동료 제자들에게 한 말은 유심히 살펴볼 만한 가치가 있습니다. 며칠 전에 비참하게 죽어 장사 지낸 사람이 살아났다는 말을 듣고 "어, 그래? 정말 신기한 일이 일어났는걸? 나도 어서 주님을 보았으면 좋겠네!" 라고 말할 사람이 얼마나 되겠습니까? 도마가 동료 제자들의 말을 듣고 믿지 못한 것은 당연한 반응이라고 할 수 있습니다. 그 점에 있어서는 저나 여러분도 별로 다르지 않을 것입니다. 그러나 도마에게는 특별한 점이 두 가지 있습니다.

첫째로, 자신의 마음에 일어난 의문을 대하는 도마의 태도입니다. 그는 자신이 믿지 못한다는 사실을 숨기지 않았습니다. 그것을 부끄러이 여기지 않았습니다. 자신의 믿음에 대해, 아니 믿지 못함에 대해 있는 그대로 인정하는 것을 부끄럽게 생각하지 않았습니다.

요즈음은 믿지 않는 것이 자랑이 되었습니다. 몇몇 도발적인 저자들의 무신론 변증서가 폭발적인 인기를 끌고 있고, 각종 미디어에서 전통적인 종교적 믿음을 조롱하고 있는 이 시대에, 무엇인가를 믿는다는 것은 부끄러운 일처럼 되어 버렸을 뿐 아니라 때로는 미개함의 증거처럼 취급받고 있습니다. 전통적인 종교를 신봉하고 있다는 사실이 비웃음의 대상이 되어 버렸습니다. 무엇을 믿는다는 것은 정신적으로 예속당한 증거로 취급되며, 무엇을 믿지 않는다는 것은 정신적으로 자유롭다는 증거처럼 해석되고 있습니다. 이런 분위기에 편승하여 자신이 믿지 못하는 것을 마치 자랑처럼 말하는 사람들이 점점 늘어나고 있습니다.

반면, 교회의 전통적인 분위기 속에서 자란 사람들은 믿지 못하는 것을 수치로 여기는 경향이 있습니다. 믿어지지 않는다는 사실을 인정하는 것이 마치 무슨 죄를 짓는 것처럼 느껴집니다. 불신앙(unbelief)과 의문(doubt)을 혼동하기 때문입니다. 탁월한 기독교 변증가인 오스 기니스(Os Guinness)는 「회의하는 용기」(*God in the Dark*)라는 책에서 불신앙과 의문을 선명하게 구분해 줍니다. '불신앙'은 '믿지 않기로 선택한 것'을 말합니다. 그것은 하나님 앞에 죄입니다. 그러나 '의문'은 '믿으려 하지만 믿어지지 않는 것'을 말합니다. 그것은 죄가 아닙니다. 그것은 믿어 가는 과정에서 자연스럽게 일어나는 일입니다. 하나님은 의문을 책망하지 않으십니다. 물론 그분은 우리가 의문의 상태에 머물러 있기를 원하지 않으십니다. 의문을 통과하여 참된 믿음에 이르기를 원하십니다.

그러므로 믿지 못하는 것, 믿어지지 않는 것은 자랑도 아니고 부끄러움도 아닙니다. 믿지 못하는 것을 자랑하는 것은 영적 교만의 증거이며, 그것을 부끄럽게 여기는 것은 오해의 결과입니다. 우리는 의문을 당연한 믿음의 과정이라 여기고 받아들여야 합니다. 도마처럼, 있는 그대로 자신의 믿음의 부족을 인정해야 합니다. 그렇지 않으면 희망이 없습니다.

3

두 번째로, 우리는 도마에게서 자신의 의문에 대한 겸손한 태도를 보아야 합니다. 그가 자신의 의문을 표현한 말투를 보면 교만해 보일 수 있습니다. 그냥 믿지 못하겠다고만 말해도 충분한데, 못 자국에 손가락을 넣어 보겠다느니, 창 자국에 손을 찔러 보겠다느니 하는 말까지 할 필요는 없어 보입니다. 하지만 그 표현은 교만한 마음에서 나왔다기보다는 투박한 말버릇에서 온 것일 수 있습니다. 도마가 자신의 의문에 대해 겸손했다고 말하는 이유는 다른 데 있습니다.

가령, 도마는 이렇게 말할 수도 있었습니다. "뭐? 예수님이 부활하셔서 자네들 앞에 나타나셨다고? 자네들, 제정신이야? 제정신을 가지고 어떻게 그런 말을 할 수가 있어? 도대체 무엇에 홀린 거야? 제발 정신 좀 차려!" 마치 자신을 둘러싸고 있는 열 명의 동료들은 제정신이 아니고 자기만이 제정신이라는 듯, 그들의 믿음을 비판하고 조롱하고 비웃을 수도 있었다는 것입니다. 하지만 도마는 그렇게 하지 않았습니다. 다만, 믿어지지 않는 자신의 입장만을 표현했을 뿐입니다. 이것은 매우 중요한 차이입니다.

내가 믿어지지 않는 것을 다른 사람이 믿는다고 하여 그 믿음을 부정하거나 비판하거나 비웃는 것은 교만에서 나옵니다. 나의 이성과 판단이 절대로 옳다고 생각하기 때문에 그런 태도가 나오는 것입니다. 이런 태도는 자신의 한계를 넘어섰다는 점에서 교만하다 할 수 있으며, 다른 사람의 입장을 무시한다는 점에서 무례하다 할 수 있습니다. 다른 사람이 믿는 것이 나에게는 믿어지지 않는다고 선선히 인정하는 것은 겸손이지만, 내가 믿어지지 않으므로 다른 사람들도 믿어서는 안 된다고 말하는 것은 교만입니다. 겸손은 참된 믿음에 이르게 하지만, 교만은 불신앙에 머물러 있게 만듭니다.

도마는 이런 점에서 진정한 구도자의 조건을 갖추었다고 할 수 있습니다. 비록 자신의 기질과 성질 때문에 직선적이고 투박한 언행을 드러냈지만, 그의 마음은 구도자의 특질을 가지고 있었습니다.

제가 여기서 말하는 구도심은 불교나 다른 종교에서 말하는 구도심과는 다른 것입니다. 다른 종교에서는 구원을 얻기 위해 도를 닦습니다. 그러나 기독교는 도를 닦아서 구원을 얻을 수 있다고 생각하지 않습니다. 기독교 신앙은 우리 자신에게 희망이 없음을 인정하고 참다운 구원을 찾는 데서 시작됩니다. 예수 그리스도 안에서 구원을 얻은 이후에도 참된 믿음을 향해 끊임없이 나아갑니다. 이것이 기독교가 말하는 구도심입니다.

그리스도인 구도자는 이 땅에 살아가는 동안 진리의 실체를 다 알 수 없음을 인정합니다. 우리의 작은 두뇌로 하나님의 영적 세계를 다 이해할 수 없음을 인정합니다. 그렇다고 해서 무턱대고 믿지는 않습니다. 모든 것을 이해함으로 믿을 수는 없지만, 믿음의 대상을 할 수 있는 한 이해하기 원합니다. 그래서 묻고 또 묻습니다. 그렇게 하기를 멈추지 않습니다. 알아 갈수록 더 알고 싶고, 경험할수록 더 신비롭기 때문입니다.

그는 자신의 기준으로 다른 사람들의 믿음을 판단하거나 비판하지 않습니다. 다른 사람들의 믿음을 존중해 주며, 그들의 믿음에도 이유가 있음을 인정합니다. 자신도 그렇게 믿고 싶은 열망이 있습니다. 하지만 다른 사람들의 믿음이 좋아 보인다고 해서 그들의 믿음을 흉내 내지는 않습니다. 믿어지는 것과 믿어지지 않는 것을 정직하게 구분합니다. 믿어지지 않는 것에 대해서는 선선히 인정하면서 그 단계에서 앞으로 나아가기를 열망합니다.

바로 이런 마음, 이런 구도심이 저와 여러분에게 필요합니다. 그런 마음이 우리로 하여금 살아 있는 믿음에 이르게 합니다. 그런 과정을 통해서 믿을 때, 우리는 다른 사람에게 우리가 믿는 바를 설명해 줄 수 있습니다. 베드로 사도는 이런 권고를 한 적이 있습니다. "여러분이 가진 희망을 설명하여 주기를 바라는 사람에게는, 언제나 답변할 수 있게 준비를 해 두십시오"(벧전 3:15). 이 말씀은 전도를 위해 전도책자를 달달 외워 두라는 뜻이 아닙니다. 왜 믿는지, 무엇을 믿는지, 어떻게 믿었는지, 자신의 믿음에 대해 요령 있게 설명할 준비를 하라는 뜻입니다.

구도적인 마음으로 참된 믿음을 정직하게 추구해 온 사람은 믿지 않는 사람에게 할 이야기가 많습니다. 자신이 왜 믿는지를 설명할 수 있습니다. 하지만 그냥 믿으라 하니까 믿고, 믿고 나서도 아무 의문 없이 그냥 믿는 사람은 다른 사람에게 해 줄 말이 없습니다.

4

얼마 전, 저는 도마와 참 비슷한 사람을 만났습니다. 하나님을 만나고 변화하는 그분의 모습이 너무도 도마와 닮았습니다. 제가 알기로 그분의 기질과 성질도 도마와 상당히 닮았습니다. 저희 교회 교우이신 그분은 매사가 아주 분명합니다. 맞는 것은 맞고 아닌 것은 아닙니다. 속마음과 입으로 뱉은 말에 간격이 별로 없습니다. 무엇을 마음에 두고 있지 못합니다. 생각나는 대로 말하고, 느낀 대로 행동합니다. 좋은 것은 좋고, 싫은 것은 싫습니다. 그렇게 말하고 그렇게 행동합니다. 그래서 종종 오해를 사는 일도 있습니다.

그분은 원래 예수님을 모르고 자랐는데, 미국으로 유학을 오면서 교회에 발을 들여놓았습니다. 그로부터 따지면 교회와 관계를 맺은 지 24년입니다. 그분은 그 많은 세월 동안 교회를 다니면서도 하나님을 진실하게 믿어 본 적이 없었습니다. 수많은 설교를 듣고 예배를 드렸지만, 그저 형식일 뿐이었습니다. 연주하는 것을 즐겼기에 때로 찬양을 연주하기도 했지만, 그저 누군가를 위해 좋은 일을 하기 위함이었습니다. 그 많은 세월 동안 교회를 다니면서 그분이 얻은 믿음이란 다만 뭔가, 누군가 초월적인 존재가 있으리라는 막연한 믿음뿐이었습니다.

지난 봄, 그분이 영성수양회에 참석했습니다. 이제는 그 뭔가, 그 누군가를 찾을 때가 되지 않았나 하는 생각 때문이었습니다. 이제는 자신에게도 그 뭔가가 필요하다는 생각 때문이었습니다. 남들이 있다고 하는 뭔가를, 남들이 믿는다고 하는 그 대상을 자신도 찾았으면 하는 바람 때문이었습니다. 그분은, 한편으로는 그 뭔가를, 그 누군가를 만났으면 하는 바람을 가지고, 다른 한편으로는 "혹시나 그 뭔가에, 그 누군가에 의해 사로잡혀 인생이 영 틀어지면 어쩌나?" 하는 두려움을 품고 수양회에 참석했습니다.

둘째 날 아침, 개인 면담 시간에 저는 그분과 마주 앉았습니다. 저와 그분이 나눈 대화를 여기에 소개합니다.

구원의 길에 대해 잠시 설명한 다음, 제가 물었습니다.

"하나님을 '아버지!'라고 진심으로 불러 본 적이 있습니까?"

"아뇨!"

"그럼, 2천 년 전에 죽은 유대 청년 나사렛 예수에게 '주님!'이라고 불러 본 적이 있습니까? 진심으로 그분 앞에 무릎 꿇어 본 일이 있습니까?"

"아뇨, 그래 본 적이 없습니다."

"그럼, 그렇게 하고 싶은 마음은 있습니까?"

"정말, 그분을 만나고 싶습니다. 뭔가, 누군가가 있음을 저도 인정합니다. 그분이 저를 지금까지 지켜 오셨다는 사실도 인정합니다. 하지만 그분이 누구인지 모르고, 아직 그분을 만난 적이 없습니다. 만나고 싶습니다. 하지만 만날까 봐 두렵기도 합니다."

"자매님은 아직 하나님을 만나지 못했습니다. 예수 그리스도를 주님으로 영접하지도 못하셨습니다. 지금 가지고 있는 그 믿음은 아무것도 아닙니다. 하지만 하나님을 찾고 만나고 싶어 하는 마음이 있으니 됐습니다. 이제 앞으로 한 가지 기도만 반복하십시오. '하나님, 제 마음을 만져 주옵소서.' 자나 깨나, 앉아 있거나 걸어 다니거나, 연주할 때나 설거지 할 때나, 마음을 다해 이 기도를 드리면서 마음을 열고 그분을 찾으십시오. 저도 자매님을 위해 기도하겠습니다. 하나님께서 머지않아 은혜를 주실 것입니다."

5

오랫동안 교회에 다녔고 이런저런 일로 교회 봉사를 해 온 사람이 목사 앞에서 자신의 믿음 없음을 이토록 정직하게 인정하고 고백하기란 쉽지 않은 일입니다. 어떤 사람은 믿음이 없으면서도 큰 믿음이 있는 것처럼 가장하기도 하고, 또 어떤 사람은 하나님의 은혜를 받았음에도 그런 적이 없다고 불평하기도 합니다. 자신의 상태를 정확히 알고, 그것을 있는 그대로 인정하기란 쉽지 않습니다. 그런데 그 교우는 도마처럼 투박하게, 있는 그대로 자신의 믿음 없음을 인정했습니다. 그러고는 도움을 구했습니다.

당시 저는 그 교우가 언제 하나님의 은혜를 받을지 알지 못했습니다. 저나 그 교우가 생각한 것보다 하나님의 시간이 더 빨랐다는 사실을 안 것은 그날 저녁의 일이었습니다. 둘째 날 밤, 영성기도회 참석자들이 함께 모여 한동안 기도에 전념했습니다. 기도가 깊어지자 많은 분들이 눈물을 흘리며 기도했습니다. 저도 맨 앞줄에 앉아서 하나님의 은총을 구하는 기도를 하고 있었습니다. 한참 시간이 지났을 때, 저는 뒤편에 앉아 있던 그 교우가 울며 기도하고 있음을 느꼈습니다. 문득, 하나님의 때가 이때인지도 모르겠다는 믿음이 들었습니다.

기도회가 끝날 무렵, 저는 그 교우를 불러내어 앞에 앉게 했습니다. 모두가 보는 앞에서 그분에게 물었습니다. "예수 그리스도를 당신의 주님으로 영접하시겠습니까?" 그 교우는 대답했습니다. "예, 제가 주님을 받아들입니다." 저는 또 물었습니다. "창조주 하나님께 '아버지!'라고 부르실 수 있겠습니까?" 그 교우는 대답했습니다. "예, 이제는 부를 수 있습니다." 그 고백을 듣고 참석자 모두가 하나님께 찬양과 영광을 돌리며 그 교우를 위해 기도했습니다. 그렇게 그 날을 지냈습니다.

나중에 들은 이야기입니다. 그 교우는 어릴 적부터 홀로 유학 생활을 하면서 우는 것을 필사적으로 피해 왔습니다. 잠시라도 울었다가는 모든 것이 무너질 것 같은 두려움 때문에 어떤 일이 있어도 절대로 울지 않고 굳게 버텨 왔습니다. 그런데 그날 저녁, 함께 기도하는 중에 가슴 저 아래에서 뜨거운 것이 치밀어 올라왔습니다. 억누르려 해도 참을 수가 없었습니다. 어쩔 수가 없어서 토해 내고 보니, 눈물과 콧물이 되어 통곡하게 되었고, 하나님 앞에 무릎을 꿇게 되었습니다. 생전 처음 마음 놓고 통곡하며 속에 있는 것을 모두 퍼내었고, 생전 처음 하나님을 향해 "아버지!"라고, 예수 그리스도를 향해 "주님!"이라고 부르며 기도했습니다.

얼마 전 그분은 수양회에 참석한 분들 앞에서 간증을 하면서 이런 고백으로 듣는 이들을 감동시켰습니다. "지금 제 마음을 어떻게 표현하면 좋을까요? 마치 제 안에 누군가가 들어 와 있는 느낌이라 할까요?" 바울 사도가 하신 말씀을 생각나게 하는 고백이었습니다. "이제 살고 있는 것은 내가 아닙니다. 그리스도께서 내 안에서 살고 계십니다"(갈 2:20).

6

그 체험으로 인해 그분이 완전한 사람이 된 것은 아닙니다. 이제 출발선에 선 것입니다. 저는 그분에게 이렇게 말씀드린 적이 있습니다. "그 아기를 잘 키워 가십시오." 그 체험으로 인해 그분에게는 속사람이 태어났습니다. 거듭난 것입니다. 하지만 그것으로 다 된 것이 아닙니다. 그 갓난아기 같은 속사람을 키워 가야 합니다. 예배를 통해, 말씀 묵상을 통해, 기도를 통해, 영적 교제를 통해, 헌신과 봉사를 통해 그 속사람을 키워 가야 합니다. 그렇지 않으면 그 체험이 머지않아 한 순간의 착각이었던 것처럼 느껴질 수도 있습니다.

제가 이 교우의 이야기를 여러분에게 전하는 이유는, 오늘 요한복음에서 읽은 도마의 이야기가 2천 년 전에 일어난 유별난 사건이 아니라는 점을 전하기 위해서입니다. 2천 년 전의 도마나 오늘의 우리나, 지금 내 마음에 믿어지는 것과 믿어지지 않는 것을 정직하게 분별하고, 다른 사람의 믿음을 판단하거나 거부하거나 비판하지 않고, 더 온전히 믿기를, 더 깊이 이해하기를, 더 강하게 사로잡히기를, 그리고 더 충만히 은혜 입기를 겸손히 갈망하며 살아간다면, 하나님께서는 그분의 때에 우리에게 알맞은 은총을 주실 것입니다.

도마는 부활하신 주님을 만나고 나서 완전한 사람이 되지 않았습니다. 이 체험 후에 모든 것을 이해하고 모든 것을 믿은 것이 아닙니다. 이 체험으로 도마는 다만 믿음의 길에서 아주 중요한 도약을 했을 뿐입니다. 진정한 구도자는 어느 지점에서도 "다 됐다!"고 말하지 않습니다. 바울 사도는 진정한 구도자의 마음을 빌립보서 3장 12-15절에서 이렇게 표현한 적이 있습니다.

> 나는 이것을 이미 얻은 것도 아니며, 이미 목표점에 다다른 것도 아닙니다. 그리스도 [예수]께서 나를 사로잡으셨으므로, 나는 그것을 붙들려고 좇아가고 있습니다. 형제자매 여러분, 나는 아직 그것을 붙들었다고 생각하지 않습니다. 내가 하는 일은 오직 한 가지입니다. 뒤에 있는 것은 잊어버리고, 앞에 있는 것을 향하여 몸을 내밀면서, 그리스도 예수 안에서, 하나님께서 위로부터 부르신 그 부름의 상을 받으려고, 목표점을 바라보고 달려가고 있습니다.

부활하셔서 지금도 우리 중에서 활동하고 계시는 그리스도 예수, 그 거룩한 성령의 손에 사로잡히는 것을 열망하는 마음이 우리에게 있습니까? 그분의 손에 사로잡힌 사람으로 더 충만히 사로잡히기 위한 열망이 우리 마음에 있습니까? 마치 100미터 달리기 선수가 하듯이, 앞을 향해 몸을 내밀면서 그것을 붙잡으려고 달려가는 간절한 열망이 우리에게 있습니까? 그렇다면 하나님께서는 도마에게 하셨듯, 앞에서 말한 그 교우에게 하셨듯, 그리고 구름 떼 같은 많은 증인들에게 하셨듯, 우리에게도 같은 은혜로 함께하실 것입니다. 그러니 그 은혜를 사모하면서 오늘도 내일도 그리고 그 다음날도 진실한 구도자의 마음을 품고 살아갑시다.

7

눈을 감고 잠시 생각해 보십시다. 여러분은 어떠십니까? 교회에 드나든 세월의 분량이 우리를 구원해 주지 않습니다. 여러분은 그 낯선 창조주 하나님께 "아버지!"라고 부를 믿음이 있습니까? 그 낯선 유대 청년에게 "주님!"이라고 부를 믿음이 있습니까?

만일 그렇지 않다면, 지금이라도 마음을 열고 그 주님을 받아들이지 않겠습니까? 이런 일은 꼭 수양회에 가야만 할 수 있는 것이 아닙니다. 골방에서 홀로 기도하면서 진실로 주님을 영접할 때에도 똑같은 일이 일어날 수 있습니다. 아니, 지금 이 시간에 마음속으로 "주님, 제가 주님을 영접합니다. 제 마음에 오셔서 저의 주님이 되어 주옵소서"라고 기도하면, 주님의 성령이 여러분의 마음을 만지실 것입니다. 누구에게나 똑같은 방법으로, 누구에게나 똑같은 느낌으로 다가오지는 않지만, 누구에게나 똑같은 결과를 가져옵니다. 성령의 거룩한 능력 안에서 살아가게 됩니다. 거듭난 사람으로 살아가게 됩니다. 그러니 지금, 주님을 영접하지 않겠습니까?

이미 영접하셨습니까? 그동안 믿어 오면서 이런저런 기막힌 일들을 경험하며 살아 오셨습니까? 그런데 지금은 그게 모두 착각이었던 것처럼 보입니까? 아니면 아직도 마치 천국의 길을 걷듯이 살고 계십니까? 여러분의 상황이 어떠하든, 현재의 상황에 만족해서는 안 됩니다. 그것으로 만족한다면 너무도 많은 것을 잃어버릴 것입니다. 더 온전히 믿기 위해, 더 온전히 알기 위해, 더 깊은 세계를 경험하기 위해, 믿음의 길을 멈추지 말아야 합니다. 믿어지는 것과 믿어지지 않는 것을 정직하게 분별하고, 믿어지는 것에 대해 감사하며, 믿어지지 않는 것을 믿을 수 있을 때까지 더 추구해야 하겠습니다. 이 구도자의 마음을 얻도록, 여러분, 이 시간 마음을 다해 기도하시지 않겠습니까?

12 그것이 사실인지 알아보려고

열두 제자 가운데 하나로서 쌍둥이라고 불리는 도마는, 예수께서 오셨을 때에 그들과 함께 있지 않았다. 다른 제자들이 그에게 "우리는 주님을 보았소" 하고 말하였으나, 도마는 그들에게 "나는 내 눈으로 그의 손에 있는 못 자국을 보고, 내 손가락을 그 못 자국에 넣어 보고, 또 내 손을 그의 옆구리에 넣어 보지 않고서는 믿지 못하겠소!" 하고 말하였다. 여드레 뒤에 제자들이 다시 집 안에 모여 있었는데 도마도 함께 있었다. 문이 잠겨 있었으나, 예수께서 와서 그들 가운데로 들어서셔서 "너희에게 평화가 있기를!" 하고 인사말을 하셨다. 그리고 나서 도마에게 말씀하셨다. "네 손가락을 이리 내밀어서 내 손을 만져 보고, 네 손을 내 옆구리에 넣어 보아라. 그래서 의심을 떨쳐버리고 믿음을 가져라." 도마가 예수께 대답하기를 "나의 주님, 나의 하나님!" 하니, 예수께서 도마에게 말씀하셨다. "너는 나를 보았기 때문에 믿느냐? 나를 보지 않고도 믿는 사람은 복이 있다."

—요한복음 20:24-29

신도들은 곧 바로 그날 밤으로 바울과 실라를 베뢰아로 보냈다. 두 사람은 거기에 이르러서, 유대 사람의 회당으로 들어갔다. 베뢰아의 유대 사람들은 데살로니가의 유대 사람들보다 더 고상한 사람들이어서, 아주 기꺼이 말씀을 받아들이고, 그것이 사실인지 알아보려고, 날마다 성경을 상고하였다. 따라서, 그들 가운데서 믿게 된 사람이 많이 생겼다. 또 지체가 높은 그리스 여자들과 남자들 가운데서도 믿게 된 사람이 적지 않았다.

—사도행전 17:10-12

1

2002년 여름, 저는 미국에 있는 한국 유학생들을 위한 수양회인 코스타(KOSTA) 집회에 세미나를 인도하기 위해 참석했습니다. 그곳에서 저는, 오래전에 가르쳤던 제자를 만났습니다. 조장을 맡고 있던 그 제자는 제게 와서, 어느 날이든 좋으니 자신이 속해 있는 조에 와서 대화 나눌 기회를 만들면 좋겠다고 말했습니다. 셋째 날인가, 저녁 집회를 마치고 기숙사 라운지에서 그 조에 속한 청년들과 함께 둘러앉았습니다.

서먹한 분위기가 조금씩 벗겨지면서 마음속에 품어 두었던 질문이 하나둘씩 기어 나왔습니다. 그 자리에 모인 청년들은 처음에는 꽤 조심스럽게 그다지 특별할 것 없는 않은 질문들을 꺼내더니, 시간이 지나면서 점점 심각한 질문들을 던졌습니다. 저는 목사이기 때문에 꼭 정답을 주어야 한다는 집착이나 방어적인 태도를 버리고, 그들과 같이 질문하고 고민하고 탐색하는 사람으로서 그들의 질문을 대했습니다. 모르는 것은 모른다고 인정했고, 알고 있는 것은 가능한 한 합리적으로 설명하려고 노력했습니다. 때로는 그들의 의견을 묻기도 했습니다. 그렇게 대화를 나누다 보니, 어느새 밤이 깊어졌습니다.

"내일 일정에 지장이 있을 수 있으니, 오늘은 이만 하고 흩어집시다"라고 조장이 말하자, 다들 아쉬워하는 표정이었습니다. 주섬주섬 물건을 챙겨서 침실로 돌아가려는데, 그중 한 청년이 소파에 눌러 앉은 채 뚜렷한 표적도 없는 넋두리를 털어놓았습니다. 그 표정이 하도 심각했고 또한 그가 한 말이 너무도 인상적이어서 저는 그의 말을 거의 그대로 기억하고 있습니다. 그 청년은 이렇게 말했습니다. "왜 교회에서는 이런 분위기가 만들어지지 않는 거죠? 왜 다른 목사님들은 목사님처럼 못하실까요? 저는 오늘 오래된 답답함이 다 풀린 느낌이에요!"

그때 그 청년의 말뿐 아니라 인상도 제게 뚜렷하게 새겨졌습니다. 몇 년의 시간이 지난 후에도 가끔 그의 말이 제 뇌리에서 메아리쳤고, 그의 인상이 기억났습니다. 저 또한 억압적이고 맹목적인 순종을 강요하는 한국 교회의 영적 분위기에 대해 안타까이 여기고 있었기 때문입니다. 저 자신도 그런 분위기 속에서 자랐기 때문에 잘 압니다. 그런 분위기 속에서는 믿음이 성장하지도 성숙하지도 못한다는 것을 말입니다.

2

제가 지금 섬기고 있는 교회에 부임하고 나서 약 6개월 정도 지났을 때의 일입니다. 예배를 마치고 교우들과 악수하며 인사를 나누고 있는데, 저희 교회 교우가 아닌 어느 여자 분이 아이를 안고 반가이 인사를 해 왔습니다. 곧 저는 그분이 2002년 코스타에서 만났던 그 청년인 것을 알아보았습니다. 나중에 알고 보니, 그분은 학위를 마치고 저희 교회 근처 지역에 직장을 잡아 이사를 했고, 그날 우연히 저희 교회를 찾았다가 3년 전의 만남을 기억하고 제게 반갑게 인사를 한 것이었습니다. 그때부터 그분은 저희 교회를 나오며 신앙생활을 하고 있습니다.

그분의 간증을 소개해 보겠습니다.

저는 어렸을 때부터 부모님을 따라 교회를 다녔는데, 제가 자라면서 다닌 교회는 질문과 탐구보다 무조건적인 신앙을 강조하는 편이었습니다. 순종하는 마음으로 목사님이 하시는 말씀을 받아들이기는 했지만. 늘 뭔가 부족한 느낌이 들곤 했습니다. 예를 들어, 믿지 않는 친구들이 제 신앙에 도전해 올 때, 그들이 납득할 수 있는, 아니 저 자신 또한 납득할 수 있는 말로 대답을 해줄 수 없었습니다. 이런 이유로, 누군가 제게 어떤 도전을 해 올 때마다 저는 무척 흔들렸습니다. 하나님과 제 신앙에 대해서 스스로 생각하고 고민하는 훈련이 되어 있지 않았던 까닭입니다. 또 그런 것에 대한 필요성을 인정하고 스스로 믿음을 길러 가는 분위기가 교회에 형성되어 있지 않았던 것 같습니다.

이처럼, 제 자신이 보기에도 미지근한 믿음 생활을 지속해 오다가, 대학원 시절에 코스타라는, 주로 미국에서 공부하는 기독교인 유학생들을 대상으로 하는 큰 수양회에 참가했습니다. 이 수양회에서는, 참가자들 중 비슷한 처지에 있는 사람들을 같은 소그룹으로 묶어 주었습니다. 그래서 참가자들은 세미나와 설교를 듣는 시간을 제외하고는 소그룹 모임을 갖게 됩니다. 제가 속한 소그룹에는 저와 비슷한, 비교적 젊은 아줌마들이 예닐곱 명 모여 있었습니다. 나이는 서로 비슷했지만, 참으로 성격도 다르고 살아온 배경도 다른 사람들이었습니다.

그중 한 분은 신학교를 다녔는데, 그분이 우리 그룹의 조장으로서 멤버들을 여러 면에서 적극적으로 보살펴 주었습니다. 그분이 자신의 은사 목사님이라면서 젊은 목사님 한 분을 초빙하여 우리 그룹에서 토론하는 시간을 갖자고 제안했습니다. 우리는 모두 찬성했는데, 사실 저는 별로 기대감이 없었습니다. 저의 지난 경험에 따르면 제가 의심이 나고 어려워하는 문제들을 시원하게 풀어 주거나, 그렇게는 못하더라고 진지하게 들어 주기라도 하는 목사님을 만나 본 일이 없었기 때문입니다. 대부분은, 조금이라도 의심하는 말을 하거나 어려운 질문을 하면 그것을 도전이라 생각하고 방어적으로 대처하기에 급급해 하는 분위기에서 자라 왔습니다. 저는 어떤 목사님을 만나더라도 마음을 불편하게 해 드리기 싫어서 아예 깊은 이야기는 하지 않고 묵묵히 듣기만 했고, 질문이 생겨도 '무조건 믿자'고 생각한 지 오래된 상태였습니다. 그런 상태에서 믿음이 제대로 자랄 리 없었습니다.

우리 그룹은 저녁을 먹고 그 젊은 목사님을 맞이해서 이야기를 나누기 시작했습니다. 그날 저녁, 어떤 이야기들이 오갔는지 지금은 아무것도 생각나지 않습니다. 그러나 잊히지 않는 한 가지는, 그 모임이 밤늦게까지, 아마도 새벽 2시 넘어서까지 진행되었고, 질문하고 답하는 것이 너무나 흥미진진했다는 점입니다. 밤이 너무 깊어져 어쩔 수 없이 모임이 파하게 되자, 저는 너무나 아쉬웠습니다. 한 일주일 정도 그 목사님을 붙들어 놓고 대화 모임을 갖고 싶은 마음이 굴뚝같았습니다. 당시 뉴저지에서 목회를 하신다는 그 목사님은 우리들의 여러 가지 질문을 진지하게 듣고 차분히, 그리고 너무도 시원스럽게 대답해 주셨습니다.

그분의 대답이 시원했던 이유는 그분이 정답을 말씀해서가 아니었습니다. 오히려 그분은 믿음의 문제에 대해 우리와 똑같이 고민하며 의문을 가지고 힘겹게 씨름한 경험을 가지고 있었고, 그것을 바탕으로 솔직하고도 겸손히 우리가 던지는 질문을 다 듣고 대답해 주셨습니다. 그분 앞에 어떤 질문을 던지더라도, "믿음이 없다" 하고 책망할 소지가 전혀 없어 보였습니다. 사실 제가 갖고 있던 의심과 고민들은 믿지 않겠다는 나쁜 마음에서 생겨난 것이 아니라, 더 잘 믿고 싶은데 잘 납득이 되지 않는 데서 생겨난 것이었습니다. 그렇기 때문에 그날의 대화로 인해 저는 마치 오래된 체증이 뻥하고 뚫리는 기분을 경험했습니다. 그래서 저는 특유의 직설적인 말로, 이런 제 기분을 말씀드렸습니다. "왜 다른 목사님들은 목사님처럼 못하실까요? 저는 오늘 오래된 답답함이 다 풀린 느낌이에요!"

그해 코스타는 여러 가지 이유로 참으로 독특한 경험으로 제게 남아 있었고, 그날 저녁 목사님과 이야기 나눈 경험은 특별히 오래도록 기억에 남았습니다. 그리고 속으로 그런 목사님께서 담임하시는 교회에 다닐 수 있다면 얼마나 좋을까 하고 생각했습니다.

대학원을 마치고 저는 이곳 워싱턴 지방으로 직장을 잡아 이

사오게 되었습니다. 이곳에 와서 이 교회 저 교회 다니며 아직 마음을 정하지 못하고 있는데, 한 친구가 연락을 해 왔습니다. 자신의 부모님이 근처에 사시는데 크리스마스를 맞이해 부모님을 방문하러 왔으니, 부모님이 다니시는 교회에서 만나자는 것이었습니다. 그 친구가 만나자고 한 교회가 '워싱턴 감리교회'였는데, 저는 '와싱톤한인교회'로 잘못 알아듣고 이 교회를 찾아왔습니다. 그래서 그날 만나기로 약속한 친구는 만나지 못했지만, 대신 다른 분을 만났습니다.

유아 예배실에서 남편과 아이와 함께 예배드리는데 설교 시간이 되어 목사님이 강단에 올라오셨습니다. 그런데 이게 웬일입니까! 저는 저도 모르게 남편에게 큰소리로 외쳤습니다. "자기야! 나 저 목사님 아는데! 내가 코스타에서 만난 그 목사님이야!" 나중에 알고 보니, 김영봉 목사님이 이 교회로 오신 지 6개월 정도 되신 때였습니다. 이것이 제가 이 교회에 등록하게 된 사연입니다.

3

여러분은 어떠신지요? 그동안 믿어 오면서 하나님에 대해, 예수님에 대해, 성경 말씀에 대해 혹은 기독교의 여러 교리에 대해 의문이 생길 때, 여러분은 그 의문을 어떻게 해결하셨습니까? 교회 안에서 그런 의문을 털어놓았을 때, 다른 교우들이나 목회자들로부터 어떤 반응을 받으셨습니까? 참으로 불행한 것은 그런 의문들을 두려움 없이 묻고 토론할 수 있는 분위기를 교회 안에서 찾아보기 어렵다는 사실입니다. 교회 안에는 무조건 의문 없이 믿는 것이 좋은 믿음이라는 '잘못된 소문'이 퍼져 있습니다. 의문을 제기하고 토를 다는 것은 '시험에 빠진' 것이며, 사탄의 유혹에 넘어간 것이라는 미신이 널리 퍼져 있습니다.

이런 분위기가 우세하다 보니, 아무 생각이나 비판이나 의문 없이 믿는 사람들이 대부분입니다. 자신이 믿는 바가 무엇인지 알려고 하지 않습니다. 세상에서는 자신의 좋은 두뇌를 십분 활용해 생활하다가도 교회에만 들어오면 두뇌 회전을 멈추어 버립니다. 믿음의 영역 밖에서는 이성을 사용하다가도 믿음의 문턱 앞에 서면 이성을 내려놓습니다. 생각을 멈추고 의문을 거두고는 눈을 질끈 감고 "아멘!"을 외칩니다. 그것이 습관이 되다 보니, 아무 데서나 아멘을 외칩니다.

저희 교회는 예배 시간에 "아멘!" 하고 응답하는 분들이 꽤 적은 편입니다. 예배마다 조금씩 차이가 나기는 하지만, 전반적으로 볼 때 "이 교회는 참 냉랭하다"는 평을 들을 정도로 아멘으로 화답하는 분들이 적습니다. 교우들 중에는 이 분위기가 바뀌었으면 하는 바람을 가진 분들도 계십니다. 그런가 하면, 다른 사람이 외치는 "아멘!" 소리를 듣기 싫어하는 분들도 계십니다. 둘 중 어느 한 편이 옳다고 보아서는 안 됩니다. 사람마다 달라서 그렇습니다. 어떤 사람은 즉석에서 "아멘!"으로 응답해야 직성이 풀리고, 어떤 사람은 마음속으로 수긍하는 것으로 충분합니다. 설교를 듣고 한참 생각한 후에야 고개를 끄덕이며 동의하는 분들도 계십니다. 예배 시간에는 아무 반응을 보이지 않다가, 집에 가서 그날의 설교를 되새기면서 혼자서 "아멘!" 하고 응답하는 분들도 계실 것입니다.

저는 설교자의 말끝마다 "아멘"을 외치는 분위기에 대해서는 거부감이 좀 있습니다. 언젠가 "아멘 훈련"이 잘 되어 있는 교회에 초청을 받아 가서 설교한 적이 있습니다. 강단에 서서 첫 마디를 마쳤는데, 온 교우가 일제히 "아멘!" 하고 합창을 하는 바람에 말문이 턱 막혔습니다. "내가 지금 사이비 종교 집회에 와 있나?" 하는 생각에 말을 잇기가 어려웠습니다. 한 시간 내내 말끝마다 터져 나오는 아멘 소리와 싸우느라 힘들었습니다. 그것은 정상이 아닙니다. 그것은 맹신자들을 키우는 일입니다. 진실로 우리에게 필요한 것은 말씀을 듣고 납득이 되어 마음에서 저절로 터져 나오는 아멘입니다. 저 자신도 아멘을 많이 하거나 자주 하는 사람은 아니지만, 때로 마음에서 진심으로 동감이 될 때는 그 마음을 억누르지 않습니다. 그럴 때 "아멘!" 하고 응답하는 것은 좋은 신앙의 습관입니다.

4

제가 섬기는 교회가 속해 있는 감리교회의 창시자인 존 웨슬리 목사님은 신앙생활을 떠받치는 네 개의 기둥이 있다고 했습니다. 중심에 하나의 기둥이 서 있고, 그 둘레로 세 개의 기둥이 서 있습니다. 중심에 서 있는 기둥은 '성경'입니다. 나머지 세 개의 기둥은 성경 말씀을 읽고 이해하고 우리의 삶에 적용하는 데 도움을 주는 것인데, 첫째는 '경험'이고, 둘째는 '전통'이며, 셋째는 '이성'입니다. 이성이 믿음을 받쳐 주는 기둥이라는 것입니다. 지금도 그렇지만, 이러한 생각은 당시에도 이성을 믿음의 적으로 여기는 사람들에게 매우 혁명적인 발언이 아닐 수 없었습니다.

존 웨슬리 목사님은 이성에 대해 이렇게 말씀하신 적이 있습니다. "이성을 경시하거나 평가절하하는 것이 하나님의 뜻에 합당한 것이라고 생각하지 마십시오. 만일 여러분이 이성을 의식적으로 도외시하지 않는다면, 이성이 성령의 인도를 받아 믿음의 기초를 닦고 믿음을 진보시키는 데 얼마나 유익한지 깨닫게 될 것입니다." 아무 의문도 제기하지 말고 무조건 믿으라고 하면서 이성을 믿음의 적으로 가르치고 있는 우리 한국 교회의 입장에서는 매우 당황스러운 발언입니다.

동시에 웨슬리 목사님은 이성을 과대평가하지 말라고 경고합니다. 우리의 이성으로 판단하는 것을 절대 진리로 착각하지 말라는 것입니다. 그분의 말씀을 한 번 더 인용해 보겠습니다. "이성이 할 수 있는 것은 모두 이성 자체가 하도록 놔두십시오. 가능한 범위 안에서 이성을 활용하십시오. 그러나 이성은 믿음, 소망 그리고 사랑을 전달하는 데는 전혀 무능하다는 것을 알아야 합니다. 이성은 참된 미덕이나 행복을 일으키지 못합니다. 오직 보다 높은 근원, 곧 하늘에 계신 아버지께만 미덕과 행복을 구하고 받으십시오."

우리의 믿음의 대상은 이성이 아니라 예수 그리스도를 통해 계시된 진리입니다. 우리의 이성은 계시된 진리보다 크지 않습니다. 오히려 그 반대입니다. 예수 그리스도를 통해 계시된 진리가 우리의 이성보다 큽니다. 우리의 이성은 그 진리를 다 담을 수 없습니다. 그러므로 이성은 절대적인 기준이 아닙니다. 절대적인 믿음의 대상은 오직 하나님의 말씀뿐입니다. 우리의 이성은 그 말씀을 이해하고 우리 삶에 적용하는 데 아주 유용한 도구일 뿐입니다. 그 이성을 사용하여 질문하고 탐구하고 대답해 나감으로써 우리는, 하나님의 진리를 더 잘 이해하고 더 깊이 알며 더 돈독하게 실천할 수 있습니다.

그렇기 때문에 진지한 구도심을 가진 사람은 자신이 믿는 바를 더 잘 이해하기 위해 질문하고 또 질문합니다. 그냥 질문만 하는 것이 아니라, 기도하고 성경 말씀을 연구하고 좋은 책들을 통해 그 질문을 해결하기 위해 노력합니다. 뿐만 아니라, 믿음의 친구들과 함께 모여 연구하고 묻고 대답하고 토론하며 기도합니다. 속회는 그런 일을 하자고 있는 겁니다. 그렇게 하는 과정에서 더 잘 이해하고 더 깊이 알고 더 돈독히 실천하게 됩니다. 그렇게 믿어 갈 때, 우리는 믿지 않는 사람들에게 우리가 믿는 바를 설명할 수 있게 됩니다. 그 과정에서 우리의 이성은 아주 유용한 도구입니다.

5

오늘 우리는 요한복음과 함께 사도행전 17장을 읽었습니다. 사도행전 17장은 바울과 실라가 베뢰아라는 도시로 갔을 때 일어난 일을 담고 있습니다. 베뢰아는 그리스 반도에 있는 도시입니다. 그곳에는 유대인들이 많이 살고 있었고, 그들은 비교적 진지한 사람들이었습니다. 바울과 실라는 그 도시에 가서 예수 그리스도의 복음을 전했습니다. 그때 베뢰아에 살던 유대인들이 보인 반응을 사도행전 17장은 이렇게 적어 놓았습니다. "기꺼이 그 복음을 받아들이고, 그것이 사실인지를 알아보려고, 날마다 성경을 상고하였다" (11절).

여기서 몇 가지 단어에 주목할 필요가 있습니다. 첫째, "기꺼이 복음을 받아들이고"라는 말입니다. 그들의 마음이 진리에 대해 활짝 열려 있었다는 뜻입니다. 둘째, "그것이 사실인지 알아보려고"라는 말입니다. 그들은 무턱대고 믿은 것이 아닙니다. 일단 받아들인 다음, 그것이 사실인지 아닌지를 확인하려는 노력을 기울였습니다. 셋째, "날마다 성경을 상고하였다"는 말입니다. 그들은 자신들이 들은 진리가 얼마나 중요한지를 알았습니다. 만일 그들이 들은 것이 진실이라면, 거기에 생명을 걸어야 한다는 것도 알았습니다. 그래서 매일같이 성경 말씀을 연구했습니다. 오늘 본문에 기록되어 있지는 않지만, 열심히 기도도 했을 것입니다. 그들은 모두 경건한 유대인들이었으니 말입니다. 이성을 통해 질문하고 대답하면서, 동시에 기도를 통해 하나님의 계시를 구했을 것입니다.

그래서 어떻게 되었습니까? 12절은 말합니다. "따라서, 그들 가운데서 믿게 된 사람이 많이 생겼다." 그렇게 성경 말씀을 두고 기도하고 질문하고 탐구하고 토론한 결과, 믿는 사람들이 많이 생겼다는 것입니다. 물론 시간이 많이 걸렸을 것입니다. 하지만 그들의 질문과 탐구는 그들을 견고한 믿음으로 인도했습니다. 그렇게 믿었기에 그들은 믿지 않는 사람들에게 할 말이 있었습니다. 무엇을 왜 믿는지 설명할 수 있었습니다.

12절 후반부는 이렇게 적고 있습니다. "또 지체가 높은 그리스 여자들과 남자들 가운데서도 믿게 된 사람이 적지 않았다." 그리스 사람들도 유대인들의 연구와 토론에 함께 참여했다는 말인지, 아니면 예수 그리스도를 믿는 유대인들의 영향을 받아 믿게 되었다는 뜻인지, 분명하지 않습니다. 저는 후자가 맞지 않을까 싶습니다. 질문과 질문, 연구와 연구, 토론과 토론을 거쳐서 진리를 확인하고 믿게 된 베뢰아의 유대인들이 베뢰아의 그리스 사람들에게 전도하여 믿게 했다는 것입니다.

앞 장에서 저는 도마의 이야기를 말씀드리면서 진실한 구도자의 마음이 어떤 것인지를 생각해 보았습니다. 더 온전히 믿기를 열망하는 마음을 품고, 지금 현재 믿어지는 것과 믿어지지 않는 것을 정직하게 분별하고, 믿어지는 것에 대해 감사하며, 믿어지지 않는 것을 믿기 위해 질문하고 연구하고 기도하고 씨름하는 구도자의 마음이 우리 모두에게 필요하다고 말씀드렸습니다. 그 같은 구도적인 마음으로 진실한 믿음을 추구하면, 나 자신이 견고한 믿음에 이를 수 있을 뿐 아니라, 믿지 않는 사람들에게 나의 믿음을 설명해 줄 수도 있다고 말씀드렸습니다.

오늘 함께 읽은 사도행전 17장에 나오는 베뢰아의 유대인들에게도 그 같은 구도자의 마음이 있었습니다. 그들은 구원의 진리를 배우는 일에 열심이었습니다. 마음에 뭔가 집히는 것이 있을 때, 그들은 그것이 사실인지 아닌지 확인하기 위해 힘썼고, 사실로 확인되었을 때는 그 진리에 자신들의 인생을 걸었습니다. 뿐만 아니라, 그들은 자신들이 발견한 구원의 진리를 다른 사람들에게 전하는 일에 민첩하고 능했습니다.

6

베뢰아 유대인들의 삶을 볼 때, 오늘 우리가 겪고 있는 문제의 핵심이 바로 여기에 있다 싶습니다. 우리 중 많은 사람들이 오래도록 믿는다고 믿었지만 별다른 영적 성장을 경험하지 못하는 이유, 수없이 많은 설교를 듣고 성경을 읽었지만 우리의 믿음의 기초가 여전히 부실한 이유, 우리의 믿음이 감정의 변화에 따라 널뛰듯 하는 이유, 수십 년 신앙생활을 했다고 하면서도 이단 교설에 쉽게 흔들리는 이유, 이미 받은 은혜가 많건만 더 큰 은혜를 찾아 이리저리 휩쓸려 다니는 이유, 우리 믿음이 교회 안에서는 뜨거워 보이지만 교회 밖 삶의 현장에서는 별 힘을 쓰지 못하는 이유, 믿음이 좋다고 하면서도 믿지 않는 사람들 앞에서 입도 뻥긋하지 못하는 이유, 믿지 않는 사람들의 도전 앞에서 믿음의 기초까지 무참히 흔들리는 이유—이 모든 것이 우리에게 구도심이 부족하다는 데 원인이 있지 않는가 하는 생각입니다.

아무 의문 없이 무조건 믿는 믿음, 아무 비판 없이 맹종하는 믿음, 그 어떤 말에도 우선 "아멘!" 부터 하고 보는 믿음, 시간과 노력을 들여 말씀을 읽고 "그것이 사실인지 알아보려고" 노력하지 않는 믿음, 그저 눈감고 부르짖으며 위로부터 오는 능력을 힘입어 한순간에 천지가 개벽하기만을 기대하는 믿음, 이성을 억압하고 감정에만 사로잡혀 살아가려는 믿음—바로 이런 믿음의 경향 때문에 우리의 믿음이 그토록 부실하고, 믿지 않는 사람들을 전도할 능력이 없으며, 교회에서 거룩한 진리의 능력이 사라진 것이 아닌가 싶습니다.

우리의 믿음을 든든한 기초 위에 세우기 위해, 우리의 믿음이 믿지 않는 사람들을 인도하는 "설득력 있는 믿음"이 되기 위해, 우리의 교회가 진리의 전당이 되기 위해, 그리고 마침내 믿는 사람들과 교회가 이 세상의 빛과 소금으로 제 역할을 감당하기 위해, 이 구도심의 회복이 가장 절실하다 싶습니다. 그래서 베뢰아의 유대인들에게 임했던 그 진지한 구도의 영이 우리에게도 임하기를 소원합니다. 영혼으로는 하나님과 깊이 사귀고, 정신으로는 부단히 질문하고 탐구하며, 육신으로는 부지런히 섬기고 헌신하는 삶을 통해 우리 모두가 진실하고 온전한 믿음에 이르기를 소원합니다.

진리의 주님,
주님에게 있었던 진리의 영을
저희에게 주소서.
하나님을 더 친밀하게 경험하기를,
복음의 진리를 더 온전히 이해하기를,
주님의 가르침을 더 참되게 알기를,
간절히 열망하게 하시고
또한 그렇게 살게 하소서.
아멘.

13 보는 것으로는 믿지 못한다

열두 제자 가운데 하나로서 쌍둥이라고 불리는 도마는, 예수께서 오셨을 때에 그들과 함께 있지 않았다. 다른 제자들이 그에게 "우리는 주님을 보았소" 하고 말하였으나, 도마는 그들에게 "나는 내 눈으로 그의 손에 있는 못 자국을 보고, 내 손가락을 그 못 자국에 넣어 보고, 또 내 손을 그의 옆구리에 넣어 보지 않고서는 믿지 못하겠소!" 하고 말하였다. 여드레 뒤에 제자들이 다시 집 안에 모여 있었는데 도마도 함께 있었다. 문이 잠겨 있었으나, 예수께서 와서 그들 가운데로 들어서셔서 "너희에게 평화가 있기를!" 하고 인사말을 하셨다. 그리고 나서 도마에게 말씀하셨다. "네 손가락을 이리 내밀어서 내 손을 만져 보고, 네 손을 내 옆구리에 넣어 보아라. 그래서 의심을 떨쳐버리고 믿음을 가져라." 도마가 예수께 대답하기를 "나의 주님, 나의 하나님!" 하니, 예수께서 도마에게 말씀하셨다. "너는 나를 보았기 때문에 믿느냐? 나를 보지 않고도 믿는 사람은 복이 있다."

—요한복음 20:24-29

바리새파 사람들이 나와서는, 예수에게 시비를 걸기 시작하였다. 그들은 예수를 시험하느라고 그에게 하늘로부터 내리는 표징을 요구하였다. 예수께서는 마음 속으로 깊이 탄식하시고서 말씀하셨다. "어찌하여 이 세대가 표징을 요구하는가! 내가 진정으로 너희에게 말한다. 이 세대는 아무 표징도 받지 못할 것이다." 그리고 예수께서는 그들을 떠나, 다시 배를 타고 건너편으로 가셨다.

—마가복음 8:11-13

1

1571년에 태어나 1610년에 만 38세의 나이로 요절한 천재 화가가 있습니다. 그의 원래 이름은 미켈란젤로 메리시(Michelangelo Merisi)인데, 카라바조(Caravaggio)라는 그의 고향 이름으로 더 잘 알려져 있습니다. 카라바조는 아주 사실적이고 극명하게 명암을 대조시키는 독특한 화풍으로 유명한 화가인데, 전성기 때는 로마 가톨릭 교회의 요청을 받아 많은 성화를 그렸습니다. 그가 그린 성화는 등장인물들의 성스러운 분위기를 강조하지 않는다는 점에서 다른 화가들의 성화와 뚜렷한 차이를 보입니다. 그의 그림에 등장하는 예수님이나 믿음의 위인들은 거리에서 흔히 볼 수 있는 평범한 모습으로 그려져 있습니다.

카라바조가 그린 성화 중 '도마의 의심'(The Incredulity of St. Thomas)이 있습니다. 도마 이야기를 그림으로 그린 것입니다. 이 그림은 한번 보고 나면 잊히지 않을 만한 명화입니다. 옆구리에 난 상처에 검지손가락을 깊숙이 찔러 넣은 도마의 모습이 인상적입니다. 도마와 다른 두 제자가 예수님의 상처를 향해 던지고 있는 강렬한 눈빛 또한 예사롭지 않습니다. 도마가 입은 남루한 옷과 예수님의 상처에 찔러 넣은 손의 손톱에 낀 검은 때가 눈길을 끕니다. 상처에 찔

'도마의 의심', 카라바조

러 넣은 손의 손목을 부드럽게 잡고 있는 예수님의 손과, 옆으로 떨구고 있는 예수님의 시무룩한 표정 또한 궁금증을 자아냅니다. 화폭 전체에 드리워진 어두운 분위기 또한 인상적입니다. 과연 이 그림을 그린 카라바조는 무슨 이야기를 하고 싶었던 것일까요? 이 그림을 보고 있노라면, 도마와 다른 두 제자가 예수님의 상처에 응시하게 만든 호기심보다 더 강한 호기심이 우리의 눈빛을 사로잡습니다.

2

이 그림과 관련해서 먼저 생각해야 할 점이 있습니다. 우리가 읽은 요한복음 20장 24-29절의 내용과 이 그림의 내용이 일치하지 않는다는 사실입니다. 이 그림에서는 도마가 예수님의 옆구리 상처에 손가락을 찔러 넣고 있습니다. 하지만 요한복음의 본문을 보면, 도마는 그렇게 하지 않았습니다. 예수님을 만나기 전에는 그렇게 할 것처럼 큰소리를 쳤지만, 부활하신 주님 앞에 서자 도마는 그렇게 할 마음이 없어졌습니다. 예수님께서 도마에게 "네 손가락을 이리 내밀어서 내 손을 만져 보고, 네 손을 내 옆구리에 넣어 보아라. 그래서 의심을 떨쳐 버리고 믿음을 가져라" 하고 초청하셨으나(27절), 도마는 그 순간 예수님께 "나의 주님, 나의 하나님!" 하고 고백했습니다. 그런데 카라바조는 도마가 마치 검시관처럼 예수님의 몸을 검사하는 모습을 그려 놓았습니다.

카라바조는 왜 이렇게 그렸을까요? 요한복음의 본문을 오해했을까요? 그랬을 가능성이 전혀 없지는 않겠지만, 가능성은 매우 낮습니다. 위대한 화가들은 자신이 그리려는 대상을 깊이 연구하고 나서 작업을 시작합니다. 슬쩍 보고 붓을 휘갈겨 그린 그림이라면 명작으로 남을 수 없을 것입니다. 카라바조가 의도적으로 이렇게 그렸다는 편이 더 사실에 가까울 것입니다. 그림을 자세히 들여다보면, 그 의도가 더 분명해 보입니다.

도마의 표정을 주목해 보시기 바랍니다. 예수님의 상처에 손가락을 찔러 넣고 검사하고 있는 도마의 표정에서 무엇을 읽으십니까? 자세히 보시기 바랍니다.

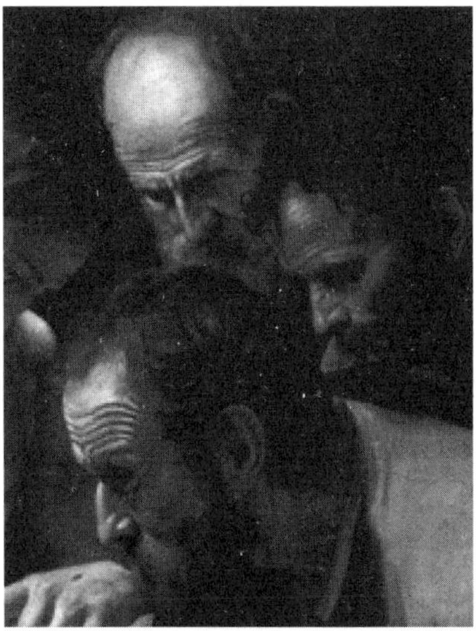

도마뿐 아니라 다른 두 제자의 표정도 함께 보시기 바랍니다. 무엇이 보입니까? 제게는 놀라움이 보입니다. 호기심도 보입니다. 맨 뒤에 있는 제자의 표정에서는 민망함 혹은 징그러워하는 느낌까지 읽을 수 있습니다. 하지만 이적을 목도한 사람에게서 느껴지는 신비로움과 경이로움의 표정은 도무지 찾아볼 수가 없습니다. 도마의 표정만을 보면 그 사실이 더욱 두드러집니다.

과연, 도마가 자신의 손가락을 예수님의 상처에서 빼낸 후에 "나의 주님, 나의 하나님!" 하고 고백했을 것 같습니까? 화폭 전체를 압도하고 있는 어두운 분위기를 볼 때, 도저히 그럴 것 같지 않습니다. 이 모든 것을 종합할 때, 제 생각에 도마는 손가락을 빼낸 후에도 고개를 갸우뚱 저으며 이렇게 말했을 것 같습니다. "거 참, 알 수가 없네. 창 자국이 맞기는 맞는데! 죽은 사람들로부터 부활했다는 예수님의 말씀이 맞기는 맞는 것 같은데, 어떻게 이런 일이 있을 수 있나? 내가 눈으로 보고 손으로 만져 보았으니 부정할 도리는 없지! 거 참, 신기한 일도 있는 걸!" 아무리 그림을 보고 있어도, "오, 주님, 당신이 부활하셨음을 이제야 제가 알겠습니다. 이제야 주님이 하나님의 아들이시라는 사실을 알겠습니다. 주님은 나의 주님이시며 나의 하나님이십니다!"라고 고백했을 것 같지 않다는 것입니다.

3

저의 이 감상이 어느 정도 진실에 가깝다면, 이 그림은 실제의 도마를 그린 것이 아니라 도마를 소재로 하여 화가가 자기 자신을 그린 것이 아닌가 싶습니다. 그림 전체를 통하여 카라바조는 '불신을 극복해 가는 도마'를 그렸다기보다는 '불신을 버리지 못하는 자신'을 그린 것이라고 볼 수 있습니다. 부활의 복음을 듣고도 여전히 믿지 못하는 자신의 마음을 그리려고 한 것이 아닐까 싶습니다. 이 그림을 통해 카라바조는 이렇게 말하는 것 같습니다. "설령 내가 부활하신 예수님의 몸을 만져 본다 해도 믿을 수 없을 것 같아!"

자신의 불신에 대해 예수님이 어떻게 느끼실지도 알았던 것 같습니다. 그 느낌이 예수님의 표정에 나타나 있습니다. 예수님의 표정을 잘 보시기 바랍니다.

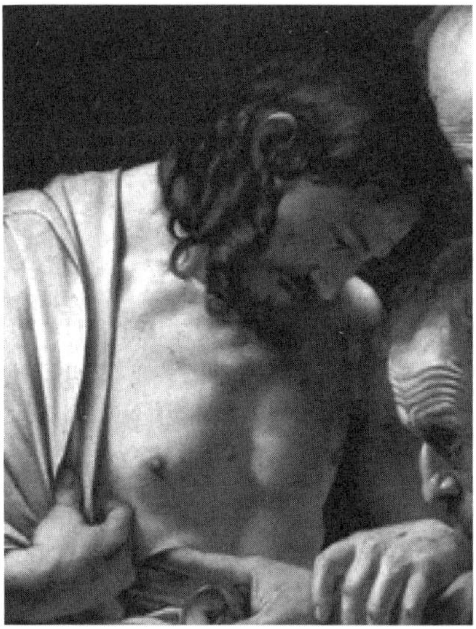

무엇이 느껴지십니까? 실망과 안타까움과 간절함이 느껴지지 않습니까? 마치 "내 상처를 만지고도 여전히 믿지 못하는구나! 무엇을 더해야 네가 믿겠니?"라고 말하는 것 같지 않습니까? 하지만 카라바조의 도마는 그 눈길을 피합니다. 그는 믿기 위해서 상처 자국을 만지고 있는 것이라기보다는 믿지 못하기 때문에 예수님의 눈길을 피하기 위해 상처를 매만지고 있는 것 같습니다.

실제로 카라바조는 어떤 사람이었습니까? 그는 천재적인 재능이 아까울 정도로 불운하고 방탕하고 비극적인 삶을 산 '광기의 화가'였습니다. 나폴리, 시칠리, 로마 등에서 활동하면서 화가로서 명성을 얻은 그는 괴팍한 기질로 인해 끊임없이 문제를 일으켰습니다. 그에게 믿음이 있었는지 확인할 길은 없지만, 굴곡 많은 그의 삶의 여정과 그의 행동을 보건대 믿음의 사람처럼 보이지는 않습니다. 그는 우발적으로 한 사람을 살해한 뒤로 교황청의 수배를 피해 도망쳐 다니는 도피자로 인생 후반기를 전전했습니다. 도피하는 중에도 끊임없는 불화와 싸움으로 편할 날이 없었습니다. 그리고 그렇게 도피하다가 비참하게 객사했습니다. 그는 예술가로서의 천부적인 재능과 영감으로 많은 성화를 남겼지만, 정작 그 자신은 참다운 믿음에 이르지 못했던 것 같습니다.

카라바조의 성화가 보는 사람들에게 매력적인 이유가 여기에 있는지도 모릅니다. 그는 믿음이 돈독한 사람으로서 성화를 통해 자신의 믿음을 전해 주려고 한 사람이 아니었습니다. 오히려 그는 믿지 못하는 사람으로서 자신의 회의와 질문과 불신을 화폭에 담았던 것 같습니다. 그렇기 때문에 그의 성화에서는 성스러운 분위기를 느끼기가 어렵습니다. 그것이 거룩한 성화에 익숙한 사람들에게 신선하게 보였고, 성화 안에 담긴 의문과 회의의 분위기가 보는 사람들의 마음을 더욱 자극했던 것 같습니다.

4

카라바조는 비록 위대한 예술품을 많이 남겼지만, 그 자신은 불신을 극복하지 못한 채 남루한 인생을 살다가 자신의 그림 속 도마처럼 찡그린 표정으로 세상을 떠났을지도 모릅니다. 그림에 반영된 그의 불신은 보는 사람들의 마음을 매료시키는 역할을 했지만, 정작 그 자신은 그 불신으로 인해 영원한 어둠에 처해졌을지도 모릅니다. 제가 여기서 "처해졌을지 모릅니다"라고 말한 이유는 한 사람의 구원의 문제를 인간의 시각으로 단정할 수 없기 때문입니다. 다만, 여러 가지 정황으로 보건대, 그랬을 가능성이 커 보인다는 것입니다. 그 많은 성화를 그리면서 성경의 이야기들을 연구하고 씨름하기를 얼마나 많이 했겠습니까? 그런데도 그것이 그 자신에게는 아무런 유익을 끼치지 못했다면, 이 얼마나 안타까운 일이겠습니까?

저는 이 그림을 두고 묵상하면서 "카라바조의 도마가 왜 믿음에 이르지 못했을까?"를 질문했습니다. 두 가지의 이유가 생각났습니다. 하나는 그림 속에 있는 도마가 눈으로 보고 손으로 확인하는 것에 온 마음을 쏟았기 때문이 아니었을까 싶습니다. 육안으로 보고 손으로 만져서 믿음을 얻을 수는 없습니다. 히브리서의 유명한 믿음의 정의, 곧 "믿음은 바라는 것들의 확신이요, 보이지 않는 것들의 증거입니다"(11:1)를 생각해 보십시다. 믿음은 아직 손에 쥐어지지 않은 것을 바라는 것이요, 눈으로 확인할 수 없는 것을 믿는 것입니다. 그러므로 손으로 만져 보고 육안으로 확인하여 믿으려 하면 믿을 수 없습니다.

또 다른 이유는, 그림 속에 있는 도마가 예수님의 몸에 있는 상처에 집중했기 때문이 아닐까 싶습니다. 그는 상처에서 눈을 떼고 예수님의 눈을 쳐다보았어야 합니다. 그랬다면 그는 그분의 눈동자 속에서 이글이글 타오르는 영원한 생명의 빛을 마음으로 보았을 것입니다.

아이단 하르트(Aidan Hart)라는 현대 성상 화가가 그린 '도마의 의심'(The Incredulity of Thomas)이라는 작품을 보면, 도마가 예수님의 손에 이끌려 상처에 손을 대고 있지만 눈으로는 예수님을 쳐다봅니다. 실제의 도마는 아이단의 성화에 그려진 것에 더 가까웠을 것입니다. 그는 부활하신 주님을 만나자, 그분의 상처를 주목하는 대신 그분의 얼굴을 마주했고, 그분의 눈동자를 응시했을 것입니다. 그는 그분의 상처를 육안으로 확인하고 손으로 만지려 하지 않았습니다. 눈과 눈을 마주 보고 마음으로 하나님의 아들을 보았습니다. 부활하신 주님의 눈빛에서 시간과 공간을 초월한 영원한 광채를 마음으로 느꼈을 때, 도마는 자기도 모르게 "나의 주님, 나의 하나님!" 하고 고백하게 되었습니다.

여기에 생각이 이르자, 저는 카라바조의 도마를 생각하면서, 아니 비운의 화가 카라바조를 생각하면서 제 기도 일기에 이렇게 적어 놓았습니다.

눈으로 보는 것으로는 안 된다.
그것으로는 진실을 알 수 없다.
그것만으로는 믿음에 이를 수 없다.

'**도마의 의심**', 아이단 하르트

마음으로 보아야 한다.
눈이 볼 수 없는 것을
마음이 보게 한다.
믿음은 마음으로 볼 때 생긴다.

그러므로, 카라바조여,
상처에 붙들려 있는 눈을 떼어라.
상처가 아니라 그분의 얼굴을 보라.
그분의 눈을 마주하라.
그리고 마음으로 보라.
그분의 눈동자에서
영원을 보라!

그러면 믿게 되리라.
그분 앞에 무릎 꿇고 말하게 되리라.
"나의 주님, 나의 하나님!"

5

예수님은 자신에게 "나의 주님, 나의 하나님!"이라고 고백한 도마에게 마지막으로 이렇게 말씀하십니다. "너는 나를 보았기 때문에 믿느냐? 나를 보지 않고도 믿는 사람은 복이 있다"(29절). 이 말씀은 실은 도마에게 준 말씀이 아니라 장차 이 이야기를 읽게 될 사람들에게 주신 말씀이라 할 수 있습니다. 이 말씀을 달리 표현한다면 이렇게 됩니다. "너희는 나를 보고 믿으려 하느냐? 나를 보지 않고 믿는 사람은 복이 있다." 여기서 '보는 것'은 육안으로 보는 것을 말합니다. 눈으로 확인하고 손으로 만져서 믿으려는 태도를 가리킵니다. 그런 태도로는 진정한 믿음에 이를 수 없습니다. 예수님의 말씀을 고쳐 쓰면 이런 뜻이 됩니다. "너희는 나를 보고 믿으려 하느냐? 그래가지고는 참되게 믿을 수 없다."

참된 믿음은 마음으로 볼 때 생깁니다. 마음으로 깨달을 때 생겨납니다. 육안으로 보고 손으로 만져 본다 해도 마음으로 보지 못하면 믿음에 이를 수 없습니다. 카라바조의 그림 속에 있는 도마가 그러했습니다. 그의 마음의 눈은 멀어 있는데, 아무리 눈을 부릅뜨고 조사한들 무슨 소용이 있겠습니까? 그러므로 "나를 보지 않고도 믿는 사람은 복이 있다"고 하신 말씀은 "나에 대해 마음으로 깨달아 알고 믿는 사람은 복이 있다"는 뜻입니다. "보지 않고도 믿는 사람"은 실은 "마음으로 본 사람"입니다. 예수께서 승천하신 뒤로는 아무도 그분을 육안으로 보지 못했습니다. 그럼에도 보지 않고 믿는 사람들, 곧 마음으로 깨달아 알고 예수님이 누구신지 알아보고 믿는 사람들이 끊임없이 일어나고 있습니다.

처음에 요한복음과 함께 읽은 마가복음 8장 11-13절은 이런 맥락에서 깊이 생각해 볼 필요가 있습니다. 바리새파 사람들이 예수님께 와서 "하늘로부터 내리는 표징"을 보여 달라고 요청했습니다. 즉, "당신이 하나님의 아들이라면, 우리가 부인할 수 없을 정도로 분명한 표징을 보여 주시오. 그러면 우리가 믿겠소"라고 요구한 것입니다. 그러자 예수님은 "마음속으로 깊이 탄식하셨다"고 합니다. 이 탄식의 의미가 무엇입니까? 그들은 마음의 눈이 어두워져서 육안으로 보고 손으로 만져 확인하기를 추구했던 것입니다. 예수님은 아셨습니다. 천지가 두 쪽 나는 기적을 보여 주어도 그들은 결코 믿지 않을 것이라는 사실을 말입니다. 그래서 이렇게 대답하십니다. "어찌하여 이 세대가 표징을 요구하는가! 내가 진정으로 너희에게 말한다. 이 세대는 아무 표징도 받지 못할 것이다."

예수님이 하신 마지막 말씀을 다시 생각해 보아야 합니다. "이 세대는 아무 표징도 받지 못할 것이다"라는 말씀 말입니다. 이 말씀은, "마음의 눈이 닫혀 있는 한, 아무 표징도 보지 못할 것이다"라는 뜻입니다. 예수님이 하나님의 아들이라는 표징은 이미 충분히 드러났습니다. 그분이 하신 말씀을 마음으로 듣고 그분의 행적을 마음의 눈으로 보고 그분을 마음으로 만난다면, 그분이 누구인지 모를 리가 없었습니다. 문제는 볼 만한 표징이 없다는 데 있는 것이 아니라, 표징을 볼 수 있는 마음의 눈이 멀어 있다는 데 있습니다. 보지 않고는 믿지 못하겠다는 그들의 마음이 문제였습니다.

"믿지 못하겠다"는 마음은 많은 경우 "믿지 않겠다"는 마음에서 옵니다. 많은 사람들이 믿음에 대해 여러 가지 질문을 제기하면서 "믿고 싶은데 이 의문 때문에 믿지 못하겠다"는 식으로 말을 합니다. 얼른 보면 그런 것 같아 보이지만, 사실 이 말은 자신을 속이고 다른 사람까지 속이는 일입니다. 많은 경우 사람들이 이러한 의문을 제기하는 이유는, 그들의 깊은 무의식까지 파고 들어가 보면, 믿지 않기로 이미 결정을 내렸기 때문입니다. 예수님을 믿으면 어떻게 변화될지 두렵기 때문입니다. 제대로 믿을 경우, 이제까지 즐기던 것들을 포기해야 될지도 모른다는 두려움 때문입니다. 그것이 바리새파 사람들이 예수님에게 더 분명한 표징을 보여 달라고 요청한 이유입니다. 예수님은 그들이 이미 믿지 않기로 굳게 결심한 것을 알고 계셨습니다.

6

사랑하는 성도 여러분, 우리는 어떻습니까? 우리의 마음은 어떻습니까? 저는 지난 앞선 두 장에서 도마의 이야기를 소재로 하여 진지한 구도적인 마음으로 질문하는 것이 온전한 믿음에 이르도록 돕는다고 말씀드렸습니다. 여기서 조심할 것이 있습니다. 우리가 품는 모든 질문이 진지한 구도심에서 나오는 것은 아니라는 사실을 명심해야 합니다. 어떤 질문은 자기의 명석함을 드러내려는 마음에서 나옵니다. 어떤 질문은 믿지 않으려는 마음 깊은 고집을 위장하는 수단으로 사용됩니다. 그런 질문에 속으면 온전한 믿음에 이르기는커녕 오히려 자신의 불신을 강화하고 다른 사람에게 불신을 조장하게 됩니다. 의문의 뿌리를 제대로 알지 못하고 잘못 대처하게 되면, 의문으로 인해 큰 어려움을 당하게 됩니다.

필요한 것은 의문이 아니라 참된 믿음에 대한 열망입니다. 지금의 나만으로는 안 된다는 자각, 육안으로 확인하고 손으로 만질 수 있는 것만으로는 안 된다는 자각, 내 인생이 이대로 가서는 안 된다는 자각, 뭔가 나 아닌 다른 존재에 의지하지 않고는 진정한 해결책이 없다는 자각, 그 존재에게 맞닥뜨려 내 인생의 진로가 거꾸로 뒤집히더라도 그것밖에는 소망이 없다는 자각, 그리고 이 모든 자각에서 나오는 거룩한 열망, 그 어떤 변화와 희생이 있더라도 참되고 영원한 존재를 만나야 하겠다는 열망, 바로 이 열망이 필요합니다. 그것 없이는 아무리 많은 의문을 제기하고 아무리 많은 시간 토론을 해도 헛수고가 되고 말 것입니다.

참된 구도자도 때로 의문을 만납니다. 그 의문을 해결하기 위해 육안으로 증거를 찾고, 손가락으로 증거를 헤집어 보기도 합니다. 그 의문을 해결하기 위해 질문하고 대답하고 토론하고 연구합니다. 하지만 그것만으로는 믿음에 이를 수 없음을 압니다. 그래서 아이디안 하르트의 성상에 나오는 도마가 예수님의 상처에 손을 대고 눈으로 주님을 응시한 것처럼, 참된 구도자는 의문하고 질문하고 토론하고 추구하는 동시에 마음의 눈으로 주님을 바라봅니다. 말씀 묵상으로, 기도로, 예배로, 형제자매를 사랑하는 일로 주님의 눈동자를 응시합니다. 그럴 때 그 눈동자 속에서 영원의 언덕을 발견하게 되고, "당신은 진실로 나의 주님이시요 나의 하나님이십니다"라는 고백에 이르게 됩니다.

참된 구도자는 이 열망을 가지고 진지하게 말씀을 읽습니다. 무릎 꿇고 경건한 마음으로 성경 말씀을 대하는 것은 바로 예수님의 눈을 응시하는 것과 같습니다. 참된 구도자는 이 열망을 가지고 십자가를 바라봅니다. 예수님의 생애와 죽음과 부활을 생각하며 십자가를 바라보는 것은 그분의 눈동자를 바라보는 것과 마찬가지입니다. 참된 구도자는 이 간절한 열망을 가지고 기도합니다. 기도를 통해 영으로 함께하시는 주님을 만나기를 구합니다. 이것이 바로 그분의 눈동자를 바라보는 일입니다. 참된 구도자는 이 열망을 가지고 예배를 사모하고 예배에 참여합니다. 신령과 진정으로 예배드리는 것이 곧 주님의 눈동자를 바라보는 일입니다. 참된 구도자는 이 열망을 가지고 자신이 만나는 사람들을 사랑합니다. 사랑 가득한 마음으로 형제자매의 눈을 마주하는 것이 곧 주님의 눈동자를 바라보는 일입니다.

이 고백만이 우리를 주님이 계신 영원의 언덕으로 인도합니다. 이것이 우리가 열망하는 구원입니다. 이 구원의 은총이 저와 여러분 모두에게 있기를 간절히 기원합니다.

오, 주님,
저희에게 이 마음을 주소서.
주님을 만나고
주님에게 사로잡히고
주님을 위해 사용되고 싶어 하는
그 간절한 열망을 주소서.
그 열망으로 진리를 보게 하시고
그 열망으로 주님을 보게 하소서.
아멘.

14 새 세상으로 날다

예수께서는 제자들 앞에서 이 책에 기록하지 않은 다른 표징도 많이 행하셨다. 그런데 여기에 이것이나마 기록한 목적은, 여러분으로 하여금 예수가 그리스도요 하나님의 아들이심을 믿게 하고, 또 그렇게 믿어서 그의 이름으로 생명을 얻게 하려는 것이다.

—요한복음 20:30-31

1

미국의 방송사들은 큰 경기가 열릴 때마다 특별한 광고를 만들어 보여 줍니다. 슈퍼볼 경기 때도 그렇고, 올림픽 때도 그렇습니다. 평소에는 볼 수 없던 기발한 광고들이 방송됩니다. 이 기간이 되면 저 같은 사람에게는 운동 경기보다 특별 제작된 광고를 보는 맛이 더 큽니다. 지난 2008년 베이징 올림픽 때도 그러했습니다.

지난 올림픽 기간 동안에 특별히 제 눈길을 끈 광고가 하나 있었습니다. 올림픽 경기를 후원한 유나이티드 항공사의 광고입니다. 그 항공사는 이번 올림픽을 위해 여러 종류의 특별 광고를 제작했는데, 그 가운데 '두 개의 세상'(Two Worlds)이라는 이름이 붙은 광고가 특히 제 눈길을 끌었습니다.

광고가 시작되면 회색빛의 도시가 보입니다. 건물도 회색, 하늘도 회색, 도로도 회색입니다. 도로 위를 달리는 차들도 모두 회색이고, 행인들도 모두 회색빛입니다. 모습은 사람이지만, 마치 유령이 걷고 있는 느낌입니다. 다들 죽어 있는 느낌입니다. 사람들의 표정도 모두 죽어 있습니다. 마치 무덤 속을 걷고 있는 것 같습니다.

군중 속을 걷고 있던 한 청년이 클로즈업됩니다. 청년은 안주머니에서 티켓을 꺼냅니다. 비행기 티켓처럼 보입니다. 그때 갑자기 바람이 불어 티켓이 날아가 버립니다. 청년은 티켓을 잡으려고 달려갑니다. 티켓은 회색빛 계단 위로 날아가더니, 계단 끝에 있는 문의 창문을 통해 사라져 버립니다. 청년은 티켓을 잡기 위해 그 문을 엽니다.

문이 열리자, 청년의 눈앞에는 총천연색의 신비로운 새 세상이 펼쳐집니다. 청년은 그 미지의 세계에 몸을 던집니다. 그러자 천사 둘이 그를 데려다 황금 의자에 앉히고는 둥실둥실 꽃길을 날아다닙니다. 청년의 표정에는 미소가 가득 피어오릅니다. 그 신비로운 세계를 한 바퀴 돌고 난 뒤에 청년은 황금 의자에서 내려 별을 건너 다시 그가 걷고 있던 회색빛 도시로 돌아옵니다.

청년이 회색빛 거리에 발을 딛자, 발에 닿은 회색빛 보도블록에 색깔이 번집니다. 그 색채는 옆에 있는 보도블럭으로 확산되어 나갑니다. 청년은 옆에 있는 사람에게 악수를 청합니다. 그러자 죽은 표정의 회색빛 행인이 천연색으로 살아납니다. 그 생명의 빛이 빌딩으로 번지고, 나무로 번져 꽃이 피어나고, 가로등이 켜집니다. 한 사람이 새로운 세상을 경험하고 돌아오자, 그 사람으로 인해 그가 속한 세상이 바뀝니다. 이때, 음성이 들립니다. "우리 회사가 새로 마련한 1등석과 비즈니스석을 타 보십시오. 이 같은 일이 일어납니다."

2

저는 이 광고를 보면서 두 가지 생각을 했습니다. 첫째 생각은 "와, 저건 과장 광고다!"라는 것이었습니다. 저도 비즈니스 클래스를 타

보았기 때문에 그것이 얼마나 과장인지 압니다. 목사가 비즈니스석을 타 보았다고 해서 놀라셨습니까? 딱 한 번, 이코노미석에 자리가 없어서 제게 그런 행운이 주어진 적이 있었습니다. 그때 저는 장시간 특별대우를 받으면서, 그동안 제가 이코노미석에서 얼마나 헐값으로 취급받았는지 깨달았습니다. 그런데 그렇게 귀빈 대접을 받고 인천공항에 내렸을 때, 저에게는 아무런 변화가 없었습니다. 뜻밖에 횡재했다는 생각에 잠시 기분이 좋기는 했습니다. 하지만 그것이 제 현실을 바꿔 주지는 못했습니다. 비즈니스석에서 경험한 것이 이 광고에 나오는 것만큼이나 신비로운 것도, 황홀한 것도 아니었습니다. 저는 그런 기분을 맛보기 위해 그만한 돈을 지불할 능력도 없고, 그만한 돈이 있더라도 그러고 싶지도 않습니다.

이 광고를 보면서 갖게 된 또 하나의 생각이 있습니다. 광고를 보는 순간 제 마음속에 든 첫 느낌을 표현하면 이렇습니다. "와, 기독교의 진리를 이토록 간단하고 선명하게 그릴 수 있을까?" 그래서 저는 인터넷을 뒤져서 이 광고 영상을 보고 또 보았습니다. 이 작품은 세 부분으로 나뉩니다. 첫째 부분은 청년이 다른 세계로 들어가기 전까지입니다. 이 부분을 '회색 도시'라고 이름 지을 수 있을 것입니다. 둘째 부분은 청년이 별 세상을 여행하는 부분입니다. 셋째 부분은 여행을 마친 청년이 별을 넘어 다시 이 땅으로 귀환하고 나서 일어나는 일입니다.

이것을 기독교의 진리에 대입해 봅니다. 예수 그리스도를 믿지 않는 사람의 삶, 참된 생명의 근원이신 하나님과 분리되어 살아가는 인생은 회색 도시에 사는 것과 같다고 할 수 있습니다. 목숨으로만 사는 인생, 물질로만 사는 인생, 육체적인 쾌락을 전부로 알고 살아가는 인생, 도대체 눈으로 확인하고 손으로 만질 수 있는 것 외에는 믿지 못하는 인생은 회색빛 인생이라 할 수 있습니다. 살아 있다고는 하나 참으로 살아 있음을 확인할 수 없는 삶입니다. 신나게 살아갈 이유도, 그럴 만한 목표도, 그럴 만한 사명도 없는 인생입니다. 하나님으로 충만한 영적 세계를 믿지 못하고 물질 세계만을 인정하고 사는 사람은 총천연색의 크레파스에서 회색 크레파스 하나만을 골라 그림을 그리는 사람과 같다고 할 수 있습니다.

「뉴스위크」 최근호에 냉소주의적인 시각으로 인생을 그려 온 영화감독 우디 앨런(Woody Allen)에 대한 기사가 실렸습니다. 그는 인생을 '의미 없는 작은 불꽃'(a meaningless little flicker)이라고 정의합니다. 그는 또한 인생의 모든 사건은 너나 할 것 없이 결국 쓰레기 더미가 되어 버린다는 점에서 동일하다고 말합니다. 기자는 묻습니다. "당신은 왜 계속해서 영화를 만듭니까?" 그는 대답합니다. "저는 죽지 않고 살아가야 할 이유를 발견하지 못합니다. 다만 죽는 것이 두려울 뿐입니다. 그래서 뭔가에 집중하려는 겁니다. 작고 사소한 것에 집중하고 있는 동안에는 큰 그림을 잊을 수 있습니다. 저는 내면에 있는 공허함을 피하기 위해 영화를 만듭니다."

저에게는 우디 앨런의 작품을 제대로 평가할 만한 안목이 없습니다. 그의 작품을 탐닉하는 마니아들이 그를 높이 평가하는 나름의 이유가 있다는 것도 인정합니다. 그들의 기호나 선택에 이의를 제기하려는 의도는 없습니다. 하지만 저는 우디 앨런의 이 고백에서 회색빛 인간의 전형을 볼 수 있다고 생각합니다. 그의 외모와 표정과 몸짓에서도 죽음의 빛, 곧 회색빛을 진하게 느낄 수 있습니다. 자신의 삶이 결국 쓰레기 더미로 끝날 것이라고 생각하고, 그 마지막에 대한 두려움을 잊기 위해 영화 만드는 일에 집중하는 그의 모습이 의미와 소명을 잃은 현대인의 전형적인 모습이 아닐까 싶습니다.

3

요한복음 20장 30절과 31절은 요한복음서 전체의 결론입니다. 지금 우리가 보는 성경에는 한 장이 더 있어서 21장이 결론인 것처럼 되어 있지만, 요한복음의 저자는 20장에 일단 책의 결론을 썼습니다. 이 결론에서 저자는 자신이 예수의 이야기를 쓴 목적을 설명합니다. 저자의 말을 그대로 인용합니다. "여러분으로 하여금 예수가 그리스도요 하나님의 아들이심을 믿게 하고, 또 그렇게 믿어서 그의 이름으로 생명을 얻게 하려는 것이다."

이 결론에서 요한복음의 저자는 예수님을 그리스도요 하나님의 아들로 믿지 않는 사람에게는 "생명이 없다"고 전제합니다. 예수 그리스도를 믿어 살아 계신 하나님과 인격적인 관계에 들어가지 않으면 진정한 생명이 없다는 뜻입니다. 그렇게 사는 사람은 목숨만으로 살게 됩니다. 그는 눈에 보이는 물질계 안에서 벗어날 수 없습니다. 우연과 사고와 재수에 붙들려 살 수밖에 없습니다. 하나님 안에서 자신을 발견하고 새로운 생명을 얻지 못하면, 그 사람은 회의주의에 빠지기 쉽고 비관주의로 흐르기 쉽습니다. 아무 의미도 찾을 수 없는 인생, 살고 있지만 사는 것 같지 않은 인생이 되어 버립니다. 그것은 실상 죽은 것이나 다름 없습니다.

그렇다면 무덤과 같은 이 회색빛 인생은 과연 우디 앨런의 말처럼 누구도 피할 수 없는, 모든 사람들에게 지워져 있는 운명일까요? 인생은 모두가 작은 바람결에 펄럭이다가 마침내 힘없이 꺼져 가는 의미 없는 작은 불꽃이라는 말이 맞을까요? 우리가 살아가면서 행하는 모든 일은 결국 쓰레기 더미가 되는 것일까요? 과연 그렇게 의미 없이, 방향 없이, 목적 없이, 뜻 없이, 힘없이, 활력 없이, 초점 잃은 눈빛으로 하루하루를 때우는 방법밖에 없을까요?

기독교 신앙은 그렇지 않다고 대답합니다. 인생은 원래 회색빛으로 의도된 것이 아니라 총천연색으로 의도되었다고 말합니다. 인생은 의미 없는 작은 불꽃이 아니라, 창조주의 공이 담긴 걸작품이라는 겁니다. 우리가 살아가면서 행하는 일은 영원한 가치를 가질 수 있다고 말합니다. 인생에는 의미도 있고, 방향도 있고, 목적도 있고, 뜻도 있으며, 그렇게 살아가는 사람의 눈빛에는 영원한 생명의 빛이 번득입니다. 다른 것으로는 채워지지 않는 내면의 깊은 구멍을 채울 방도가 분명 있습니다.

그런 변화를 위한 첫 단계가 나사렛 예수를 그리스도로, 하나님의 아들로 믿고 그분을 주님으로 영접하는 것입니다. 나사렛 예수를 그리스도요 하나님의 아들로 믿는다는 것은, 광고 영상에 나오는 그 청년이 회색빛 계단 위에 있는 문을 열고 미지의 세계로 자신을 내던지는 것과 같은 일입니다. 예수 그리스도를 믿는다는 것은 지금 우리 눈에 보이는 세상이 전부가 아님을 인정하는 것입니다. 예수 그리스도를 주님으로 영접하고 살아가는 것은 지금 우리가 경험하고 있는 세계와는 전혀 다른 세계, 참되고 영원한 세상이 있음을 믿는 것입니다.

4

나사렛 예수를 그리스도요 하나님의 아들로 영접한 뒤에 행하는 모든 영적 생활은 광고에 나오는 청년이 별 세상을 여행하듯 우리가 살고 있는 일상을 잠시 빠져나가 하나님의 영원한 나라를 여행하는 것과 같습니다. 하나님 나라는 저 멀리 어디에 있는 별 세상이 아닙니다. 그 나라는 우리의 내면에 그리고 우리가 사는 이 세상 안에 있습니다. 아니, 우리가 사는 이 세상이 하나님 나라 안에 있습니다. 그러므로 하나님 나라를 경험하기 위해 필요한 일은 다만 우리에게 익숙한 물질세계에 잠시 눈감고 하나님 나라에 눈뜨는 일뿐입니다.

일주일에 한 번씩 모여 예배드리는 것은 광고에 나오는 청년이 황금 의자에 앉아 별 세상을 여행하는 것과 같은 일입니다. 이 세상에 있는 그 무엇도 예배를 대치할 수 없는 이유가 바로 여기에 있습니다. 그 어떤 경우에도 예배를 소홀히 해서는 안 되는 이유가 여기에 있습니다. 예배처럼 우리로 하여금 정기적으로 그리고 지속적으로 하나님 나라를 여행하도록 안내해 주는 것은 없습니다. 그렇기 때문에 우리는 전심으로 예배에 참여해야 합니다. 예배를 통해 하나님의 신비로운 세계를 경험하려면 최선과 정성을 다해야 합니다.

여러분은 예배를 위해 무엇을 어떻게 준비하십니까? 주일예배를 위해 기도로 준비하십니까? 주말이 가까워지면 주일예배에 집중

할 수 있도록 주변을 정리하십니까? 예배 시간에 늦지 않도록 시간 계획을 세우십니까? 집을 떠나기 전, 하나님의 은혜에 감사하는 마음으로 정성을 담아 헌금을 준비하십니까? 예배 시간의 순서 하나하나에 마음을 다해 참여하고 계십니까? 그 같은 영적 갈망을 가지고 예배에 참여하면, 이 세상에서는 경험할 수 없는 하나님 나라를 매 주일 경험할 수 있습니다.

여러분은 무엇을 위해 어떻게 기도하고 계십니까? 기도를 통해 우리는 하나님 나라를 경험하고 있습니까? 혹시 우리의 기도가 광고 속의 청년이 걸어 올라간 회색빛 계단 밑에서 무릎 꿇고 하나님의 도움을 간청하는 것과 같은 모습은 아닙니까? 우리의 기도는 우리의 영혼으로 하여금 회색빛 계단을 걸어 올라가 하나님 나라를 여행할 수 있도록 이끌어 주어야 합니다. 기도를 통해 하나님 나라를 돌아다니며 하나님의 음성을 듣고 그분의 영광을 보아야 합니다. 그 같은 깊은 기도가 우리에게 필요합니다.

성경 말씀을 읽고 묵상하는 것도 하나님 나라를 여행하는 일입니다. 찬양에 깊이 잠기는 것도 그렇습니다. 믿음의 식구들이 함께 모여 영적 사귐을 나누는 것도 그렇습니다. 어려운 사람을 위해 봉사하는 것도 그렇습니다. 이런 영적 생활을 통해 우리는 광고에 나오는 청년처럼 하루에도 여러 번, 우리가 사는 회색빛 도시를 벗어나 하나님 나라를 여행하면서 그 신비를 경험하고 그 아름다움을 체험해야 합니다.

5

하지만 이것으로 이야기가 끝났다고 생각하면 안 됩니다. 앞서 살펴본 광고는 세 부분으로 되어 있습니다. 우리는 아직 두 번째 부분까지만 살펴보았습니다. 기독교 신앙과 관련해서 많은 사람들이 여기서 멈추고 싶어 합니다. 할 수만 있다면 하나님 나라에 머물러 있고 싶어 합니다. 하지만 하나님 나라를 경험하고 나서 다시 현실로 돌아오지 않는다면, 그것은 기독교가 아니라 사이비요 이단입니다. 예수님은 당신을 믿는 사람들이 이 세상을 떠나 별 세상으로 도피하여 그곳에서 황홀경을 즐기고 있기를 원치 않으십니다.

우리는 세 번째 부분으로 나아가야 합니다. 예배를 통해, 기도를 통해, 말씀 묵상을 통해, 찬양을 통해, 영적 교제를 통해 혹은 사랑의 봉사를 통해 하나님 나라를 경험했다면, 이제 그 경험을 마음에 품고 다시 자신의 삶의 자리로 돌아가야 합니다. 그리고 하나님 나라를 경험한 그 능력으로 우리가 처한 곳에서부터 세상을 변화시킬 수 있어야 합니다. 우리가 만나는 사람들에게 우리의 색깔이 번져 나가게 해야 합니다. 우리가 가는 곳마다 회색이 천연색으로 바뀌고, 죽어 있던 것이 살아나며, 메마른 나무에 꽃이 피어나야 합니다. 이것이 믿음의 능력입니다.

요한복음의 저자는 바로 이것이 자신이 이 복음서를 쓴 목적이라고 말하고 있습니다. 어디 요한복음의 저자만 그렇겠습니까? 성경 66권이 모두 그런 목적으로 쓰여진 것입니다. 예수께서 이 세상에 오셔서 복음을 전하시고 십자가에 달려 돌아가시고 부활 승천하신 이유도 여기에 있습니다. 우리에게 참 생명을 누리고 살게 하기 위함입니다. 회색빛 도시에서 우울하게 하루하루를 '의미 없는 작은 불꽃'으로 사는 삶을 청산하게 하기 위함입니다. 그렇게 죽은 듯이 사는 인생들을 모두 살려 내고 이 세상을 회색빛에서 천연색으로 바꾸어 놓으시기 위함입니다.

6

사랑하고 존경하는 성도 여러분, 요즈음 삶이 얼마나 힘드십니까? 여러분 중에는 말할 수 없는 문제들로 인해 하루하루 지옥 같은 나날을 보내시는 분들도 계실 것입니다. 그런 분들께는 지금 제가 드린 이야기가 다른 나라 이야기인 것처럼 느껴질지도 모르겠습니다. 하지만 어려운 상황에 처해 있을수록 더욱 이 말씀을 새겨들으시기 바랍니다. 그 지옥 같은 현실을 바꿀 수 있는 능력은 위에서부터 오기 때문입니다. 하나님 나라를 더욱 진하게 경험하고 그 능력으로 충만해져야만 그 현실을 바꿀 수 있기 때문입니다.

어느 여인의 이야기입니다. 몇 년 전 한국이 IMF로부터 구제금융을 받았을 때, 수없이 많은 중소기업들이 도산했습니다. 이 여인의 남편이 경영하던 기업도 그때 무너졌습니다. 지난 십여 년 동안 손에 물 한 방울 묻히지 않고 살던 이 여인은 하루아침에 알거지가 되었습니다. 남편은 몸져눕고, 돈 될 만한 것은 모두 채권자들이 가져갔습니다. 아침저녁으로 아이들은 학원비다 학용품 값이다 하며 손을 내미는데, 만 원 한 장 구하기가 어려웠습니다. "나라도 돈을 벌어야겠다"고 생각했으나, 아무리 생각해도 할 만한 일이 없었습니다. 하는 수 없이 인력 회사에 연락하여 파출부로 나섰습니다.

파출부로 나가서 남의 집 빨래를 빨고 청소를 하고 식탁을 차립니다. 전에는 모두 돈을 주고 남에게 시키던 일을 이제 자신이 하고 있는 것입니다. 그렇게 몇 시간을 일하고 손에 넣는 돈은 고작 만 원짜리 몇 장입니다. 과거에는 돈처럼 여기지도 않던 푼돈을 위해 이제는 서너 시간 동안 피땀을 흘려야 합니다. 적선하듯 돈을 건네는 주인의 태도로 인해 마음이 찢어진 적이 한두 번이 아닙니다. "나도 과거에 저렇게 돈의 힘으로 사람을 능멸했나?" 하는 반성이 듭니다. 그야말로 사는 것이 지옥입니다.

마음에 신물은 자꾸만 쌓여 가고, 누군가에게 마음을 털어놓고 싶은데, 말할 상대가 없습니다. 하는 수 없이 아무도 없는 때를 찾아 예배당에서 홀로 흐느껴 기도합니다. "내가 과거에 잘못한 것이 있다면 회개하오니 용서해 주시고, 이제는 그만 나를 높여 주십시오!" 간절히 기도합니다. 하지만 좀처럼 어둠은 가시지 않고, 눈물의 골짜기를 벗어날 기미는 보이지 않습니다.

그러던 어느 날, 예배중에 "지극히 작은 사람 하나에게 한 것이 곧 나에게 한 것이다"라는 예수님의 말씀을 들을 때 섬광처럼 깨달음이 스쳐 갑니다. "어? 그렇다면 내가 빠는 빨래와 내가 하는 청소와 내가 차리는 식탁이 주님을 위한 것이 될 수 있다는 말인가?" 여인은 그날부터 그렇게 믿고 그렇게 실천하기 시작합니다. 같은 빨래를 하는 것이건만, 여인은 주님의 옷을 빨듯이 합니다. 청소할 때도 주님의 집을 치우듯이 정성을 다합니다. 그렇게 믿고 그렇게 하다 보니,

실제로 그런 것 같습니다. 일하는 것이 신이 납니다. 즐겁습니다. 보람이 생깁니다. 돈을 받기 전에 이미 마음에 보람이 들어찹니다.

오늘 우리가 한 항공사 광고를 통해 생각해 본 기독교의 원리는 먼 세상의 이야기가 아닙니다. 그것이 바로 이 여인에게서 이루어졌습니다. 그 여인이 예배를 통해 하나님 나라를 경험하고, 그 나라의 능력으로 자신의 현실을 대면했을 때, 그 현실을 변화시킬 수 있는 능력이 생겼습니다. 그 능력을 얻지 못했을 때는 회색빛의 인생을 살았지만, 하나님께 연결되고 그분의 능력과 은총에 힘입고 나서 다시 현실을 대하자 현실이 변화했습니다. 찬송가 495장의 가사처럼, 현실은 변한 것이 없지만, 여인은 하나님 나라의 능력으로 그 어디를 가나 하늘 나라를 사는 것처럼 살 수 있었습니다.

얼마 후, 여인의 남편은 건강을 회복하고 정상을 되찾습니다. 그 때까지 여인은 파출부 일을 즐거이 행했고, 남편이 일을 시작하면서 더 이상 일할 필요가 없어졌지만, 일에 보람을 느껴 그 일을 계속합니다. 그리고 거기서 얻는 수입은 고스란히 선교헌금으로 드리고 있습니다. 그분은 그렇게 말합니다. "일을 통해 주님을 섬기고, 거기서 얻는 수입으로 선교를 도울 수 있으니, 이 얼마나 감사한 일입니까?"

7

어떻습니까? 오늘 제가 한 이야기가 공허한 이야기, 나와 상관없는 이야기, 별 세상의 이야기가 아니지 않습니까? 갈수록 어려워지는 상황 속에서 하루하루를 살아가는 데 있어 가장 절실하고 중요한 이야기이지 않습니까? 결코 만만치 않은 현실을 살아가는 데 매우 중요한 이야기이지 않습니까? 우리가 참으로 하나님을 믿고 살아간다면, 하나님 나라를 더욱 자주, 더욱 깊이 체험하도록 힘써야 하며, 그렇게 할 때 그 능력으로 우리의 현실을 변화시켜 하나님 나라를 사는 것처럼 현실을 살아갈 수 있다는 분명한 증거이지 않습니까? 그러한 삶이 이름 없는 한 여인의 삶에서 이루어졌다면, 우리의 삶에서는 왜 이루어지지 않겠습니까?

사랑하는 성도 여러분, 그러므로 영적 생활에 더욱 힘씁시다. 삶이 어려울수록 더욱 그렇게 합시다. 어려움을 이길 수 있는 힘은 위에서부터 옵니다. 그 힘이 없이는 현실을 이길 수 없고, 설령 이긴다 해도 그 이김이 오히려 타락의 올무가 되어 버립니다. 그러므로 더욱 예배에 힘씁시다. 기도로 하나님과 사귑시다. 말씀을 묵상함으로 하나님의 음성을 들읍시다. 영적 교제 가운데 서로를 섬깁시다. 사랑의 봉사로 섬깁시다. 그렇게 할 때, 회색빛 현실을 천연색 현실로 변화시킬 힘이 우리에게 쌓여 갈 것입니다. 이것이 믿는 사람이 드러내야 할 영원한 생명의 능력입니다.

주님,
저희를 구원하소서.
회색빛 도시에서
죽은 듯이 살고 있는 저희를 구원하소서.
주님의 나라를 보게 하시고

주님의 영광을 보게 하소서.

그것을 열망하는 마음을 주소서.

하늘 나라의 능력으로

이 세상을 살게 하소서.

영생의 능력으로

이생을 살게 하소서.

아멘.

15 내 배가 비었다

그 뒤에 예수께서 디베랴 바다에서 다시 제자들에게 자기를 나타내셨는데, 그가 나타나신 경위는 이러하다. 시몬 베드로와 쌍둥이라고 불리는 도마와 갈릴리 가나 사람 나다나엘과 세베대의 아들들과 제자들 가운데서 다른 두 사람이 한 자리에 있었다. 시몬 베드로가 그들에게 말하기를 "나는 고기를 잡으러 가겠소" 하니, 그들이 "우리도 함께 가겠소" 하고 말하였다. 그들은 나가서 배를 탔다. 그러나 그날 밤에는 고기를 한 마리도 잡지 못하였다. 이미 동틀 무렵이 되었다. 그때에 예수께서 바닷가에 들어서셨으나, 제자들은 그가 예수이신 줄을 알지 못하였다. 그때에 예수께서 제자들에게 물으셨다. "얘들아, 무얼 좀 잡았느냐?" 그들이 대답하였다. "못 잡았습니다." 예수께서 그들에게 말씀하셨다. "그물을 배 오른쪽에 던져라. 그리하면 잡을 것이다." 제자들이 그물을 던지니, 고기가 너무 많이 걸려서, 그물을 끌어올릴 수가 없었다. 예수가 사랑하시는 제자가 베드로에게 "저분은 주님이시다" 하고 말하였다. 시몬 베드로는 주님이시라는 말을 듣고서, 벗었던 몸에다가 겉옷을 두르고, 바다로 뛰어내렸다. 그러나 나머지 제자들은 작은 배를 탄 채로, 고기가 든 그물을 끌면서, 해안으로 나왔다. 그들은 육지에서 백 자 남짓밖에 떨어지지 않은 곳에 들어가서 고기를 잡고 있었던 것이다. 그들이 땅에 올라와서 보니, 숯불을 피워 놓았는데, 그 위에 생선이 놓여 있고, 빵도 있었다. 예수께서 제자들에게 말씀하셨다. "너희가 지금 잡은 생선을 조금 가져오너라." 시몬 베드로가 배에 올라가서, 그물을 땅으로 끌어내렸다. 그물 안에는, 큰 고기가 백쉰세 마리나 들어 있었다. 고기가 그렇게 많았으나, 그물이 찢어지지 않았다. 예수께서 그들에게 말씀하셨다. "와서 아침을 먹어라." 제자들 가운데서 아무도 감히 "선생님은 누구십니까?" 하고 묻는 사람이 없었다. 그가 주님이신 것을 알았기 때문이다. 예수께서 가까이 오셔서, 빵을 집어서 그들에게 주시고, 이와 같이 생선도 주셨다. 예수께서 죽은 사람들 가운데서 살아나신 뒤에 제자들에게 자기를 나타내신 것은, 이번이 세 번째였다.

—요한복음 21:1-14

1

이런 경우를 아십니까? 처음에는 매우 고결한 목표를 가지고 시작했으나 도중에 그 목표를 잊어버려, 나중에는 보통 사람보다 더 추하고 악하게 타락하는 경우 말입니다. 예를 들어, 가난하고 어려운 사람들을 돕겠다며 사회복지사로 나섰다가 중도에 그 목표를 잊어버리고, 급기야는 가난한 사람들을 이용해 자신의 이익을 도모하는 경우가 그렇습니다. 복음이 닿지 않은 곳에 가서 죽어 가는 영혼들을 구하겠다고 나선 선교사가 처음 목표를 잊어버리고 선교를 구실로 치부에 혈안이 되는 경우도 그렇습니다.

오늘 읽은 요한복음 21장 1절부터 14절까지의 이야기에서 우리는 처음에 품었던 목적과 소명을 잊어버린 또 다른 경우를 보게 됩니다. 원래 이름이 시몬이었던 베드로의 이야기입니다.

시몬이 예수님을 처음 만나던 날의 이야기가 누가복음 5장에 자세히 기록되어 있습니다. 그날 베테랑 어부였던 시몬은 밤새도록 허탕을 치고 나서, 깔깔하고 쓴 입맛을 다시며 해변으로 돌아왔습니다. 그는 동녘으로 솟아오르는 태양빛에 눈을 찡그리고는 허기와 피곤을 참아 가며 그물을 챙깁니다. 이제 집으로 돌아가 한잠 자고 오후에 다시 나올 계획입니다.

그때 낯선 한 청년이 해변으로 걸어오고, 이윽고 한 떼의 무리가 몰려옵니다. 그 청년은 시몬에게 다가와 잠시 배를 타도 되겠는지 묻습니다. 그러라고 했더니, 청년은 배를 해변에서 조금 떼어 달라고 부탁합니다. 시몬은 사람들이 걸어서 접근하지 못할 정도로 배를 뭍에서 떼어 놓습니다. 그러자 청년은 그 배를 무대로 삼아 무리에게 설교를 합니다. 시몬은 배가 그 자리에 머물러 있게 하기 위해 키를 잡고 앉아 귀를 기울입니다. 자신도 모르게 그 청년의 말에 빨려 들어갑니다. 설교의 내용이나 설교하는 태도로 보아 보통 사람은 아닌 듯 보입니다.

설교를 마친 청년은 시몬에게 다가섭니다. 그는 시몬의 눈을 잠시 응시하더니 이렇게 말합니다. "깊은 곳에 그물을 내려서 고기를 잡아 올리십시오." 시몬은 마치 마법에라도 걸린 듯, 그 청년의 말의 무게에 눌려 저도 모르게 일어나 노를 젓습니다. 마음 한편에서는 이런 생각이 듭니다. "아니, 내가 뭐 하는 거지? 지금 이 시간에 깊은 곳에 가서 그물을 내려 봐야 소용없는 거 모르나?" 생각은 그러했지만 노를 젓는 손은 멈추지 않습니다. 그는 깊은 곳에 이르러 그물을 내립니다. 그리고 얼마 후, 아무런 기대감 없이 그물에 손을 대는 순간, 시몬은 손에 전해지는 느낌으로 인해 깜짝 놀랍니다. 밤새도록 물고기 한 마리 구경도 못했는데, 그물을 들어올리기 힘들 만큼 많은 고기가 잡힌 것입니다.

시몬 베드로는 그렇게 예수님을 만났습니다. 그는 하나님께서 그 청년을 통해 자신을 찾아오셨음을 느꼈고, "주님, 나에게서 떠나 주십시오. 나는 죄인입니다"(8절)라고 말하며 두려워 떨었습니다.

그러자 청년은 시몬의 어깨를 부드러이 감싸 안고는 그의 눈동자를 깊이 들여다봅니다. 그리고 이렇게 말합니다. "두려워하지 말아라. 이제부터 너는 사람을 낚을 것이다"(10절).

2

그로부터 3년 정도의 시간 동안, 시몬은 예수님과 함께 동고동락하면서 많은 이적을 경험하고 진리의 말씀을 배웁니다. 그는 예수님의 제자들 가운데서도 가장 장래성이 있어 보였습니다. 예수님은 그를 특별히 신임했고, 그 든든한 신임을 상징이라도 하듯 '바위'라는 뜻의 이름을 지어 주십니다. 히브리 말로는 '게바'요, 헬라 말로는 '베드로'라는 이름입니다. 사람을 낚는 어부로서의 부름, 곧 사람의 영혼을 건지는 거룩한 사명을 위해 잘 준비되는 것 같았습니다.

그런데 그 바위가 대제사장 가야바의 법정에서 산산이 깨집니다. 예수와 함께라면 죽음도 마다하지 않겠다던 베드로는 가야바의 여종 앞에서 자신의 정체를 부인했을 뿐 아니라, 예수님을 저주하기까지 했습니다. 멀리서 들려오는 닭 울음소리를 듣고 그는 밖으로 나가 홀로 통곡합니다. 그러고는 어디론가 숨어 버립니다. 그 사이에 예수님은 외로이 홀로 십자가에 달려 죽임을 당합니다. 사람을 낚는 어부가 되라는 부름을 받고 나선 길이 결국 절망으로 끝났습니다. 이제는 무엇을 어찌해야 할지 알 수가 없습니다. 다른 제자들도 마찬가지입니다.

예수님이 돌아가신 지 사흘째 되는 날, 그분을 따라다니던 마리아가 경황없는 모습으로 베드로를 찾아와 예수님의 시신이 없어졌다고 야단입니다. 요한과 함께 무덤으로 달려가 확인해 보니, 마리아의 말 그대로 시신이 사라지고 없습니다. 무덤에서 베드로는 더 깊은 실의에 빠져 숨어 있던 곳으로 다시 돌아옵니다. 십자가에 매달아 죽이는 것도 모자라 시신까지 훼손하는 그 지독한 유대인들이 무서워 그는 다른 제자들과 함께 문을 꼭꼭 걸어 잠그고 숨어 버립니다.

그날 저녁, 두려워 떨고 있던 베드로와 다른 제자들에게 부활하신 주님께서 나타나십니다. 주님은 자신이 십자가에 달렸던 그 예수임을 제자들에게 확인시켜 준 다음, 그들의 마음에 평안을 심어 주고, 성령의 선물을 주고, 성령의 능력으로 나가서 복음을 전하도록 용기를 주십니다. 그로부터 약 일주일 후에 주님은 다시 한 번 나타나셔서 위로와 용기와 능력을 불어넣어 주십니다. 이만하면 이제 베드로와 제자들은 믿음을 회복하고 잃었던 정신을 수습할 만도 했습니다.

그런데 지금 우리가 살펴보고 있는 요한복음 21장은 우리의 기대가 부질없음을 보여 줍니다. 부활하신 주님을 두 번씩이나 만나고 성령의 선물까지 받은 베드로인데, 그는 예루살렘을 떠나 자기 고향인 갈릴리로 돌아갑니다. 갈릴리 출신의 다른 제자들도 그를 따라갑니다. 고향으로 돌아온 베드로는 동료 제자들에게 이렇게 말합니다. "나는 고기를 잡으러 가겠소"(3절). 아마도 이 문장은 이렇게 번역하는 편이 옳을 것입니다. "나는 고기나 잡으러 가겠소."

어둡고 침울한 표정으로, 모든 것을 체념한 태도로, 쓸쓸한 눈빛으로 지평선을 바라보면서 던진 씁쓸한 한 마디, "나는 고기나 잡으러 가겠소!" 여기에서 우리는 베드로의 마음을 읽을 수 있습니다. 예수님이 떠난 이상, 그에게는 고기를 잡아 생계를 이어 가는 것밖에는 달리 할 일이 없어 보였습니다. 사람을 낚는 어부로 살리라는 꿈을 이제는 접고, 다시금 예전의 생업으로 돌아가 먹고 사는 것에 만족하는 것밖에는 다른 방법이 없어 보였습니다.

3

어부의 삶으로 돌아간 첫날, 시몬과 그 일행은 동이 틀 무렵까지 힘써 보았으나 아무것도 잡지 못합니다. 아무리 3년 동안 손을 놓았다고 하지만 어부로서의 감각을 완전히 잊은 것도 아닐 텐데, 이럴 수가 없다 싶습니다. 새벽녘이 되어 그들은 퀭한 눈으로, 허기진 마음으로 뭍을 바라봅니다. 앞으로의 삶이 참 고단하겠다는 예감이 그들 마음에 파고듭니다. 씁쓸한 새벽 공기에 몸서리를 칩니다.

그때, 해변 저편에 누군가가 홀로 서 있는 것이 보입니다. 누군지 알 수 없는 낯선 청년이 큰소리로 묻습니다. "무엇을 좀 잡았습니까?" 그들은 대답합니다. "말도 마십시오. 밤새 허탕만 쳤습니다." 그러자 그 사람이 이상한 말을 합니다. "그물을 배 오른쪽에 던져 보십시오. 그러면 잡을 것입니다." 부지런히 일손을 놀리던 일행은 그 청년의 말에 순간 멈칫합니다. "아니, 저 사람이 누구이기에 이런 말을 하는가?" 뱃사람 특유의 자존심이 꾸물꾸물 고개를 듭니다. 그런데 이상하게도 어느새 손이 움직여 그 사람이 말한 대로 배 오른쪽에 그물을 내리고 있는 것입니다. 마치 마법에라도 걸린 듯이 말입니다.

잠시 후, 그물에 손을 댄 제자들은 깜짝 놀랍니다. 엄청난 고기가 그물에 걸린 것입니다. 큰 물고기를 153마리나 잡았습니다. 그 순간, 베드로는 3년 전의 사건이 떠오릅니다. 3년 전, 예수께서 두려움에 질려 있는 자신의 어깨를 감싸 안으시면서 하신 말씀, 곧 "두려워하지 말아라. 이제부터 네가 사람을 낚을 것이다" 하신 말씀이 기억납니다. 해변에 서 있는 그 낯선 사람은 다름 아니라 부활하신 주님, 자신을 사람 낚는 어부로 불러내셨던 그분이었습니다. 그는 당장 물로 뛰어내려 첨벙첨벙 뛰어 예수님께로 달려갑니다.

이 사건을 통해 부활하신 주님은 베드로를 다시 한 번 불러내십니다. "고기나 잡으러 가겠다"던 베드로, "하나님 나라고 구원이고 복음이고 다 귀찮다. 이젠 지쳤다. 그냥 하루하루 입에 풀칠이나 하고 살면 그만이다"라고 생각하던 베드로를 다시금 불러내십니다. 육신을 입고 나타나셨던 3년 전이나, 부활하여 나타난 지금이나 달라진 것은 아무것도 없으니, 다시금 용기를 내어 사람을 낚는 어부로 살라고 불러내십니다. 이로써 베드로는 비로소 잊었던 소명, 망각했던 부름, 자신의 삶의 목적을 되찾습니다.

4

이 이야기를 묵상하며 우리는 중대한 질문 하나를 우리 자신에게 던져야 합니다. "나는 무엇을 낚으며 살고 있는가? 나는 무엇을 잡기 위해 살고 있는가? 나는 지금까지 내 인생을 통해 무엇을 낚았는가?" 이 질문은 작게 보면 우리의 직업에 관한 질문일 수도 있고, 크게 보면 삶의 목표에 관한 질문일 수도 있으며, 삶의 의미에 관한 질문일 수도 있습니다.

예수님을 만나기 전, 베드로는 고기를 많이 잡는 것이 인생의 목적이었습니다. 그는 갈릴리 호수에서 일하는 어부들 가운데 최고라는 소리를 듣고 싶었을지 모릅니다. 예수님을 만나기 전, 마태는 세관원으로서 돈을 낚는 것에 인생의 목적을 두었습니다. 그는 로마 정부의 인정을 받아 머지않아 세리장으로 올라서기를 꿈꾸었을 것입니다. 예수님을 만나기 전, 바울은 사람들의 인정을 얻기 위해 살았습니다. 율법에 대한 지식과 율법을 지키는 열심에 있어서 최고라는 인정을 받고 싶었습니다.

우리는 어떻습니까? 우리 인생의 목적은 무엇입니까? 돈을 낚는 것입니까? 성공을 낚는 것입니까? 유명해지는 것입니까? 사람들의 인정을 받는 것입니까? 자식들이 성공하는 것입니까? 이도 저도 아니라면, 혹시 "나는 고기나 잡으러 가겠소"라고 말했던 시몬 베드로처럼, 아무런 목표나 사명감 없이 그냥 하루하루 먹고 사는 것에 만족하십니까? 지금 사는 모습대로, 큰 우환 없이 살아갈 수 있다면 그것으로 족하다고 생각하십니까? '삶의 의미', '소명', '목적'이라는 말이 먼 나라 이야기처럼 느껴지십니까?

우리 각자가 처한 상황은 사람마다 다 다를 것입니다. 하지만 한 가지, 우리 모두에게 동일한 것이 있습니다. 예수께서 저와 여러분 모두를 사람 낚는 어부로 불러내기 원하신다는 사실입니다. 사람을 낚는다는 말은 사람을 구원한다는 뜻입니다. 하나님을 모르고 하나님과 분리되어 죽어 가는 영혼을 살려 낸다는 뜻입니다. 하지만 우리가 살려 내는 것은 아닙니다. 성령께서 그 일을 하십니다. 우리는 다만 죽어 있는 영혼들이 예수 그리스도를 통해 하나님을 만나도록 돕기만 하면 됩니다. 사람 낚는 어부로 산다는 것은 우리가 만나는 사람들로 하여금 예수 그리스도를 알게 하고 그들로 하나님을 만나게 하려는 간절한 마음을 품고 사는 것을 말합니다.

이 말씀을 듣고 혹시 "아, 그것은 목사나 선교사에 해당하는 이야기죠. 우리 같은 평신도가 어떻게 사람 낚는 어부가 될 수 있습니까?"라고 말한다면, 그것은 크게 오해하는 것입니다. 아닙니다. "내가 너희를 사람 낚는 어부가 되게 하겠다"는 말씀은 "내가 너희를 목사로 만들겠다"거나 혹은 "내가 너희를 선교사로 불러내겠다"는 뜻이 결코 아닙니다. 이것은 믿는 사람 누구에게나 예수께서 거시는 기대입니다. 이것은 직업을 바꾸라는 요청이 아니라, 삶의 목적을 바꾸라는 뜻입니다. 삶의 목적을 더 크게 가지라는 뜻입니다.

사람을 낚는 것, 이것처럼 삶을 의미 있고 보람 있게 하며 살아 있음에 감사하게 만드는 것이 또 있을까요? 내가 하는 일을 통해 하나님을 모르던 사람이 하나님을 알게 되고, 그가 하나님 안에서 자라 가는 과정에서 그 얼굴에 짙게 드리웠던 죽음의 그늘이 걷히고 밝은 생명의 빛이 빛나는 변화가 일어나는 것을 볼 때, 얼마나 감사하고 감격스러운지요! 목회가 때로 어렵고 벅찬 것이 사실이지만, 사람을 낚는 것에 초점을 맞추고 있으면 기쁘게 섬길 수 있습니다. 속회를 섬기고 교사로 섬기는 것이 때로 힘들고 어렵지만 사람 낚는 기쁨 때문에 모든 것을 견디고 헌신할 수 있습니다. 내가 믿는 믿음을 나누고 함께 영적인 여정을 걸어가 변화하는 것을 보노라면, 아무 의미가 없어 보이던 내 인생에 영원한 의미가 깃드는 것을 경험합니다.

5

예수께서 우리를 사람 낚는 어부로 부르신 까닭은 무엇보다도 먼저 우리 자신이 결코 마르지 않는 참된 생의 기쁨과 보람을 발견하고 그것을 누리며 살도록 인도하기 위함입니다. 밤새도록 수고했지만 빈 배로 돌아와야 했던 베드로의 마음처럼, 아무리 많은 돈을 벌어도, 아무리 사업을 확장하고 많은 사람을 부려 보아도, 돈을 종이쪽처럼 뿌리며 쾌락을 즐겨도, 침상에 누울 때는 마치 베드로의 빈 배처럼 허전하고 공허한 우리의 삶을 변화시키기 위함입니다.

사람 낚는 것을 보통 '전도'라고 부릅니다. 구원의 도를 전한다는 뜻으로 전도라고 부릅니다. 많은 사람들이 전도를 주님의 명령이라고 생각합니다. 실제로 그렇습니다. 전도는 주님의 명령입니다. 하지만 억지로 행하라는 명령이 아닙니다. 우리를 구속하고 억압하기 위한 명령이 아닙니다. 오히려 우리에게 뿌듯한 의미와 기쁨을 안겨 주기 위한 명령입니다. 억지로 행할 명령이 아니라, 자원하여 기쁜 마음으로 즐거이 행할 명령입니다. 전도는 우리가 이미 얻은 기쁨과 평안과 생명을 다른 사람들에게 전해 주는 일이기 때문입니다.

제대로 믿는 사람이라면 사람 낚는 소명을 잊어서는 안 됩니다. 우리가 이미 예수 그리스도를 믿어 그분 안에서 새 생명을 선물로 받았고 성령의 선물도 받아 새 사람으로 성장해 가고 있다면, 우리는 마땅히 사람 낚는 일에 흥분해야 합니다. 그것은 목사나 선교사만의 소명이 아니라, 예수 그리스도를 주님으로 고백하는 사람이라면 누구나 품어야 할 거룩한 소명입니다. 우리의 삶을 통해, 우리의 직업을 통해, 궁극적으로는 우리가 하는 모든 일을 통해 할 수 있는 한, 한 사람이라도 더 구하는 것이 우리의 소망이요 기쁨이요 자랑이 되어야 한다는 말입니다.

사람 낚는 일, 곧 전도를 내 삶의 목적으로 삼으라는 말을, 직장에서 자신의 업무는 등한시하면서 만나는 사람마다 붙들고 전도하라는 뜻으로 오해해서는 안 됩니다. 새로 가게를 열면서 "저는 이 가게가 전도 기지로 사용되기를 원합니다"라고 말씀하는 분들이 계십니다. 좋은 뜻이기는 하지만, 만일 손님들에게 봉사하는 일에는 등한시하고 전도하는 일에만 열중한다면 크게 잘못하는 것입니다. 그렇게 되면 전도에도 실패하고 사업에도 실패하게 됩니다. 누가 그런 가게에 가고 싶겠습니까?

내 가게를 통해 사람을 낚으려면, 먼저 가게를 찾는 손님들에게 최선의 서비스를 제공해야 합니다. 전도할 목적으로 그렇게 해서는 안 됩니다. 손님의 모습으로 변장하고 나타난 주님을 섬기듯, 최선의 제품을 구비해 놓고 반갑고 친절하게 맞아야 합니다. 그리하여 굳이 물건을 사지 않더라도 다시 찾고 싶은 곳이 되어야 하며, 다시 만나고 싶은 사람이 되어야 합니다. 그렇게 한 다음, 거기서 한 걸음 더 나아가야 합니다. 가게에서 만나는 손님들의 영혼에까지 관심의 눈길을 연장해야 한다는 말입니다.

사람 낚는 어부는 한 사람 한 사람을 진심으로 만나고, 그들의 진정한 친구가 되어 주고, 그 관계 속에서 그들의 마음까지 읽도록 힘씁니다. 그는 그들의 영혼까지 보기 위해 기도하는 마음으로 사람들을 대합니다. 혹시나, 내가 믿는 이 믿음을 전해 주어 죽음에서 구원해 낼 사람이 없는지 찾습니다. 무덤덤한 표정 뒤에 감추어진 신음소리를 듣기 위해 그들의 마음에 귀를 기울입니다. 죽음의 물 가운데 빠져 허우적거리며 살려 달라고 눈짓을 보내는 사람은 없는지 살핍니다. 그런 사람을 만났을 때, 다정히 다가가 손을 내밀어 차 한 잔을 나누고 자신이 받은 구원의 은혜를 나눌 준비를 하고 살아가는 것, 이것이 바로 사람을 낚는 것입니다.

6

제가 섬기는 교회 교우 한 분의 간증을 여러분과 나누고 싶습니다. 그분은 미국에 와서 외과의사로 일하다가 최근에 은퇴하신 분인데, 예수님을 주님으로 영접한 뒤에 환자들을 대하는 자신의 태도가 어떻게 달라졌는지를 제게 말씀해 주셨습니다. 그분은 야간 응급실에 실려 오는 환자들을 수술하곤 했습니다. 그렇게 오는 환자들은 대개 폭력배이거나 노숙자 또는 성매매 여성들이었습니다. 그들 대부분이 의료보험이 없다 보니, 밤새도록 끔찍한 모습을 참고 수술을 해도 제대로 돈을 받지 못하는 경우가 많았습니다. 주님을 영접하기 전에는 그런 환자들을 대할 때면 종종 짜증을 내면서 수술을 했다고 합니다.

그런데 예수님을 주님으로 영접하고 보니, 자신의 태도가 전혀 잘못되었음을 깨달았다고 합니다. 그래서 그분은 잘못을 회개하고, 이후로는 정성을 다해 그런 사람들을 대하고 기쁨으로 치료해 주었습니다. 게다가 그분 자신이 구원을 받고 보니, 하나님을 모르고 인생을 내팽개치듯 살고 있는 그들의 모습이 너무도 불쌍하고 안타까웠습니다. 그들의 육신의 상처만이 아니라 영혼까지 들여다보게 된 것입니다. 그분은 그 환자들의 친구가 되어 주고, 따로 만나 상담도 해 주고, 나중에는 자신이 믿는 예수 그리스도를 소개하기도 했습니다.

그렇게 육신의 치료와 함께 영혼의 치료까지 받은 환자들이 그분에게 보내온 편지 가운데 하나를 소개해 드리겠습니다. 한밤중에 칼에 찔려 응급실로 실려 왔던 성매매 여성 글렌다가 보내온 편지입니다.

> 존경하는 닥터 킴, 어떻게 지내십니까? 저는 지금도 당신이 해 주신 모든 일에 감사를 드립니다. 이제 거듭난 그리스도인이 된 저는 제가 겪은 그 사건으로부터 생긴 복잡한 감정 상태로부터 회복되기 위해 힘쓰고 있습니다. 저는 치료센터를 오가며 노력하고 있습니다. 전에는 이렇게 할 능력이 없었습니다. 제정신이 아니었기 때문입니다. 저는 당신을 잊을 수 없습니다. 저는 지금 길거리의 삶으로부터 회복되고 있습니다. 그때 이후로 아무런 수입도 제겐 없지만, 오늘도 주님께서 저를 지켜 주십니다. 조만간 들러서 제가 어떻게 지내는지 보여 드리겠습니다. 하나님께서 당신을 축복하시기를!

만일 치료하는 일은 소홀히 하면서 전도에만 힘썼다면, 이런 결과가 나오지 않았을 것입니다. 오히려 법정에 고소를 당했을지도 모릅니다. 그분은 최선과 정성을 다해서 환자를 치료해 주었습니다. 그리고 환자들의 친구가 되어 주었습니다. 그분은 환자의 육신만 본 것이 아니라 영혼까지 보았습니다. 그분은 자신의 의료 행위를 통해 돈을 낚으려고 한 것이 아니라 영혼을 낚으려고 했습니다. 그로 인해 많은 영혼을 건져 냈고, 그것은 의사로의 성공에 비교할 수 없는 만족과 기쁨과 보람을 안겨 주었습니다.

7

이런 일이 특정 직업에만 가능하다고 생각하지 마시기 바랍니다. 그렇지 않습니다. 목회를 하면서도 사람이 아니라 다른 것을 낚으려고 분투하는 사람이 얼마나 많은지 아십니까? 선교사로 파송받은 사람들 중에도 사람이 아니라 다른 것을 낚느라 동분서주하는 사람이 얼마나 많은지 아십니까? 의사와 변호사 가운데 사람이 아니라 돈을 낚느라 숨 쉴 겨를도 없이 사는 사람은 또 얼마나 많은지요. 그렇게 사는 인생은 마침내 인생을 마칠 때 "불쌍한 나여! 아무것도 잡지 못했구나!"라고 탄식하게 될 것입니다.

어떤 직업을 갖고 있는지가 문제가 아닙니다. 내 마음의 태도가 문제입니다. 내가 진실로 예수님에게 낚인 사람이 되는 것, 그리고 예수 그리스도 안에서 참다운 생명을 누리는 것이 필요합니다. 그 생명을 경험하고 살다 보면, 다른 사람들도 그 생명을 누리며 살게 되기를 바라는 마음이 간절해집니다. 그 간절한 마음으로 사람들을 진실하게 대하는 것, 그들의 외모만 보는 것이 아니라 그들의 내면까지 보고 그 내면의 문제를 해결해 주기를 바라는 것, 이런 삶의 자세가 사람을 낚도록 인도해 줄 것입니다.

바울 사도가 데살로니가 교인들에게 한 말이 생각납니다. 자신의 수고와 헌신과 노력을 통해 새 생명을 얻은 사람들을 생각하며 바울은 이렇게 말합니다. "우리 주 예수께서 오실 때에, 그분 앞에서, 우리의 희망이나 기쁨이나 자랑할 면류관이 무엇이겠습니까? 그것은 여러분이 아니겠습니까? 여러분이야말로 우리의 영광이요, 기쁨입니다"(살전 2:19-20).

우리는 어떻습니까? 주님 앞에서 우리의 희망이나 기쁨이나 자랑할 면류관은 무엇입니까? 과연, 주님 앞에 내어 놓을 것이 우리에게는 얼마나 있습니까? 사람 낚는 인생, 이것처럼 이 땅에서 우리의 삶을 의미 있게 만들고, 하나님 나라에 이르러 우리를 복되게 하는 일은 또 없습니다. 그러니 여러분, 이 소명을 결코 잊지 맙시다. 이 거룩한 부르심을 늘 명심합시다. 그리고 주님께서 주시는 능력을 힘입어 한 사람이라도 더 구원하는 일에 헌신합시다. 주님께서 함께하실 것입니다.

베드로를 불러내어
사람 낚는 어부로 만드신 주님,
그가 그 소명을 잊었을 때
다시 나타나시어 그 소명을 회복시켜 주신 주님,

저희에게도 이 은혜를 주소서.

저희의 인생이,

저희의 직업이,

저희의 모든 일이

사람 낚는 일에 사용되게 하소서.

그것을 위해

먼저 저희가 주님 손에 철저히 붙들리게 하소서.

아멘.

16 가득 찼으나 찢어지지 않았다

그 뒤에 예수께서 디베랴 바다에서 다시 제자들에게 자기를 나타내셨는데, 그가 나타나신 경위는 이러하다. 시몬 베드로와 쌍둥이라고 불리는 도마와 갈릴리 가나 사람 나다나엘과 세베대의 아들들과 제자들 가운데서 다른 두 사람이 한 자리에 있었다. 시몬 베드로가 그들에게 말하기를 "나는 고기를 잡으러 가겠소" 하니, 그들이 "우리도 함께 가겠소" 하고 말하였다. 그들은 나가서 배를 탔다. 그러나 그날 밤에는 고기를 한 마리도 잡지 못하였다. 이미 동틀 무렵이 되었다. 그때에 예수께서 바닷가에 들어서셨으나, 제자들은 그가 예수이신 줄을 알지 못하였다. 그때에 예수께서 제자들에게 물으셨다. "얘들아, 무얼 좀 잡았느냐?" 그들이 대답하였다. "못 잡았습니다." 예수께서 그들에게 말씀하셨다. "그물을 배 오른쪽에 던져라. 그리하면 잡을 것이다." 제자들이 그물을 던지니, 고기가 너무 많이 걸려서, 그물을 끌어올릴 수가 없었다. 예수가 사랑하시는 제자가 베드로에게 "저분은 주님이시다" 하고 말하였다. 시몬 베드로는 주님이시라는 말을 듣고서, 벗었던 몸에다가 겉옷을 두르고, 바다로 뛰어내렸다. 그러나 나머지 제자들은 작은 배를 탄 채로, 고기가 든 그물을 끌면서, 해안으로 나왔다. 그들은 육지에서 백 자 남짓밖에 떨어지지 않은 곳에 들어가서 고기를 잡고 있었던 것이다. 그들이 땅에 올라와서 보니, 숯불을 피워 놓았는데, 그 위에 생선이 놓여 있고, 빵도 있었다. 예수께서 제자들에게 말씀하셨다. "너희가 지금 잡은 생선을 조금 가져오너라." 시몬 베드로가 배에 올라가서, 그물을 땅으로 끌어내렸다. 그물 안에는, 큰 고기가 백쉰세 마리나 들어 있었다. 고기가 그렇게 많았으나, 그물이 찢어지지 않았다. 예수께서 그들에게 말씀하셨다. "와서 아침을 먹어라." 제자들 가운데서 아무도 감히 "선생님은 누구십니까?" 하고 묻는 사람이 없었다. 그가 주님이신 것을 알았기 때문이다. 예수께서 가까이 오셔서, 빵을 집어서 그들에게 주시고, 이와 같이 생선도 주셨다. 예수께서 죽은 사람들 가운데서 살아나신 뒤에 제자들에게 자기를 나타내신 것은, 이번이 세 번째였다.

—요한복음 21:1-14

1

앞 장에서 우리는 부활하신 주님이 디베랴 호수에서 베드로와 제자들에게 나타나신 이야기를 생각해 보았습니다. 이번 장에서는 그 이야기를 한 번 더 살펴보려고 합니다. 여러분도 이미 잘 알다시피, 베드로와 여섯 명의 제자들이 밤새도록 고기를 잡으려고 수고했지만 날이 샐 때까지 아무것도 못 잡고 있을 때, 부활하신 예수님이 나타나셔서 배 오른쪽에 그물을 내려 보라고 말씀하셨습니다. 제자들이 그 말씀에 순종했더니, 그물 가득 고기가 잡혔습니다. 이 사건에 대해 요한복음의 저자는 다음과 같이 적고 있습니다. 11절을 다시 읽어 보겠습니다.

> 시몬 베드로가 배에 올라가서, 그물을 땅으로 끌어내렸다. 그물 안에는, 큰 고기가 백쉰세 마리나 들어 있었다. 고기가 그렇게 많았으나, 그물이 찢어지지 않았다.

잡힌 물고기가 "큰 고기"였다는 사실, 그 물고기의 수가 "백쉰세 마리"였다는 사실, 그리고 그렇게 많은 고기가 그물 안에 담겨 있었지만 "그물이 찢어지지 않았다"는 사실, 이 세 가지 사실이 오늘 우리의 흥미를 끕니다. 그물에 잡힌 물고기 백쉰세 마리가 마치 생선 시장에서 하나하나 골라 뽑은 것처럼 굵직한 것들뿐이었습니다.

그물로 물고기를 잡아 본 사람이라면 누구나 압니다. 이럴 수는 없는 일입니다. 지금 제자들이 그물을 내린 곳은 양어장이 아닙니다. 디베랴 바다, 곧 갈릴리 호수입니다. 그곳에는 수많은 종류의 물고기들이 모여 살고 있었습니다. 그 호수에 그물을 내리면 온갖 종류와 모양과 크기의 물고기들이 잡힙니다. 그래서 그물을 끌어 올린 다음에는, 작은 물고기는 다시 호수에 던져 넣고 큰 고기만 그릇에 담는 작업을 해야 합니다. 그런데 이번에는 하나같이 팔뚝만한 물고기들만 들어찼습니다. 일평생 어부로 일해도 이런 이변은 볼 수 없을 것입니다.

잡힌 물고기의 수가 백쉰세 마리였다고 적어 놓은 것도 역시 우리의 관심을 끕니다. 왜 요한복음의 저자는 굳이 그 수를 적어 놓았을까요? 이렇게 말하고 싶은 분이 계실지 모르겠습니다. "실제로 잡힌 물고기 수가 백쉰세 마리였으니, 그렇게 적었겠지요!" 그럴 수도 있습니다. 하지만 백쉰셋이라는 수가 정확하게 전해지고 복음서에 기록되었다는 사실은 우연이라고 보기 어렵습니다. 더구나, 요한복음의 저자는 특별한 의미가 있을 때에만 특정 장소나 시간 혹은 숫자를 밝힙니다. 그런 점을 고려해 본다면, 백쉰셋이라는 수에는 특별한 의미가 숨겨져 있음이 분명합니다.

그 숨겨진 의미가 무엇일까요? 지난 2천 년 동안 성경학자들이 이 비밀을 풀려고 무던히도 애를 썼습니다. 그래서 많은 이론이 제기되었습니다. 어떤 사람은 베드로의 히브리 이름 '시몬 요나'(바요

나 시몬)의 철자를 수로 환산하면 153이 나오기 때문이라고 주장합니다. 히브리 알파벳은 로마 알파벳처럼 숫값을 가지고 있는데, 시몬에 해당하는 알파벳의 수값을 합치면 118이고, 요나에 해당하는 알파벳의 숫값을 합치면 35라는 것입니다. 118에 35를 더하면 153입니다. 그럴 듯해 보이지만, 여기서는 별다른 의미나 교훈을 찾기가 어렵습니다.

또 어떤 사람은 1+2+3+…… 15+16+17=153이라는 사실을 발견했습니다. 이것도 신기해 보이지만, 그 의미를 알 수 없고, 과연 이렇게 복잡한 산수를 의도했을까 하는 의문이 듭니다. 의도했다 한들, 그것을 깨달아 알 만한 수학 천재가 예수님의 제자들 가운데 하나라도 있었겠습니까?

2

이와는 달리, 신빙성 있어 보이는 제안이 하나 있습니다. 초대 교회의 가장 탁월한 성경학자 중 하나였던 오리겐이 제안한 것인데, 예수님 당시 알려져 있던 물고기의 종류가 모두 백쉰세 가지였다는 것입니다. 이것이 맞는다면, 백쉰셋이라는 수는 '모든 종류를 포함함' 혹은 '온전함' 혹은 '충만함'을 뜻한다고 할 수 있습니다. 지금으로서는 이 해석이 제일 사실에 가깝다고 보아야 합니다. 그렇다면 백쉰세 마리를 담고 있는 그물은, 마땅히 담아야 할 모든 것을 담고 있는 교회 혹은 마땅히 담아야 할 것을 모두 담고 있는 인생을 의미한다고 할 수 있습니다.

부활하신 주님이 나타나서 명령하시고 제자들이 그 명령에 순종하기까지, 그들의 그물은 비어 있었습니다. 그들 개인의 인생도 빈 그물이었고, 그들의 공동체도 빈 그물이었습니다. 그러나 부활하신 예수 그리스도께서 그들의 삶에 오시고, 그들이 그분의 명령에 순종했을 때, 그들의 그물은 이 세상의 모든 물고기로 가득 찼습니다. 이는 교회가 예수 그리스도의 명령을 따라 살아갈 때, 이 세상의 모든 민족을 품을 수 있을 것이라는 뜻이 아니겠습니까? 믿는 사람이 예수 그리스도를 따라 순종하며 살아갈 때, 필요한 모든 것으로 그 인생이 채워질 것이라는 뜻이 아니겠습니까?

여러분은 '일오삼 볼펜'을 아시는지요? 한국 문구 산업의 개척자인 모나미 볼펜 말입니다. 하얀 몸통에 검은 펜 끝, 단순하지만 결코 질리지 않는 그 볼펜 말입니다. 이 볼펜에는 예외 없이 153이라는 수가 새겨져 있습니다. 왜 153이라는 수를 여기에 새겨 놓았는지, 추측도 많고 가설도 많습니다.

어떤 사람들은 일과 오와 삼을 더하면 아홉, 곧 화투판에서 큰돈을 딸 수 있는 갑오 자리가 되기 때문에 153을 붙였다고 생각합니다. 어떤 사람들은 모나미 볼펜의 최초 가격 15원과 출시된 첫해인 1963년의 3자를 합해서 153을 붙였다고 주장합니다. 하지만 진실은 다른 데 있습니다. 모나미 기업의 회장이 독실한 기독교 신자인데, 그분이 요한복음 21장 11절에서 153이란 숫자를 따온 것입니다. 하나님을 의지하고 정직하고 성실하게 사업에 임하면 마치 제자들이 백쉰세 마리의 큰 물고기를 잡은 것처럼 자신도 그렇게 성공하리라는 꿈을 꾸었던 것 같습니다.

이와 유사한 믿음으로 153을 기업의 이름으로 삼은 경우는 많습니다. 한국에도 많고, 미국에도 많습니다. 기업의 이름에 이 수를 넣음으로써 하나님께서 자신의 기업에 복을 부어 주시기를 기대하는 것 같습니다. 그것을 탓할 것은 아닙니다. 새로운 사업을 시작하면서 망하기를 기대하는 사람이 어디 있겠습니까? 누구든, 무슨 일을 하든, 성공하기를 바랍니다. 하지만 혹시나 이 수가 부적처럼 사용되지나 않을까 하는 염려는 남습니다. 가게의 이름에 '일오삼'을 써 놓았다고 해서 뭔가 행운이 따라 줄 것이라고 생각해서는 안 된다는 말입니다.

백쉰셋의 교훈은 무엇보다도 부활하신 예수 그리스도를 일상생활 속에 모셔 들이고 그분의 인도를 따라 살라는 것입니다. 베드로와 제자들은 부활하신 예수 그리스도를 이미 만났지만, 그 만남은 그들의 일상생활에 아직 아무런 영향을 미치지 못했습니다. 두 번이나 부활하신 주님을 만났지만, 그들은 그것을 하나의 영적인 체험으로 마음에만 간직한 채 갈릴리 호수로 돌아갔습니다. 그들의 일상생활 속에는 예수 그리스도가 없었습니다. 그들은 자신들의 경험과 지식을 동원하여 고기를 잡으려 했습니다. 하지만 밤새도록 고생하고 얻은 것은 빈 그물뿐이었습니다. 그렇게 밤새 수고하고 났을 때, 부활하신 주님께서 갈릴리 호수로 찾아오십니다. 그들이 고기를 잡고 있는 현장으로 그분께서 찾아오신 것입니다.

3

부활하신 주님은 예배하는 곳에만 임하시는 분이 아닙니다. 기도하는 자리에서만 만나 주시는 분이 아닙니다. 성경 공부하는 곳에만 나타나시는 분이 아니며 부흥회나 수양회 때만 나타나시는 분이 아닙니다. 그분은 우리가 땀 흘려 일하는 자리에도 오기를 원하십니다. 그물을 내려 물고기를 잡는 그곳에도, 건물을 짓는 공사장에도, 처리해야 할 서류가 산더미처럼 쌓여 있는 사무실에도 오고 싶어 하십니다. 대통령 선거를 논의하는 대책 회의실에도, 내가 일하는 주방에도 오기를 바라십니다. 내가 일하는 세탁소에도, 슈퍼에도, 자동차 정비소에도 오기를 바라십니다. 그곳에서 우리와 함께 일하기를 바라십니다.

부활하신 주님은 우리 모든 삶의 영역에 그분의 영향을 미치기 원하십니다. 우리 삶의 그물을 가득 채워 주시기 위함입니다. 작은 가게의 주인인 내 삶을 팔뚝만한 물고기들로 가득 채워 주고 싶으셔서, 사업가로서의 내 삶을 큰 물고기로 가득 채워 주고 싶으셔서, 변호사로서의 내 삶의 그물을 가득 채워 주고 싶으셔서, 비록 말단 사원이지만 내 삶의 그물을 찢어질듯 가득 채워 주고 싶으셔서 그러시는 것입니다. 우리는 부활하신 주님을 기도의 골방에서만 찾을 것이 아니라 내가 일하는 일터에서도 찾아야 합니다. 그분의 지혜와 인도하심을 따라 살아가기를 힘써야 합니다. 그렇게 할 때, 그분은 내 삶의 그물을 가득 채워 주실 것입니다. 이것이 백쉰셋의 교훈입니다.

이 말을 곡해하지 말아야 합니다. 부활하신 주님을 우리의 사업에 끌어들이면, 주님께서 우리의 은행계좌를 가득 채워 주실 것이라는 뜻이 아닙니다. 우리의 주식 투자에 예수님을 끌어들이면, 사는 주식마다 값이 치솟고 파는 주식마다 곤두박질한다는 뜻이 아닙니다. 우리의 가게에 부활하신 예수님을 끌어들이자마자 옆 가게로 가던 손님들이 우리 가게로 몰려온다는 뜻이 아닙니다. 부활하신 주님을 우리의 가정에, 우리의 직장에, 우리의 일상생활에 끌어들이면, 그로 인해 만사형통한다는 뜻이 아닙니다. 주님을 우리의 직업 현장에 모셔 들일 때 그런 일이 일어날 수도 있지만, 물질적인 성공은 주님이 궁극적으로 원하시는 바가 아니며 우리가 추구할 바도 아님을 잊지 말아야 합니다.

베드로와 여섯 제자들은, 부활하신 주님이 그들의 일상생활에 함께하실 때 어떤 변화가 일어날 수 있는지를 목격하는 순간, 잡았던 고기를 버려두고 그분을 따랐습니다. 그분의 능력으로 거부(巨富)가 되기를 꿈꾸지 않았습니다. 부활하신 주님이 그들 인생의 그물을 가득 채워 주실 수 있음을 깨닫는 순간, 그들은 물질의 충만을 기대하지 않고, 의미의 충만, 보람의 충만, 기쁨의 충만을 기대했습니다. 그 선택으로 인해 베드로는 이후에 죽음을 당할 때까지 물질적으로 궁핍하게 살았으나, 그의 인생은 그 무엇에도 부족함을 느끼지 않는 인생이 되었습니다.

우리 인생의 그물은 어떻습니까? 혹시 물질만으로 가득 채워져 있는 것은 아닙니까? 물질로 가득 채운 줄 알았는데, 경기침체로 인해 그물코가 갑자기 늘어나서, 잡았다고 생각했던 물질이 술술 빠져나가는 것을 보며 발을 동동 구르고 있는 것은 아닙니까? 혹시 밤새워 수고하고 힘써 보았으나 빈 그물만 손에 쥐고 있는 것은 아닙니까? 이래 가지고야 앞으로 다가올 생을 어찌 견딜 수 있을까, 걱정하고 염려하고 있는 것은 아닙니까? 모든 것이 휘청거리고 흔들리는 이 시기에 과연 무엇을 잡아야 안전할지, 두리번거리고 있지 않습니까?

4

부활하신 주님을 삶의 현장에 모셔 들이십시오. 우상을 숭배하는 사람들처럼, 사업은 자기 마음대로 하면서 "주님, 제 사업을 축복해 주옵소서"라고 비는 것은 진정한 의미에서 주님을 삶의 현장에 모셔 들이는 것이 아닙니다. 늘 주님과 영적으로 사귐을 나누고, 매사를 결정하고 행할 때마다 주님과 상의하며 그분의 뜻을 찾고 순종하는 것이 그분을 삶의 현장에 모셔 들이는 것입니다. 그분이 내리라는 곳에 그물을 내리고, 그분이 허락하지 않는 것은 하지 않는 것입니다. 그렇게 할 때, 우리 삶의 그물에 의미와 보람과 기쁨이 가득 채워질 것입니다. 그렇게 우리 인생의 그물이 가득 차게 되면, 물질에 대해서도 자족하는 마음을 얻게 될 것입니다.

며칠 전, 사업을 하시는 한 교우께 "요즈음 어떠신가요?" 하고 물어보았습니다. 제 인사에 그분은 "예, 편안합니다"라고 답하시더군요. 그래서 "참 다행입니다. 다들 어렵다고 하는데요"라고 대답했습니다. 그랬더니 그분 말씀이, "저도 어렵지요. 매출이 많이 줄어서 적자가 심해요. 하지만 믿음으로 인해 마음이 편하니, 다 괜찮아 보인다는 거지요"라고 하셨습니다. 그 말씀을 들으면서, 저는 속으로 이렇게 말했습니다. "예, 그 마음이면 어려움을 능히 이기고도 남을 것입니다."

사랑하는 성도 여러분, 전 세계적인 공황이 올지 모른다는 경고 앞에서 얼마나 흔들리고 계십니까? 앞으로 어떻게 살아갈지 막막하게 느껴지는 요즈음이 아닙니까? 이 위기를 어떻게 이겨 낼 수 있겠습니까? 부활의 주님을 우리 삶의 현장에 모셔 들이는 것, 그래서 늘 그분과 대화하며 사귀는 것, 매사를 결정하고 행할 때 그분의 뜻을 찾고 순종하는 것, 이것이 흔들리는 우리의 터전을 바로 잡는 길이며 앞으로 다가올 위기를 대비하는 길입니다. 이것이 경제적인 위기를 영적인 기회로 반전시키는 힘입니다.

이 진리는 교회에도 적용될 수 있습니다. 교회가 성령 충만, 진리 충만, 은혜 충만한 교회가 되려면 어떻게 해야 하겠습니까? 부활의 주님을 우리 교회의 주인으로 인정하고 또 그에 맞게 행동해야 합니다. 교회가 행하는 모든 일에서 주님의 뜻을 묻고, 그분의 인도하심에 순종해야 합니다. 그럴 때, 우리 교회는 온갖 좋은 것으로 가득 채워질 것입니다. 물질만을 말하는 것이 아닙니다. 사람들을 많이 모을 수 있다는 말이 아닙니다. 부활하신 주님이 우리 교회의 모든 영역에서 주인이 되시면, 교회에 있어야 할 모든 것이 가득 채워진다는 뜻입니다.

그러므로 교회의 일을 논의하고 결정할 때, 부활하신 주님의 뜻을 찾는 것이 중요합니다. 우리의 경험과 지식과 생각에만 의존하면 빈 그물을 건져 올릴 수밖에 없습니다. 설령, 그물 가득 무엇인가를 잡아 올렸다 해도, 부활하신 주님께서 주신 것이 아니라면, 그것은 아무 쓸모가 없습니다. 주님께서 우리에게 주시는 것만이 참으로 우리에게 필요한 것입니다. 주님께서 주시는 것을 부족함 없이 얻기 위해서는 우리의 지식과 경험과 생각의 한계를 넘어서야 합니다. 주님의 뜻을 분별하며 우리의 한계를 뛰어넘는 것이 믿음의 능력입니다. 인간적인 차원을 넘어서는 그 무엇이 없다면, 그런 교회는 별 희망이 없다고 할 수 있습니다.

교회에는 많은 인적 자원이 있습니다. 세상적인 기준으로 보면 그 어디에 내놓아도 손색없는 전문적인 지식과 기술을 가지고 있는 분들이 적지 않습니다. 그러한 인재들이 교회 요소요소에 들어가 봉사하고 있습니다. 그러한 인재들이 힘을 합하여 만들어 내는 결과는 참으로 놀랍습니다. 하지만 그 결과에 만족해서는 안 됩니다. 하나님은 그것보다 더 크십니다. 우리 교회의 모든 영역에서 부활의 주님이 주인 되게 하고, 그분의 뜻을 분별하고 그 뜻에 순종해야 합니다. 그럴 때 우리는 인간적으로 계산하고 예측하고 기대한 것에 비할 수 없는 놀라운 일을 보게 될 것입니다.

5

백쉰셋의 교훈을 다시 생각해 봅시다. 우리 각자가 자신의 삶의 현장에 부활의 주님을 모셔 들이고, 그분과 함께 사귀며, 그분의 뜻을 분별하고, 그분의 인도하심에 순종하는 삶을 살아, 우리 삶의 그물이 기쁨과 의미와 보람으로 가득 차게 되기를 기도합니다. 교회가 더욱 주님을 섬기고 순종함으로 인간의 계산과 예측을 넘어서는 놀라운 이적을 목도할 수 있기를 기도합니다. 절망과 낙심과 회의가 가득하던 베드로와 여섯 제자의 마음을 한순간에 바꾸어 놓은 백쉰셋의 이적이 부활의 주님을 통해 저와 여러분에게 함께하기를 간절히 축원합니다.

우리의 일터에 오시는 주님,
우리의 교회에 오시는 주님,
우리와 함께 일하시기를 원하시는 주님,
우리와 함께 의논하기를 원하시는 주님,
저희를 도우소서.
저희 일상에 주님을 모셔 들여
우리의 그물이 차고 넘치게 하소서.
주님을 저희 교회의 주인으로 인정하고 순종하여
우리 교회의 그물이 차고 넘치게 하소서.
아멘.

17 깨어짐이 희망이다

그들이 아침을 먹은 뒤에, 예수께서 시몬 베드로에게 물으셨다. "요한의 아들 시몬아, 네가 이 사람들보다 나를 더 사랑하느냐?" 베드로가 대답하였다. "주님, 그렇습니다. 내가 주님을 사랑하는 줄을 주님께서 아십니다." 예수께서 그에게 말씀하셨다. "내 어린 양떼를 먹여라." 예수께서 두 번째로 그에게 물으셨다. "요한의 아들 시몬아, 네가 나를 사랑하느냐?" 베드로가 대답하였다. "주님, 그렇습니다. 내가 주님을 사랑하는 줄을 주님께서 아십니다." 예수께서 그에게 말씀하셨다. "내 양떼를 쳐라." 예수께서 세 번째로 물으셨다. "요한의 아들 시몬아, 네가 나를 사랑하느냐?" 그때에 베드로는, 〔예수께서〕 "네가 나를 사랑하느냐?" 하고 세 번이나 물으시므로, 불안해서 "주님, 주님께서는 모든 것을 아십니다. 그러므로 내가 주님을 사랑하는 줄을 주님께서 아십니다" 하고 대답하였다. 예수께서 그에게 말씀하셨다. "내 양떼를 먹여라."

—요한복음 21:15-17

1

오늘 본문은 성경 속에서 가장 감동적인 이야기 중 하나입니다. “아니, 이 짧은 이야기 안에 무슨 감동이 있다고 그런 말을 하나?” 싶은 분이 계실지 모르겠습니다. 그 이유는 헬라어 원문을 읽지 않고는 이 본문의 의미를 제대로 알아볼 수 없기 때문입니다. 뿐만 아니라, 이 이야기는 예수께서 잡히시던 날 밤, 가야바의 법정 뜰에서 베드로가 예수님을 세 번씩이나 부인한 사건과 연결해서 보아야만 그 정서를 제대로 이해할 수 있습니다. 주의 깊은 독서가 필요하고, 깊은 묵상이 필요한 본문입니다. 그럴 때 비로소 그 감동을 제대로 느낄 수 있습니다.

예수께서 부활하시고 나서 세 번째로 제자들에게 나타나셨을 때의 일입니다. 밤새도록 고기를 잡으려 했지만 허탕을 친 제자들에게 누군가 나타나 배 오른쪽에 그물을 던져 보라고 말합니다. 그 말에 순종하여 그물을 내렸더니 153마리의 큰 물고기가 그물이 찢어질듯 잡힙니다. 베드로는 지시하신 그분이 예수님인 것을 알아차리고는 배에서 뛰어내려 첨벙첨벙 예수께로 뛰어갑니다. 예수님은 어느새 해변에 숯불을 피워 놓고, 생선을 굽고 계십니다. 그 옆에는 빵도 있습니다. 뭍으로 올라온 제자들은 예수님과 함께 ‘신비로운 아침식사'를 나눕니다.

식사가 끝나자 예수님은 베드로를 불러내십니다. 베드로는 일대일로 그분을 대면할 용기가 없습니다. 부활하신 주님을 뵐 때, 베드로는 마음이 저절로 움츠러드는 것을 느낍니다. 가야바의 법정 뜰에서 자신이 세 번씩이나 부인한 일 때문에 그분 앞에 서면 쥐구멍에라도 숨어들고 싶은 마음이 듭니다. 한편으로는 예수님께 가까이 다가가고 싶은 마음이 강렬하나, 다른 한편으로는 다른 제자들의 등 뒤로 숨고 싶은 마음도 있습니다. 그래서 곁눈질로 예수님을 살피며 다른 제자들 속에 숨어 있었습니다.

그런데 예수께서 베드로를 불러내십니다. 베드로로서는 피하고 싶은 순간이 찾아온 것입니다. 다른 제자들을 뒤로 하고 둘이서 해변을 걸었는지도 모릅니다. 예수님은 베드로에게 뜬금없어 보이는 질문을 하십니다. "요한의 아들 시몬아, 네가 이 사람들보다 나를 더 사랑하느냐?"

'시몬'은 베드로의 히브리어 이름입니다. 예수님은 그에게 새 이름을 지어 주셨습니다. 아람어로 '게바'요, 헬라어로는 '베드로'라는 이름입니다. 바위처럼 굳센 믿음의 사람이 되라는 뜻이었습니다. 이후로 예수님은 그를 '게바'라고 불렀지 '시몬'이라고 부르지 않으셨습니다. 그런데 왜 지금은 다시 예전 이름을 부르실까요? 베드로는 움찔했습니다.

이어서 예수님은 베드로가 감당할 수 없는 질문을 하십니다. "네가 이 사람들보다 나를 더 사랑하느냐?" 헬라어 원문을 보지 않고는 이 질문의 무게를 다 알 수 없습니다. 예수님은 여기서 '아가파오'라는 단어를 사용하십니다. 이미 잘 알려진 것처럼, '아가페'의 사랑은 하나님의 사랑을 가리킵니다. 무조건적인 사랑, 변함없는 사랑, 끝없는 사랑, 영원한 사랑을 가리킬 때, '아가페'라는 단어를 사용합니다. 그러므로 예수님의 질문은 이런 뜻입니다. "너는 영원히 변하지 않는 사랑으로 나를 사랑하느냐?"

2

베드로는 이미 예수님을 세 번이나 부인했습니다. 마지막에는 저주하면서까지 그분을 모른다고 했습니다. 그 일이 있기 불과 몇 시간 전에, 예루살렘의 한 다락방에서 있었던 일을 기억하십니까? 예수께서 십자가에 달려 죽으실 것을 예언하시자, 베드로는 "나는 주님을 위하여서는 내 목숨이라도 바치겠습니다"라고 호언장담을 했습니다(요 13:37). 변치 않는 사랑으로 사랑하겠다는 뜻이었습니다. 하지만 하루도 지나지 않아 그의 사랑의 전모가 밝혀졌습니다. 그는 아가페적인 사랑, 변함없는 사랑을 할 수 있는 사람이 아니었습니다.

베드로는 헉하고 겁이 났을 것입니다. 아픈 데를 찔린 사람 같았을 것입니다. 이전 같으면 또 허튼소리를 했을 것입니다. "그럼요, 그렇고 말고요!"라고 말입니다. 하지만 이제는 더 이상 실수를 범하고 싶지 않습니다. 그래서 베드로는 이렇게 대답합니다. "주님, 그렇습니다. 내가 주님을 사랑하는 줄을 주님께서 아십니다." 여기서도 역시 헬라어 원문을 보아야 합니다. 예수께서 '아가파오'라는 동사를 사용하여 물으셨는데, 베드로는 '필레오'라는 동사로 답합니다. 우리말 번역에는 동일하게 해 놓았지만, 두 단어 사이에는 큰 간격이 있습니다. '아가파오'는 하나님의 사랑의 방식을 가리키는 단어인 반면, '필레오'는 '우정' 혹은 '자연적인 애정'을 가리키는 단어입니다.

신약학자로서 신약성경을 의역했던 필립스 박사(J. B. Phillips)는 이 구절을 이렇게 번역했습니다. "주님, 그렇습니다. 내가 주님의 친구인 줄을 주님께서 아십니다"(Yes, Lord; You know that I am your friend). 영국의 성경학자 존 마쉬(John Marsh)는 자신의 요한복음 주석에서 이 구절을 이렇게 번역합니다. "주님, 그렇습니다. 내가 주님을 아끼는 줄을 주님께서 아십니다"(Yes, Lord; You know that I care for you). 즉, 베드로가 예수님의 질문에 "그렇습니다"라고 대답한 것처럼 보이지만, 실은 대답을 회피한 것입니다. 의미를 감안하여 풀어 쓰면 이렇게 됩니다. "주님, 제가 변치 않는 사랑으로 당신을 사랑하지 못한다는 사실을 주님은 아십니다. 제가 할 수 있는 것은 다만 인간적인 사랑일 뿐입니다. 저는 저의 이 사랑이 언제 깨어질지 알 수 없습니다. 죄송합니다, 주님! 하지만 그게 저입니다."

베드로가 그렇게 답하자, 예수님은 그 대답으로 충분하다는 듯 이렇게 말씀하십니다. "내 어린 양떼를 먹여라." 선한 목자이신 예수님이 목자의 역할을 베드로에게 위임하시겠다는 뜻입니다. 이 사명은 영예로운 것이기도 하지만 동시에 벅찬 것이기도 합니다. 예수님은 자신을 가리켜 "나는 선한 목자이다. 선한 목자는 양들을 위하여 자기 목숨을 버린다"라고 말씀하신 바 있습니다(요 10:11). 지금 예수님은 베드로에게 "너 자신의 목숨을 희생하기까지 나의 어린 양떼를 돌보라"고 부탁하고 있는 것입니다.

이 말씀의 뜻을 알아듣고 베드로는 겁이 났을 것입니다. 자신이 가지고 있는 인간적 사랑으로는 선한 목자가 될 수 없음을 알기 때문입니다. 예수님이 자기 말뜻을 못 알아들으신 것은 아닌가 싶었을지도 모릅니다. 자신은 아가페적 사랑을 감당할 수 없다고 말씀드린 것이었는데, 예수님은 모르는 척, 그것으로 되었으니 내 양을 먹이라고 분부하십니다. 베드로는 손사래를 치면서 "아니, 주님, 제 말뜻은 그런 것이 아니고요……"라고 속마음을 털어놓고 싶습니다. 하지만 용기가 나지 않습니다. 그렇게 잠시 침묵의 시간이 흘러갑니다.

3

잠시 후 예수님이 다시 베드로에게 물으십니다. "요한의 아들 시몬아, 네가 나를 사랑하느냐?" 이번에도 '아가파오'라는 동사를 사용하십니다. 베드로는 잘됐다 싶었습니다. 이번에는 내가 뜻하는 바를 정확하게 전해야겠다는 생각이 들었습니다. 그래서 처음과 동일하게 대답하되, '필레오'라는 단어를 힘주어 말합니다. "주님, 그렇습니다. 내가 주님을 **아끼는** 줄을 주님께서 아십니다." 이렇게 답하고 나서 베드로는 조마조마한 마음으로 예수님의 대답을 기다립니다. 그는 어쩌면 이런 대답을 기다렸는지 모릅니다. "그래, 그렇다면 어쩔 수 없구나. 그러면 너는 물고기나 잡으면서 살아라." 하지만 그분은 또다시 "내 양떼를 쳐라"고 분부하십니다.

베드로는 마음이 답답해짐을 느낍니다. 예수님이 자신의 의중을 의도적으로 무시하시는 것 같습니다. 지금 장담할 수 있는 것은 인간적인 사랑뿐인데, 그것으로는 예수님 같은 "선한 목자"가 될 수 없습니다. 자신의 생명까지 바쳐서 양떼를 돌보는 것은 베드로에게는 불가능한 일입니다. 잘못 하다가는 오히려 삯군 목자가 될 것이 뻔합니다. 도저히 자신이 없습니다. 두 번 다시 가야바의 법정에서처럼 깨어지기 싫습니다. 그런데도 예수님은 그의 마음을 모르는 척 하십니다. 베드로는 다시금 속마음을 터놓고 '솔직 대담'(straight-talk)을 하고 싶은 충동을 느낍니다.

베드로가 어물어물하는 사이에 예수님이 세 번째로 물으십니다. "요한의 아들 시몬아, 네가 나를 사랑하느냐?" 그런데 이번에는 '아가파오'라는 동사를 사용하지 않으시고 베드로가 사용했던 '필레오'라는 동사를 사용하시는 것입니다. 말하자면 이런 뜻입니다. "요한의 아들 시몬아, 네가 나를 아끼는 것은 사실이냐? 그것에 대해서는 자신이 있느냐?" 이 질문을 받고 베드로는 심히 불안해집니다. 예수님이 자신의 의중을 몰랐던 것이 아닙니다. 게다가 왜 예수님은 같은 질문을 세 번이나 반복하실까요? 베드로는 이런 생각이 들었을 것입니다. "혹시나 내가 가야바 법정에서 그분을 세 번 부인한 것을 생각하고 그러시는 것이 아닐까?" 생각이 여기에 이르자 베드로는 갑자기 얼굴이 달아오르고 심장이 심하게 쿵쾅거립니다.

아, 예수님은 모든 것을 알고 계셨습니다. 하지만 그것을 문제 삼지 않으시고, 따뜻한 눈길과 손길로 베드로의 상처를 어루만지고 계십니다. 그 포근한 사랑 앞에 베드로는 무너져 내립니다. 그래서 이렇게 대답합니다. "주님, 주님께서는 모든 것을 아십니다. 그러므로 내가 주님을 사랑하는 줄을 주님께서 아십니다." 이 말의 뜻을 풀어 말하면 이렇습니다. "주님, 주님께서는 모든 것을 아시는군요. 제가 주님을 세 번이나 부인한 것도 이미 아셨군요. 그러니 제가 무엇을 할 수 있겠습니까? 제가 주님처럼 변치 않는 사랑을 할 수 있는 그릇이 아니라는 것을 아시지 않습니까?"

이렇게 말하는 베드로의 눈가에 아마 이슬이 맺혔을 겁니다. 동시에 베드로는 마음에 후련함을 느꼈을 것입니다. 숨기고 있던 잘못을 고백했을 때의 시원함이 그의 마음에 차올랐을 겁니다. 예수님은 촉촉이 젖은 베드로의 눈을 쳐다보며 나직하게 다시 한 번 말씀하십니다. "내 양떼를 먹여라."

웬일일까요? 처음에는 그렇게 부담스럽게 들리던 명령이 이제는 부담스럽게 느껴지지 않습니다. 예수님이 꼭 이렇게 말씀하시는 것 같습니다. "시몬아, 내가 다 안다. 너의 약함도 알고, 너의 실패도 안다. 너의 죄도 알고, 너의 한계도 안다. 너의 사랑을 가지고 이 일을 감당할 수 없다는 것도 안다. 하지만 그 사랑을 가지고 시작해라. 너 시몬이 하는 것이 아니다. 내가 하는 것이다. 네 양떼가 아니라, 내 양떼다. 내가 너와 함께할 것이다. 너는 나를 의지해라. 그러면 된다. 그것이면 된다. 그러면 시몬, 너는 진실로 게바, 곧 베드로가 될 것이다."

4

이 이야기를 통해 우리는 우리의 삶에서 '사랑'이 가장 우선되며 또

한 가장 본질이라는 진리를 확인합니다. 예수님은 베드로에게 당신의 양떼를 치도록 분부하시면서, 그에게 사랑이 있는지를 확인하셨습니다. 자신의 사랑을 그에게 보여 주시면서 동시에 그의 사랑을 확인하셨습니다. 그 사랑이 앞으로 베드로의 삶과 활동의 유일한 원천이 되어야 했기 때문입니다. 예수님의 양떼를 맡아 먹이고 기르는 일에서 가장 중요한 것은, 목자로서의 훈련도 아니요 양떼에 대한 지식도 아닙니다. 예수 그리스도로부터 받는 사랑과 그분께 대한 사랑, 그것이 제일 중요합니다. 그 사랑만이 자신의 상처를 치료할 수 있게 해주고, 자신의 한계를 넘어설 수 있게 해 주며, 방향을 잃지 않고 일할 수 있게 해 줄 것이기 때문입니다.

그렇습니다. 사랑이 없으면 그 어떤 일도 껍데기가 되어 버립니다. 자녀를 기르는 데 있어서도 사랑이 없으면 그 어떠한 노력도 허사가 됩니다. 유아세례를 받기 위해 준비하는 부모들에게 제가 잊지 않고 드리는 말씀이 있습니다. "두 분이 이 아이에게 줄 수 있는 가장 귀한 선물은 두 분이 서로 사랑하는 것입니다." 사람이 사람으로서 성장하는 데 있어서 가장 중요한 것이 사랑입니다. 사랑을 충분히 경험하고 자라야만 사람다움을 갖출 수 있습니다. 그러기에 어린 아이가 온전히 성장하는 데 있어서 가장 중요한 것은 부모가 서로 사랑하는 것이며, 그 사랑의 관계 속에서 부모가 자녀를 사랑하는 것입니다.

그런데 현실은 어떻습니까? 사랑을 하찮게 여기는 부모들이 얼마나 많습니까? 사랑하는 일에 성실하지 않은 부모들이 얼마나 많습니까? 그러고는 사랑이 부족해서 생긴 공백을 물건으로 채우려 하지 않습니까? 얼마나 많은 아이들이 산더미 같은 장난감 더미에 파묻혀 있으면서도 사랑에 허기져 허덕이고 있습니까? 왜 그렇게 합니까? 진실로 사랑하기보다 돈으로 때우는 것이 훨씬 쉽기 때문입니다. 물질의 풍요와 사랑의 결핍 속에서 방황하는 영혼들이 오늘날 얼마나 많습니까!

일도 그렇습니다. 우리는 무엇 때문에 땀 흘려 일합니까? 죽을 수 없어서 일하고 삽니까? 진실로 그렇다면 그처럼 불행한 인생이 어디 있겠습니까? 그렇게 생각해서는 안 됩니다. 그렇지 않다면, 우리는 무엇 때문에 일하는 것입니까? 더 많이 벌어서 더 잘 살기 위해서입니까? 얼마나 벌면 "이젠 됐다"고 생각하시겠습니까? 얼마나 잘 살아야 "이만하면 충분하다"고 생각하시겠습니까? 많이 벌어서 잘 먹고 잘 살면, 그것으로 전부입니까? 더 이상은 없습니까? 얼마나 많은 사람들이 잘 먹고 잘 사는 것 이상의 삶의 이유와 목적이 없어서, 정작 자신의 목적을 이루고 난 뒤에 권태와 환멸 속에 빠져듭니까?

사랑이 이유가 되어 일하는 사람은 다릅니다. 과거에 우리의 부모님들은 자식을 사랑하는 마음 때문에 고통의 나날들을 기꺼이 견뎌 내셨습니다. 가족에 대한 사랑은 일터에서 신나게 일할 힘을 제공해 줍니다. 더 큰 사랑을 품고 일하는 사람들도 있습니다. 자신과는 전혀 상관없는 민족을 사랑하고 그 사랑의 힘으로 헌신하는 사람들이 있습니다. 세계 도처에서 일하시는 선교사님들이 그런 분들입니다. 조국과 민족을 향한 뜨거운 사랑으로 일하는 분들도 있습니다. 사랑이 있는 한, 그들이 하는 일은 결코 짐이 아닙니다. 그 어떤 짐도 짓누르는 멍에가 아니라 오히려 힘을 북돋는 명예가 됩니다.

5

하지만 그 모든 사랑은 참되고 완전하고 영원한 사랑에서 흘러나옵니다. 예수 그리스도의 십자가에서 드러난 하나님의 아가페 사랑에서 나옵니다. 영원한 사랑, 변함없는 사랑, 무조건적인 사랑, 끝없는 사랑, 순도 100퍼센트의 사랑이 하나님의 사랑입니다. 부모와 자식 간의 사랑('스토르게')도 아가페에 뿌리를 두고 있습니다. 이성 간의 사랑('에로스')도 아가페에 비하면 모조품에 지나지 않습니다. 형제 간의 우애 혹은 친구 간의 우정('필리아')도 아가페의 사랑에서 흘러나온 것입니다. 그러므로 우리가 아가페의 사랑을 알고 거기에 뿌리를 두지 않는다면, 우리의 모조품 사랑들은 언젠가 빛을 잃고 말 것입니다.

예수 그리스도를 통해 드러난 하나님의 사랑과 맞닥뜨려 그 충격에 현기증을 느끼는 경험이 있어야 합니다. 그 후에는 그 사랑에 감복하여 전심으로 예수 그리스도를 사랑하는 데까지 자라 가야 합니다. 예수께서는 베드로에게 "요한의 아들 시몬아, 네가 이 사람들보다 나를 더 사랑하느냐?" 고 물으셨습니다. 예수님은 여기서 베드로의 사랑을 독차지하고 싶은 욕망을 드러낸 것이 아닙니다. 하나님과의 사랑이 다른 모든 사랑보다 앞서야 한다는 사실을 분명히 하신 것입니다. 그럴 때 비로소 다른 사람들에 대한 사랑이 온전해질 수 있습니다.

자녀들에 대한 사랑이 온전해지기를 바라십니까? 먼저 하나님의 사랑을 추구하시기 바랍니다. 순도 100퍼센트의 사랑에 비추어 보지 않고서는 자녀들에 대한 나의 사랑이 욕심으로 변질되는 것을 막을 도리가 없습니다. 배우자를 온전히 사랑하기를 바라십니까? 먼저, 부부가 진실하게 하나님의 사랑을 구하시기 바랍니다. 하나님의 사랑을 경험하고 알아 가는 것에 비례하여 부부 사이의 사랑은 순수해져 갑니다. 나라와 민족과 인류에 대한 사랑도 하나님의 사랑으로부터 나와야 합니다. 그렇지 않으면 그 사랑은 쉽게 이데올로기로 전락해 버립니다.

예수 그리스도를 통해 드러난 하나님의 사랑에 감복할 때, 우리는 왜 일하며 살아야 하는지를 알게 됩니다. 하나님께서 나에게 생명을 주셨고 일터를 주셨습니다. 나는 하나님께서 주신 사랑을 품고 그 사랑의 힘으로 신나게 일합니다. 그렇게 일함으로써 하나님께 영광을 돌리고 이웃에게 하나님의 사랑을 전합니다. "죽지 못해 일하던" 사람들이 하나님의 사랑을 경험하면 죽음을 두려워하지 않고 일합니다. 먹고 살기 위해 일하던 사람들이 하나님의 사랑을 경험하고 나면 하나님의 영광을 위해 일합니다. 일하는 동기가 달라지고, 일하는 태도가 달라지며, 일하는 목표가 달라집니다.

모든 것이 이렇다면, 교회에서 하는 일이야 더 말해 무엇 하겠습니까? 저처럼 목사로 일하는 사람도 그렇고, 성가대원으로, 사역팀의 일원으로, 속장으로, 교사로 일하는 사람도 그렇습니다. 교회에서 어떤 일로 섬기든, 그 사역의 동기는 사랑 이외에 다른 것이 되어서는 안 됩니다. 하나님께로부터 받은 사랑 때문에 그리고 하나님을 사랑하는 사랑 때문에 기꺼이, 자원하여, 희생을 마다하지 않고, 기쁘고 감사한 마음으로 일해야 합니다. 그렇게 일하는 사람에게서 사랑의 빛이 발산되며, 그 사랑의 기운은 전염됩니다. 분노로 일하는 사람은 분노를 전염시키고, 욕심으로 일하는 사람은 욕심을 전염시킵니다. 그러므로 어떤 일로 봉사하기에 앞서, 먼저 스스로를 돌아보아야 합니다. 예수께서 베드로에게 물은 질문을 스스로 던져 보아야 합니다. "네가 이 사람들보다 나를 더 사랑하느냐? 만일 그렇다면 그 일을 하여라. 그렇지 않다면, 먼저 무릎 꿇고 사랑을 회복하여라."

6

그러나 잊지 말아야 할 것이 있습니다. 우리가 사랑에 얼마나 무력한 존재인지를 말입니다. 예루살렘의 한 다락방에서 죽음을 불사하며 주님을 지키겠다고 호언장담하던 베드로처럼 스스로를 과대평가하지 말아야 합니다. 우리는 그렇게 대단한 존재가 아닙니다. 우리는 사랑을 장담할 수 있는 존재가 아닙니다. 어느 누가 감히, "나는 사랑에 떳떳하다"고 말하겠습니까? 우리는 다 베드로처럼 깨어지기 쉬운 그릇입니다. 아니, 아마 이미 수십 번은 깨어진 그릇입니다. 그것을 인정하고 기억해야 합니다.

자아(ego)가 강한 사람일수록 이 사실을 인정하기 어려워합니다. 특히, 남성들이 이 사실을 인정하는 데 어려움을 겪습니다. 남성들은 자식을 사랑하는 데 있어서도 잘하고 있다고 착각하고, 아내를 사랑하는 데 있어서도 부족함이 없다고 우기는 경향이 있습니다. 자신들이 그렇지 않다는 것을 본인들도 압니다! 그런데 그렇다고 목에 힘을 줍니다. "약한 자여, 그대는 남자로다!" 여성들 가운데서도 자존심이 강한 사람은 어려움을 겪습니다. 자신의 약함을 인정하려 들지 않습니다.

이를 어찌합니까? 사랑이 제일 중요한데, 우리는 사랑에 제일 무능합니다. 아가페의 사랑은 말할 것도 없고, 친구와의 우정에서조차, 형제 간의 우애에서조차, 가족 간의 사랑에서조차 무능합니다. 이 사실을 인정하기란 뼈아프게 힘든 일이지만, 실은 거기에서부터 희망이 생겨납니다. 희망은 우리 자신에게 있지 않습니다. 예수 그리스도에게 있습니다. 우리 자신이 사랑에 무력하고 무능함을 인정하고, 예수 그리스도의 능력을 구하는 것만이 유일한 해결책입니다.

예수님은 우리가 사랑에 무능한 것을 탓하지 않으십니다. 그분은 이미 모든 것을 아십니다. 우리가 그 사실을 부정하거나 외면하는 것이 문제입니다. 그 사실을 겸손히 인정하고 예수 그리스도 앞에 무릎을 꿇을 때, 그분은 우리의 부족함을 채워 주십니다. 우리가 가진 '필리아'의 사랑을 그분이 잡아 '아가페'의 사랑으로 변모시켜 주십니다. 우리가 나누는 '에로스'의 사랑을 그분이 잡아 '아가페'의 사랑으로 높여 주십니다. 그럴 때 우리는 비로소 충만한 기쁨을 경험할 수 있고 삶의 의미를 맛볼 수 있습니다. 그래서 저는 이렇게 결론을 내리고 싶습니다. "깨어지지 않고는 희망이 없다!" 자신의 한계를 절감하고, "오, 주님, 나를 도우소서!"라고 부르짖는 것이 실은 축복입니다. 자신에게서 절망을 보아야만 예수 그리스도에게서 희망을 찾을 수 있습니다.

7

우리 모두에게 이 깨어짐의 은총이 있기를 기도합니다. 우리 모두가 사랑에 무능함을 인정하고 예수 그리스도 앞에 항복할 수 있기를 기도합니다. 우리 자신의 사랑의 능력에 절망하고, 주님의 사랑의 능력에서 희망을 찾아, 참된 사랑이 우리 속에서 자라게 되기를 기도합니다. 예수 그리스도의 사랑으로 인해 우리가 행하던 모든 모조품 사랑들이 온전해지기를 기도합니다. 그리하여 그 사랑의 능력으로 우리 모두가 '사람을 낚는 어부'로, '주님의 양떼를 섬기는 선한 목자'로 살아갈 수 있기를 간절히 축원합니다.

이 거룩한 축복을 받기 위해 기도할 때마다 베드로처럼 이렇게 기도합시다.

주님, 주님께서는 모든 것을 아십니다.
저에게는 희망이 없습니다.
저만 홀로 두시면 또다시 실패하고 배반하고
등을 돌리게 될 것입니다.
마침내 주님을 떠나가게 될지도 모릅니다.
저의 능력으로는 사랑을 약속할 수 없습니다.
하오니, 저를 붙들어 주십시오.
제 마음을 아시지요?
목숨이 다할 때까지 주님의 제자로 살고 싶습니다.

주님을 진실로 사랑하며 살고 싶습니다.

하지만 저의 능력만으로는 안 됩니다.

주님, 저를 잡아 주십시오.

주님이 함께하시면 제가 할 수 있을 것입니다.

아멘.

18 잡혀야 산다

"내가 진정으로 진정으로 네게 말한다. 네가 젊어서는 스스로 띠를 띠고 네가 가고 싶은 곳을 다녔으나, 네가 늙어서는 남들이 네 팔을 벌릴 것이고, 너를 묶어서 네가 바라지 않는 곳으로 너를 끌고 갈 것이다." 예수께서 이렇게 말씀하신 것은, 베드로가 어떤 죽음으로 하나님께 영광을 돌릴 것인가를 암시하신 것이다. 예수께서 이 말씀을 하시고 나서, 베드로에게 "나를 따라라!" 하고 말씀하셨다. 베드로가 돌아다보니, 예수께서 사랑하시던 제자가 따라오고 있었다. 이 제자는 마지막 만찬 때에 예수의 가슴에 기대어서, "주님, 주님을 넘겨줄 자가 누구입니까?" 하고 물었던 사람이다. 베드로가 이 제자를 보고서, 예수께 물었다. "주님, 이 사람은 어떻게 되겠습니까?" 예수께서 말씀하셨다. "내가 올 때까지 그가 살아 있기를 내가 바란다고 한들, 그것이 너와 무슨 상관이 있느냐? 너는 나를 따라라!" 이 말씀이 믿는 사람들 사이에 퍼져 나가서, 그 제자는 죽지 않을 것이라고들 하였지만, 예수께서는 그가 죽지 않을 것이라고 말씀하신 것이 아니라, "내가 올 때까지 그가 살아 있기를 내가 바란다고 한들, [그것이 너와 무슨 상관이 있느냐?]" 하고 말씀하신 것뿐이다. 이 모든 일을 증언하고 또 이 사실을 기록한 사람이 바로 이 제자이다. 우리는 그의 증언이 참되다는 것을 알고 있다. 예수께서 하신 일은 이 밖에도 많이 있어서, 그것을 낱낱이 기록한다면, 이 세상이라도 그 기록한 책들을 다 담아 두기에 부족할 것이라고 생각한다.

—요한복음 21:18-25

1

제가 저 자신에 대해 가장 아쉬워하는 것 가운데 하나는 악기를 하나도 다루지 못한다는 점입니다. 기타를 조금 다루지만, 기껏해야 코드 20개 정도 가지고 치는 것이니, 실은 기타를 다룬다고 하기에 부끄러운 수준입니다. 피아노 앞에서 마음껏 손을 놀리며 연주하는 분들을 보면 참 부럽습니다. 그런 아쉬움을 대학 시절부터 가지고 있었습니다. 그때부터라도 시작했더라면 지금쯤 마음껏 연주할 만한 악기가 하나 정도는 있었을 텐데, 저는 그때 "악기를 새로 배우기에는 너무 늦었다"고 체념하고 있었습니다.

그래서 저는 저와 같은 아쉬움이 동생에게는 없었으면 좋겠다고 생각했습니다. 당시 막내동생이 막 초등학교를 졸업한 때였습니다. 저는 동생에게, 내가 아르바이트를 해서라도 레슨비를 댈 테니, 뭐든 악기를 하나 배우라고 권했습니다. 그런데 동생에게는 아무런 의지가 없었습니다. 하기 싫다는 것이었습니다. 저는 "너, 나중에 후회할 거다"라면서 타이르고 강권했지만, 끝내 말을 듣지 않았습니다.

그 동생이 진학하여 대학생이 되었을 때입니다. 하루는 제 앞에서 "아, 나도 악기를 하나쯤 연주할 수 있었으면……" 하고 말하는 것입니다. 저는 어이없는 표정으로 동생을 쳐다보며, "내가 그렇게 하라고 할 때는 안 하겠다더니, 이제서 그런 말을 하냐?" 고 물었습니다. 그랬더니, 동생이 하는 대답이 걸작입니다. "아니, 형님, 그게 그렇게 중요하다 싶었으면, 다리몽둥이를 부러뜨려서라도 배우게 했어야지요. 어린아이가 하는 말을 그대로 듣습니까?"

다행히 동생은 저처럼 너무 늦었다고 생각하지 않고 대학 때부터 클라리넷을 배우기 시작했습니다. 대단한 실력은 아니지만, 지금 동생은 '클라리넷 부는 엔지니어'로 불리며, 교회 안팎에서 나름대로 활동하고 있습니다. 그 모습이 참 좋아 보입니다. 뚜렷한 취미를 하나 가지고 때로 그것에 전념하는 것은 그 자신에게나 그것을 보는 사람에게나 참 좋은 모습이 아닐 수 없습니다.

2

제 동생이 제게 한 말을 잠시 생각해 봅시다. "다리몽둥이를 부러뜨려서라도 배우게 했어야지요. 어린아이가 하는 말을 그대로 듣습니까?"라는 말입니다. 이 말은, 어린아이에게는 분별력이 없으므로 그의 뜻을 모두 받아주어서는 안 된다는 뜻입니다. 어린아이는 자신에게 진실로 필요한 것이 무엇인지 모를 경우가 많습니다. 반면, 자신에게 해로운 것을 좋은 것으로 알고 그것을 달라고 보채는 경우도 적지 않습니다. 그렇기 때문에 어린아이에게는 부모의 안내와 손길이 필요합니다.

때로는 부모의 간섭과 강제와 압력이 너무 커서 문제인 경우도 있습니다. 부모가 아이에게 정말 필요한 것을 시키는 것이 아니라,

부모가 원하는 것을 시키기 때문입니다. 그런 문제로 인해 아이들은 어릴 때 상처를 입습니다. 부모 되시는 분들은 이 문제에 있어서 아이들을 세심하게 배려해야 합니다. 하지만 그렇다고 해서 아이들이 하고 싶어 하는 대로 놓아두어서도 안 됩니다. 어릴 때부터 아이를 방치해 두면, 그 결과는 뻔합니다. 영어 표현에 'couch potato'라는 말이 있습니다. 푹신한 소파에 앉아 하루 종일 텔레비전과 게임에 빠져 있는 아이를 일컫는 말입니다. 그런 아이는 영혼과 정신과 육신을 모두 망가뜨리게 될 것입니다.

그렇다면 어른의 경우는 어떻습니까? 어른은 자신에게 이로운 것과 해로운 것을 구분할 '분별력'과 이로운 것을 선택할 수 있는 '의지력'이 있습니까? 어른에게는 자기 스스로 자신의 인생을 선택하고 결정해 나갈 수 있는 충분한 능력이 있습니까? 다른 사람의 경우를 묻기 전에 먼저 자기 자신에게 물어보십시오. 과연 내 자신의 인생을 결정하고 책임질 만한 능력이 내게 있습니까? 나는 내 인생의 목적과 의미와 방향을 알고 있고, 그 목적과 의미를 이루기 위해 어떻게 살아야 하는지 알고 있습니까? 아는 대로 행할 수 있는 의지가 우리에게 있습니까? 어른이 되면 누구나 그런 능력을 얻게 됩니까?

미국에서는 영화의 관람등급을 매길 때 한국과 다른 표현을 씁니다. 미국 영화의 R(Restricted) 등급에 해당하는 것을 한국에서는 '성인용'이라고 부릅니다. 인터넷에서 매우 질이 좋지 않은 영상물을 보려면 소위 '성인 인증'이라는 것을 거쳐야 합니다. 미국의 TV Guide를 보면, 케이블 TV에서 방영되는 음란물을 소개하면서 'Mature Adult Only'라는 문구를 써 놓았습니다. 저는 이런 표현에 대해 의문이 듭니다. 과연 이 같은 영상을 보는 사람들이 '성인'입니까? 그들이 과연 '성숙한 성인'(mature adult)입니까? 오히려 나이는 성인이 되었지만 정신적으로는 성인이 되지 못한 사람들이 그런 영상을 찾는 것 아닙니까? 그런 행동을 하는 사람들은 '성숙한' 것이 아니라 '미성숙한' 것 아닙니까?

인간이 어느 정도의 수준에 이르면 자신의 인생을 스스로 결정해 나갈 수 있고, 자신에게 이로운 것이 무엇이고 해로운 것이 무엇인지를 분별할 수 있으며, 자신에게 이로운 것을 선택할 수 있는 의지가 있고, 그렇게 하여 자기 인생의 의미를 구현할 수 있다고 믿는 믿음은 과연 옳습니까? 지난 3백 년 동안 인류의 투쟁은 인간의 독립성과 자주성을 얻고 지키기 위한 투쟁이었고, 그 투쟁과 희생의 결과로 인류는 분명 많은 유익을 얻었습니다. 하지만 과연 인간은 지금 자기 스스로 서서 자신의 인생을 개척하고 있습니까? 그렇게 살아가면서 우리는 과거보다 더 행복해졌고 더 큰 의미와 보람을 경험하고 있습니까? 과연 인간성에 대한 이 무한대의 낙관주의는 의심할 여지없는 진리입니까?

3

오늘 우리가 읽은 요한복음의 마지막 이야기는 이 문제에 대해 깊이 생각하도록 해 줍니다. 진정으로 성인이 되고 성숙한 어른이 되는 길이 무엇인지, 진실로 독립성과 자주성을 얻기 위해 어떻게 해야 하는지를 생각하도록 이끌어 줍니다. 이 세상이 가르치는 것과는 전혀 다른 방법을 제시해 줍니다.

부활하신 주님께서 베드로를 따로 불러내어 그의 사랑을 회복시켜 주신 다음에 일어난 일입니다. 주님께서는 베드로에게 당신의 양떼를 먹이라고 부탁하시고 나서 이렇게 말씀하십니다. "내가 진정으로 진정으로 네게 말한다. 네가 젊어서는 스스로 띠를 띠고 네가 가고 싶은 곳을 다녔으나, 네가 늙어서는 남들이 네 팔을 벌릴 것이고, 너를 묶어서 네가 바라지 않는 곳으로 너를 끌고 갈 것이다." 얼른 들어서는 이해하기 어려운 말씀입니다.

요한복음의 저자는 이 말씀의 뜻을 다음과 같이 설명합니다. "예수께서 이렇게 말씀하신 것은, 베드로가 어떤 죽음으로 하나님께 영광을 돌릴 것인가를 암시하신 것이다." 교회의 전통이 전하는 바에 따르면, 베드로는 네로 황제가 기독교인들을 박해할 즈음에 로마에서 십자가에 달려 순교당했습니다. 따라서 "늙어서는 남들이 네 팔을 벌릴 것이다"라는 말씀은 베드로가 십자가에 달려 순교할 것을 예언한 말씀이라고 볼 수 있습니다. "너를 묶어서 네가 바라지 않는 곳으로 너를 끌고 갈 것이다"라는 말씀은 베드로가 복음을 위해 당할 여러 가지의 박해를 암시한 것입니다. 그러므로 예수님의 이 말씀은 베드로의 죽음과만 관계된 것이 아니라, 앞으로 베드로가 살아갈 삶의 방식에 관한 것임을 알 수 있습니다. 앞으로 베드로의 인생이 자신의 뜻과 의지가 아니라 다른 사람의 뜻과 의지에 따라 결정될 것이라는 말씀입니다.

이 말씀을 하신 후에, 예수님은 베드로에게 "나를 따라라!" 하고 말씀하십니다. 예수님은 베드로를 처음 만났을 때에도 같은 말씀으로 그를 불러내셨습니다. 첫 번째의 그 따름은 가야바의 법정에서 참혹하게 실패했습니다. 이제 부활하신 주님은 베드로를 두 번째로 불러내십니다. 심하게 깨어졌다가 주님의 사랑으로 회복된 베드로는 더 이상 자신을 의지하지 않고 주님을 의지합니다. 자신의 분별력과 자신의 의지를 따라 사는 것이 아니라, 예수 그리스도의 인도하심을 따라갑니다. 그전까지 베드로는 자기 스스로 인생의 길을 개척해 왔지만, 이제는 주님을 앞세우고 그분이 인도하시는 대로 따라갑니다.

주님께 인생을 맡기고 살아가는 사람은 다른 사람들의 손에 끌려다니는 것을 기꺼이 감수해야 합니다. 하나님께서는 여러 사람들의 손을 통해 나를 이끄시고 밀어내시고 깨뜨리시고 빚으셔서 자신의 뜻을 이루십니다. 이것을 받아들여야 주님의 손에 자신을 내어드릴 수 있습니다. 사람들이 나를 묶어서 내가 바라지 않는 곳으로 끌고 가더라도, 그것이 주님의 뜻이라고 믿어진다면 순순히 당할 수 있어야 합니다. 때로 이것은 참으로 어려운 일입니다. 나 자신이 하찮게 취급당하는 것 같을 때가 많습니다. 하지만 사람들의 손에 이끌리는 것을 받아들이지 않고는 결코 하나님의 손에 이끌릴 수 없습니다.

두 번째 부름을 받은 베드로는 이렇게 살아가는 일에 성공합니다. 첫 번째 부름을 받고 나섰을 때는 죽음의 위협 앞에서 주님을 세 번이나 부인했습니다. 하지만 두 번째 부름을 받고 나섰을 때는 어떤 환난과 박해도 그를 막지 못했습니다. 끌려다니기도 하고, 투옥되기도 하고, 도피해 다니기도 했습니다. 그러나 그는 주님의 손길에 자신의 인생을 맡기고 그분의 뜻을 따라 살았습니다. 죽음도 그의 길을 막지 못했습니다. 베드로는 마침내 그를 구원하신 예수 그리스도처럼 십자가에 못 박혀 죽기까지 흔들리지 않고 자신의 길을 걸어갔습니다.

4

예수님은 돌아가시기 전에 다음과 같은 말씀을 하셨습니다. "나를 따라오려고 하는 사람은, 자기를 부인하고, 자기 십자가를 지고, 나를 따라오너라"(막 8:34). 베드로는 "자기를 부인하라"는 말씀이 무슨 뜻인지, 당시에는 알지 못했습니다. 하지만 믿었던 자기 자신에게 철저하게 절망하고 나서 그는 비로소 자기를 부인하는 것이 무엇인지 알았습니다. 내 인생의 주인이 마치 자신인 것처럼, 자신의 생각이 진리인 것처럼, 자신의 판단이 항상 옳은 것처럼, 자신의 의지면 다 될 것처럼 생각하지 말라는 뜻입니다. 그 대신, 예수님을 주님으로 모시고 자기 십자가를 지고 주님의 뒤를 따라가라는 뜻입니다.

주님의 제자가 되어 십자가를 지고 그분을 뒤따라간다는 말은, 자기 인생의 주인됨을 포기하고 주님을 새로운 주인으로 모셔 들이라는 말입니다. 주님의 제자로 살아간다는 것은, 자신의 인생을 주님의 손에 맡기는 것입니다. 나를 참으로 행복하게 할 수 있는 사람은 내가 아니라 주님이라는 사실을 인정하고 그분 앞에 무릎을 꿇는 것입니다. 내 판단이 아니라 주님의 계획을 찾는 것입니다. 내 의지를 믿지 않고 주님께서 주시는 능력을 의지하는 것입니다. 그렇게 하여 나는 점점 작아져 '제로'(0)가 되고, 주님은 점점 커져서 '100'이 되는 지경까지 나아가는 것, 이것이 바로 영성생활의 목표입니다.

영성생활을 통해 경험하는 놀라운 신비가 바로 여기에 있습니다. 자기를 부인하고 주님을 내 인생의 주인으로 모셔 들이면, 내가 없는 인생이 될 것 같습니다. 그래서 두렵습니다. 나는 제로가 되고 주님이 100이 되면, 나는 껍데기가 되고 말 것처럼 생각됩니다. 하지만 실상은 정반대입니다. 마음 가득 주님을 모시고 산 영적 거인들의 글을 보더라도 그렇고, 아주 초보적인 제 자신의 경험을 보더라도 그렇습니다. 이상하게도, 나 자신을 부인하고 주님이 차지하는 자리가 커질수록, 나는 진짜 내가 되고 있음을 느낍니다. 그렇게 살다가도, 주님에 대한 감각이 무뎌지고 나 자신의 생각과 판단과 충동과 감정으로 살다 보면, 나 자신이 껍데기가 된 것처럼 느껴집니다.

왜 그렇습니까? 내가 생각하는 '나'는 거짓 자아이기 때문입니다. 우리는 마치 그 자아를 부정하면 나 자신이 없어지는 것처럼 착각하고 그 자아에 집착합니다. 그렇기 때문에 예수 그리스도를 주님으로 영접하지 못합니다. 영접하기를 두려워합니다. 우리의 참 자아는 하나님 안에 있습니다. 예수 그리스도를 통해 하나님과 화해하고 그분의 자녀로 받아들여질 때, 우리는 참된 나를 발견하게 됩니다. 예수 그리스도를 주님으로 모시고 그분의 뜻에 순종하며 살아갈 때, 우리의 참 자아는 점점 성장하고, "진실로 내가 내가 되었도다!"라는 고백을 할 수 있게 됩니다. 이것이 바로 영성의 신비입니다.

현대인들이 막연히 공유하고 있는 인간에 대한 무한정의 낙관주의가 성경으로부터 얼마나 멀리 떨어져 있는지요. 인간은 처음부터 독립적인 존재가 아니며, 그 어떤 노력으로도 독립적인 존재가 될 수 없습니다. 그렇게 될 수 있다고 생각하는 것은 망상이요 환상입니다. 이는 단지 어린아이에게만 해당하는 이야기가 아닙니다. 스스로를 성숙한 어른이라고 생각하는 사람도 실은 홀로 설 수 없는 존재입니다. 인간은 근본적으로 '피조물'이기 때문입니다. '지어진 존재'는 그 존재를 '지으신 분'과의 관계 안에서만 제 위치를 찾을 수 있습니다.

나를 지으신 주님의 손에 내 인생을 맡기고 살아가는 것, 이것이 바로 참된 행복과 성공의 길입니다. 물론, 그렇게 한다고 해서 모든 일이 잘될 것이라는 뜻은 아닙니다. 예수님께 인생을 맡겼다고 해서 베드로가 완전한 사람이 된 것은 아닙니다. 이후로도 그는 실수가 적지 않았습니다. 주님께 자신의 인생을 철저하게 의탁하고 나서, 그는 수많은 고초와 박해와 손해와 아픔을 당했습니다. 자신이 원하지 않는 일을 해야 했고, 자신이 가고 싶지 않은 곳에도 가야 했습니다. 그러고는 마침내 십자가에서 죽임을 당했습니다. 주님께 인생을 맡기고 나서 잘된 것이 하나도 없어 보입니다. 하지만 그는 그렇게 살면서 참으로 행복했고, 그렇게 죽어서 영원에 이르렀습니다.

5

오늘 본문에 흥미로운 대목이 하나 더 나옵니다. 이 대화를 나눌 때, 예수님과 베드로는 해변을 따라 걷고 있었습니다. 그때 다른 제자 요한이 저 뒤에서 따라오는 것이 보입니다. 베드로는 갑자기 요한의 미래가 궁금해졌습니다. 자신은 자타가 공인하는 수제자이지만, 예수님과 심정적으로 가장 가까운 제자는 요한이었습니다. 자신의 미래가 고난과 박해와 순교로 이어질 것이라면 요한도 마찬가지인지, 베드로에게 궁금증이 생겼습니다. "혹시나, 특별히 아끼는 제자이니, 예수님이 요한에게는 자신과는 다른 특별한 미래를 준비해 두지 않았을까?" 하는 생각이 듭니다. 그래서 묻습니다. "주님, 이 사람은 어떻게 되겠습니까?"

일종의 경쟁심이 보이지 않습니까? 혹시나 요한이 자기보다 더 좋은 미래를 얻는 것은 아닐까 하는 심사가 보이지 않습니까? 그 심정을 예수님이 왜 모르셨겠습니까? 그래서 그분은 이렇게 답하십니다. "내가 올 때까지 그가 살아 있기를 내가 바란다고 한들, 그것이 너와 무슨 상관이 있느냐? 너는 나를 따라라!" 23절을 보니, 이 말씀이 와전되어 제자 요한은 예수께서 재림하실 때까지 죽지 않을 것이라는 잘못된 소문이 퍼졌다고 합니다.

예수님의 의도는 그런 것이 아니었습니다. 행여 베드로에게는 일찍 순교당하는 몫이 주어지고 요한에게는 영원히 죽지 않는 몫이 주어진다 해도, 그런 것에 신경 쓰지 말라는 뜻입니다. 왜 그렇습니까? 한 사람의 미래가 주님께서 주시는 것이라면, 미래가 어떠하든 그 사람에게 가장 좋은 것을 주님께서 주실 것이기 때문입니다. 주님께서 베드로를 고난과 박해와 손해와 순교의 길로 인도하신다면, 그것이 베드로의 인생을 가장 값지게 사용하는 길일 것입니다. 그렇게 살 때 베드로가 가장 행복하고, 그로 인해 다른 사람들도 행복할 것이기 때문입니다. 주님께서 요한을 외진 곳으로 인도하셔서 그곳에서 믿는 사람들을 지도하며 조용히 살다가 여생을 마치도록 인도하신다면, 그것이 요한의 인생을 가장 값지게 사용하는 길일 것입니다. 그렇게 살 때 요한이 가장 행복하고, 요한으로 인해 다른 사람들도 행복할 것이기 때문입니다. 그러므로 다른 사람의 은사와 소명과 운명에 관심을 둘 이유가 없습니다. 주님을 믿고 내 소명에 충실하면 됩니다.

주님께서 우리 각자를 이끌어 주시는 길에는 더 좋고 더 나쁜 것이 없습니다. 문제는 우리가 주님의 손에 이끌려 살아가느냐에 있습니다. 주님께서 어떤 사람은 목사로 인도해 주시고, 어떤 사람은 선교사로 인도해 주시고, 또 어떤 사람은 직업인으로 살면서 평신도 사역자로 일하도록 해 주시든, 우리가 신경 쓸 일이 아닙니다. 불러 주신 그 길에서 어떻게 주님의 제자로 살아가느냐가 중요합니다. 주님께서 누구는 부자로 만드시고, 누구는 가난하게 만드셨다고 해서, 불평할 일이 아닙니다. 자신의 처지에서 어떻게 하나님의 영광을 위해 살아가느냐가 중요합니다. 주님께서 누구에게는 신유의 은사를 주시고, 누구에게는 섬김의 은사를 주셨다고 해서, 불공평하다고 생각해서는 안 됩니다. 다만, 주어진 은사를 사용하여 하나님을 영화롭게 하고 교회에 덕을 세우면 됩니다.

주님께서는 각 사람에게 서로 다른 몫을 주시며, 다른 부름을 주십니다. 우리는 다른 사람이 받은 몫이 무엇인지를 따져 물으면서 자신의 몫과 비교하지 말아야 합니다. 그것은 우리가 믿는 주님을 불신하는 일입니다. 주님이 진실로 신실한 분임을 믿는다면, 우리는 다른 사람의 은사와 소명과 운명에 감사하고, 나에게 주어진 은사와 소명과 운명에 성실해야 합니다. 그것이 주님께 붙잡혀 살아가는 사람의 자세입니다.

6

"잡혀야 산다." 이것이 요한복음의 결론입니다. 생명의 복음의 결론입니다. 부활하셔서 우리와 함께하시는 주님의 손에 잡히는 것, 이것이 참으로 사는 길입니다. 이 결론을 몇 가지로 요약해 보면 다음과 같습니다.

1. 부활하신 주님이 당신을 찾아오셨습니다. 그분과 일대일로 대면하십시오.
2. 그분이 당신에게 주신 사랑을 경험하고 그 사랑에 취하십시오.
3. 자신에게서 희망을 찾지 말고 주님께 당신의 인생을 맡기십시오.
4. 그분에게 사로잡혀 그분의 뒤를 따르는 제자로 매일을 사십시오.

마지막으로, 제가 좋아하는 이용도 목사님의 기도시를 읽어 드리겠습니다. 이용도 목사님은 일제 강점기에 부흥사와 기독교 교육자로 뜨거운 삶을 살다가 33세를 일기로 세상을 떠나셨습니다. 일기에 남긴 기도시 한 편에서 이용도 목사님은 자신을 "하나님의 손에 붙들린 공"에 비유하여 이렇게 기도하셨습니다.

나는 주님이 놀리시는 대로 노는 공입니다.
나는 공을 봅니다.
줄을 매단 공.
아이가 줄을 당기면 오고,
늦추어 보내면 가는 그 공을 봅니다.
그 공은 나요, 그 주인은 주님이었습니다.

주여, 사랑의 줄로 나를 매시옵소서.
그리고 맘대로 주께서 놀리시옵소서.
나의 운동은
그것이 나의 운동이 아니라,
주의 팔이 운동하는 것이었습니다.
주의 팔을 움츠려 끈을 당기시면
나는 주의 앞으로 따라 들어올 것이요,
팔을 펴서 끈을 풀으시면
나는 또 굴러 나갈 것입니다.

주의 팔이 움직이는 대로 들고 나고 구르고 노는 공입니다.
눈도 귀도 입도 팔다리도 다 없는,
그저 둥근 공입니다.
나의 눈도 버리고, 귀도 잘라 버리고, 수족도 버리고,
전체가 구르기 쉽게만 되어지게 하소서.
내가 그것들을 갖고 있으면

구르기에 거리낄 것이 아주 많을 것입니다.

주께서

내가 보는 것 대신 보아 주시고,

나 대신 들어 주시고,

내가 움직이는 대신 주께서 움직이실 것이니,

내 귀와 눈과 입과 코와 손과 발이 무슨 필요가 있겠습니까?

곧 주의 눈이 내 눈이요,

주의 귀가 내 귀입니다.

내 눈은 나에게 있지 않고 주님께 있습니다.

그러므로 나는 주를 통해서만 보고,

주를 통해서만 듣고,

주를 통해서만 걷고 움직이는 것입니다.

아멘.

해설과 논평

김회권

신약학자이자 중견 목회자인 와싱톤한인교회 김영봉 목사의 첫 설교집 「잡혀야 산다」는 목회 현장에서 선포한 설교를 묶은 요한복음 강해 설교집이다. 이미 「사귐의 기도」와 「바늘귀를 통과한 부자」 등의 책으로 상당한 독자층을 확보하고 있는 저자는, 요한복음 강해 설교 첫 권을 1장이 아니라 20장부터 출판하게 된 배경을 서문에서 밝히고 있다. 가톨릭교회 전통에 보존된 영성 훈련을 개신교에 도입하는 데 일정 부분 기여하며 개신교인들의 영성 훈련을 강조해 온 저자이지만, 한국의 개신교회가 사순절 고난주간 축성(祝聖) 등을 통해 십자가의 영성을 강조한 나머지 부활 신앙의 의미를 간과하지나 않을까 하는 염려 때문에 '부활' 본문부터 출판하기로 했다고 말한다. 십자가의 '고난의 영성'과 '부활 신앙'을 조화시키기 위해서라는 것이다.

각각의 설교는 아라비아 숫자로 표시된 몇 개의 단락으로 구분된다. 설교는 기승전결의 구조를 따르고 있으며, 주제 도입, 본문과 주제의 관련성 언급, 주제 중심의 본문 요약, 신앙적 함의 도출과 실천을 위한 권면, 마무리 기도 순으로 구성된다. 18편의 설교 모두를 관통하는 중심 주제는 "세상을 이처럼 사랑하사 육신이 되어 인간의 삶의 자리를 친히 찾아오신 말씀이신 하나님의 사랑"과 "그 사랑에 붙잡힌 사람의 행복과 사명감 넘치는 삶"이다.

목회적 현장성과 관심이 드러나 있는 설교

무엇보다도, 이 강해서는 분명한 목회적 현장성과 관심이 잘 부각된 책이다. 이 책은 강단에서 구두로 선포된 말씀이 갖는 구어적이고 대화적인 역동성을 충실히 되살리고 있으며, 그 결과 예수님의 목회자적인 면모를 풍성하게 드러내 준다. 설교 끝에 배치된 기도문은 독자들에게 설교가 선포되는 현장에 초청받은 듯한 포근함을 안겨 준다. 거대담론을 지향하거나 고답적인 이상주의에 매몰되지 않으면서도, 성도들에게 지금 서 있는 곳에서 반걸음만 더 전진하도록 격려하는 내용으로 가득 차 있다.

기본적으로 이 책의 회중은 특정 교회의 회중이지만, 세계 어느 곳에 있는 그리스도인들이 들어도 소외감을 느끼지 않을 만큼 그 내용이 포괄적이고 보편적이다. 이 설교를 듣는 회중은 삶과 죽음의 경계선, 의심과 신앙의 경계선, 투신과 관망의 경계선, 불안과 확신의 경계선에 서 있는 사람들이다. 그들은 여러 가지 이유로 좌절과 실패를 경험하며 하나님과 기독교 신앙에 냉담기를 거치고 있는 사람들로 설정된다. 책 전반에 걸쳐 설교자 자신이 회중의 삶 속에 구체적으로 뿌리 내리고 있다는 인상을 강하게 풍기고 있다. 그런 점에서 말씀이 육신이 되어 우리 가운데 오신 독생자 예수 그리스도의 복음인 요한복음의 특징이 고스란히 드러난다고 할 수 있다. 저자의 설교는 제자들의 자폐적인 불안과 두려움의 영역으로 깊숙이 찾아오신 예수님의 체휼을 잘 드러내고 있다.

3장 '큰일은 없다'는 유대인 당국자들이 두려워 빗장을 걸어 놓고 방에 숨어 있는 제자들의 심리를 분석함으로써 두려움과 불안에 짓눌린 회중을 본문 속으로 깊숙이 초청한다. 저자는 여러 가지 불안과 두려움의 예를 나열한 뒤에 본문의 핵심 주제인 예수님의 부활 인사—"너희에게 평화가 있기를!"—를 분석한다. 저자는 회중에게 "큰일 났다"는 식의 감정에 기만당하지 말 것을 강조한다. 회중이 처한 불안과 두려움을 말씀으로 돕고자 하는 목회자의 진심이 잘 부각되고 있다. 4장 '죽는 것이 더 나은 인생은 없다'는 자살 충동에 시달릴 정도로 절망적인 교우들까지 고려한 설교다. 저자는 자살자는 구원을 받을 수 없다는 가톨릭교회의 교리를 비판적으로 논평한 뒤에 자살한 사람에게도 구원의 여지가 남아 있다는 말씀을 덧붙인다. 그러면서도 동시에 자살 충동에 시달릴 정도의 극한 환난과 불행에 처한 성도들에게는 과도한 자기연민에 빠지지 말 것을 강조한다. 설교의 결미에서 발달장애아를 낳고 절망에 빠졌던 부부가 절망을 극복한 이야기와 뇌성마비 아들과 함께 달리는 호잇 부자의 절망 극복 사례를 인증하며, "죽는 것이 더 나은 인생은 없다"는 주제를 다시금 강조한다.

둘째, 본서에 담긴 설교들은 본문 위주의 강해 설교이면서 동시에 중요한 신앙 원리를 조리 있게 해설하는 주제 설교이기도 하다. 저자는 회중의 실존적 상황과 말씀을 밀착시키면서도 대체로 모든 성경 구절에 거의 동등한 관심과 주목을 보인다. 말씀 자체를 단순히 많이 읽거나 인용하지는 않으면서도 말씀의 중심 주제를 잘 천착하고 있다. 마치 이삭이 샘을 파서 우물을 얻듯이, 저자는 동일한 본문으로부터 상이한 주제들을 파내어 성도의 삶과 본문을 밀착시킨다. 예배 시간에 읽는 본문이 회중(독자)의 당면한 삶과 아주 밀접하다는 깨달음을 주려고 한다.

6장 '누가 성령을 두려워하는가'는 성령론이다. 저자는 참된 신앙은 성령의 감동을 통해서 온다는 진리를 강조한다. 성령을 두려워하지 말고 성령께 마음을 열어 성령의 불가항력적인 주장하심을 경험해 보자고 설득한다. 하나님의 신비에 젖는 체험을 사모하는 것이 얼마나 중요한지를 강조하는 한편, 성령을 두려워하게 만드는 것은 성령을 회피해 가면서 우리 생을 허망하게 소비하게 만들려는 악한 영의 속임수라는 점을 재차 역설한다. 저자는 성령의 만지심을 경험하는 다양한 계기를 언급하며(영성수양회, 예배, 선교지, 봉사, 기도회) 부활하신 예수님(성령)을 영접하도록 유도하는 기도로 설교를 마무리한다. 7장 '얼숨으로 산다'는 영성생활의 기본인 영적 호흡(얼숨), 곧 기도가 얼마나 중요한지를 다룬다. 데살로니가전서 5장 16절의 "쉬지 말고 기도하라"는 구절을 해설하면서, 쉬지 않고 기도하는 행위의 참뜻을 제시한다. 그것은 하나님과의 영적 사귐과 공명을 그치지 말라는 뜻이다. 여기서 기도의 본질은 하나님께 필요를 아뢰고 청구하는 행위가 아니라, 하나님과 사귀는 것이며 하나님의 생명으로 들숨과 날숨을 삼는 호흡 행위임이 드러난다. 저자는 사업 성공을 위한 기도보다 하나님과의 깊은 인격적 교제가 사업 성공에 더 도움이 될 가능성을 암시한다. 저자는 얼숨 훈련을 통해 성령 충만에 이를 때 얻게 되는 17가지 유익들을 나열한다.

8장 '죄의 심장을 쏘다'는 종교 다원주의에 대한 요한복음의 입장을 간결하게 다룬다. 불교의 사성제와 유교의 인의 구현과 기독교의 구원관 사이의 유사점을 잠시 언급한 후 기독교가 말하는 하나님과의 바른 관계 회복이 불교의 열반이나 유교의 극기복례와는 전혀 다른 진리의 봉우리임을 강조한다. 공격적인 언사는 자제되어 있으나, 이 설교는 확실히 기독교 신앙의 절대적 우위성을 믿도록 유도하고 있다. 저자는 기독교의 죄론, 곧 하나님과의 관계 단절과 파탄이야말로 모든 고등종교가 바라본 인간 고통의 현상 너머에 있는 본질임을 강조한다. 크레이그 그로쉘 목사의 「목사로 산다는 것」에서 인용한 예화는 감동적이다. 한 목회자가 죄와 혈투를 벌여 마침내 성령의 능력으로 이겨 가는 과정은 회중들에게 구체적인 적용이 가능한 메시지일 것이다. 결론부에 가서 저자는 결신을 가로막는 근원적인 죄를 버리고 성령의 다스림을 받아 죄를 이기고 무한 자유를 누리기를 사모하자고 호소한다. 저자는 여기서 구원론에서 한 걸음 더 나아간다. 구원의 감격은 반드시 선교적 사명으로 승화되어야 함을 역설한다.

구도자적 영성을 강조하는 설교

셋째, 이 강해서는 거대담론이나 사회적 실천을 독려하기보다는 성도 개개인과 하나님과의 관계 회복, 곧 신앙 입문의 의미에 초점을 맞추고 있다. 신앙 입문을 열망하는 사람들을 향해 일상생활을 유심히 살피고 그 안에서 하나님의 현존을 발견할 수 있는 소소한 단서들을 잘 포착하여 일상의 한복판에 와 계신 예수님을 발견하고 경배하도록 격려한다. 노동의 대가가 전혀 보답되지 않는 차가운 갈릴리 바다의 밤 한 자락에 찾아오신 예수님을 회중 각자의 고단한 일상생활 현장에서 발견하고 만날 것을 권면한다. 이것이 이 책 전체에서 자주 강조되는 '구도자적 영성'이다.

1장 '그가 보고 믿었다'는 구도자적 영성이 무엇인지를 잘 보여준다. 저자는 요한복음 20장 1-14절에 나오는 사도 요한을 구도자적 영성을 가진 인물로 규정한다. 요한은 빈 무덤에서 개켜 있는 수의를 보고 부활을 열광적으로 확신하지 못했으나 부활의 가능성을 남겨 두는 신중한 사유에 머문다. 이 설교에서 저자는 부활을 믿을 수 없다고 여기는 현대인들을 어느 정도 동정하면서도 부활을 믿는 것이 꼭 이성을 희생시키는 것이 아님을 강조한다. 더 나아가 저자는, 이성의 목적은 주변에서 일어난 일들을 유심히 살펴보면서 믿으려고 애쓰는 것이라고 규정한다. 저자는 여기서 "주의 깊이 살피고 생각하고 기도하면 믿음의 길이 열립니다"고 말한다(26쪽). 이 설교집 전체에서 저자는 이런 구도자적인 영성을 '관조적인 삶', '묵상적인 삶'이라고 칭하며 강조한다. 이 구도자적 영성은 광신주의적 열정도 배격하지만 차가운 교조적인 이성주의도 경계한다.

비슷한 논지를 펼친 설교는 11장 '정직한 의문에 길이 있다'와 12장 '그것이 사실인지 알아보려고'이다. 11장에서 저자는 부활하신 예수님의 옆구리 상처에 손을 넣어 보기 전에는 믿지 못하겠다고 소리치는 도마를 긍정적으로 평가한다. 저자가 보기에 도마는 투박하고 직선적인 기질에도 불구하고 구도자적인 품성을 보였다. 저자는 빌립보서 3장 12-15절을 인용하면서 진정한 구도자의 표상인 사도 바울을 언급한 후 회중을 향해 주님을 영접하도록 격려하는 데까지 나아간다. 12장 '그것이 사실인지 알아보려고'에서 저자는 자신이 2002년 코스타 집회에서 우연히 만난 한 교우의 간증을 소개한다. 이 일화를 통해 저자는 맹목적이고 강압적인 분위기의 한국 교회의 풍속을 꼬집으면서, 신앙에 관해 의문을 제기하는 태도를 시험에 빠진 것이라고 비판하는 한국 교회의 미성숙함을 은근히 비판한다. 저자는 한국 교회가 교우들의 이성적인 사유와 의심의 권리를 정당하게 인정할 것을 강조한다. 여기서 저자는 감리교의 중심이 되는 네 기둥, 곧 가운데 중심 기둥인 성경과 바깥의 작은 세 기둥인 경험, 전통, 이성의 자리를 설명하며 이성 존중의 감리교 전통을 소개한다. 하지만 저자는 웨슬리의 전통을 따라 이성의 과대평가도 경계한다. 결론적으로 저자는 "영혼으로 하나님과 깊이 사귀고, 정신으로 부단히 질문하고 탐구하며, 몸으로 부지런히 섬기고 헌신하는 삶"을 이상적인 그리스도인의 삶이라고 규정한다(218쪽).

하지만 저자는 인간의 능동적인 구도자적 분투 자체가 구원을 가져다준다고 보지는 않는다. 신자 각 사람이 노력하고 기도하면 하나님과의 관계가 즉시 회복되고 만사가 형통해진다고 설교하지 않는다. 그래서 구도자의 영성이 중요함에도 그 자체가 믿음의 충분조건이 아님을 강조하기 위해 하나님 은총의 주도성을 강조한다. 2장 '누군가 내 이름을 부르고 있다'에서 저자는 부활하신 예수님과의 인격적 만남이 더 중요하다고 말한다. "부활의 현실이 내 삶속으로 뚫고 들어와야 합니다"(38쪽). 사도 요한의 관조적이고 묵상적인 삶이 요한의 신앙 입문에 결정적으로 중요했으나 더 중요한 것은 부활하신 예수님의 친히 찾아와 주심이라는 것이다.

13장 '보는 것으로는 믿지 못한다'에서 저자는 중세의 천재 화가 카라바조의 불행한 인생 이야기로 설교 주제를 도입한다. '도마의 의심'이라는 그림을 그린 카라바조가 도마와는 달리 끝내 기독교 신앙에 입문하지 못한 이유를 따져 본다. 저자는 카라바조가 눈으로 보고 손으로 확인하는 데 초점을 두었기 때문이라고 판단한다. 저자는 그림 속 도마가 카라바조 자신의 분신이라고 추정한 뒤에 그가 예수님의 상처에만 집중했기에 신앙에 이르지 못했다고 추정한다. 도마에 관한 앞선 두 설교에서는 진지한 구도적 질문은 믿음에 이르게 한다고 강조했으나, 이제 질문보다 더 중요한 것은 믿음에 이르려는 참된 열망이라고 강조한다. 이처럼 저자는 이 설교들을 통해 이성과 신앙의 접점, 의심과 확신의 긴장 관계를 건설적으로 다룬다. 특히 저자는 의심과 신앙의 경계를 포용하며, 현재 잘 믿지 못한 채 도마처럼 의심에 시달리는 영혼, 확실한 믿음의 증거를 찾고자 갈망하는 개인에게 동정적으로 접근한다.

구원을 넘어 선교적 사명을 설득하는 설교

넷째, 앞에서도 잠시 언급했듯이, 이 책은 기독교 신앙의 사회적 적용을 섣불리 시도하지 않으며 성도들의 실존적 필요에 초점을 맞추어 본문을 해석하고 있다. 본문의 역사적, 정치사회적 맥락이 배제되고 개인과 예수 그리스도와의 관계가 전면에 배치된 요한복음의 분위기에 맞는 설교인 셈이다. 그렇지만 저자는 실존적 구원은 반드시 선교 지향적인 성육신적 사랑의 실천으로 귀결된다고 말한다. 저자가 말하는 요한복음의 구원과 영생, 하나님의 사랑은 강력한 사회적 지향성을 보유하고 있다. 그런 점에서 이 책은 하나님의 구원과 선교 사명의 논리적 관계를 명료하게 밝히고 있다고 볼 수 있다.

5장 '교회는 종착역이 아니다'에서 저자는 예수 그리스도가 주시는 구원의 목적지는 교회가 아니라 교회 밖의 더 넓은 세계임을 강조한다. "부활하신 우리 주님께서는 우리 내면을 짓누르고 있는 불안과 두려움을 치료하시고 우리의 영을 새롭게 하셔서, 마음의 빗장을 풀고 세상을 향해 나아가도록 우리를 변화시키십니다"(88쪽). 부활의 숨결을 받아 성령 충만하게 되어 세상과 대결할 수 있고 세상을 박차고 나갈 수 있게 된다는 것이다. 교회 안의 인간관계로 상처입은 사람들도 상처에 집착하지 말고 삼위일체 하나님과의 사귐에 힘써야 한다. 저자는 영적 성숙이 공동체 안에서 부대끼고 어울리면서 이뤄진다는 점을 강조하면서 속회나 구역 모임 같은 소규모 공동체 안에서의 영적 교제를 강조한다.

9장 '하나님은 이 세상을 포기하지 않으신다'에서 저자는 부활하신 예수께서 교회에게 세상 죄를 해결할 능력과 권한을 부여하셨음을 상기시키며 왕 같은 제사장으로서의 교회론을 주창한다(벧전 2:9). 선교는 곧 세상 죄들을 해결하기 위한 교회의 노력이라고 규정한다. 그는 성경의 사상을 "하나님은 세상을 포기하지 않으신다"라는 한 문장으로 감히 요약한다(159쪽). 저자에 따르면 구약의 제사장은 기다리는 제사장이나 신약의 제사장은 현장으로 찾아가, 세상 죄를 없이 하는 제사장이다. 세상 죄를 없애는 활동이 왕 같은 제사장들인 그리스도인들의 선교다. 이 선교에 참여하기 위한 두 가지 조건은 성령께서 각자의 삶과 인격 속에 일으키신 변화의 증거가 있어야 하며, 세상에 대해 애타는 마음이다. 변화된 증거와 애끓는 관심, 이것이 세상을 위한 왕 같은 제사장의 본분이다.

10장 '사랑이면 된다'는 하나님의 본질이 사랑임을, 성경 66권의 핵심이 "하나님은 세상을 포기하지 않으신다"임을 재차 강조한다. 사랑받을 자격을 의심하며 괴로워하는 성도들에게 로마서 5장 8절로 위로한다. 하나님의 사랑에 취하면 내면의 아픔과 상처가 치유되는 경험을 하게 되고, 그 치유 경험은 세상을 향한 전도와 선교의 원동력이 된다. 저자에 따르면 하나님의 사랑이 마음의 빗장을 열게 하고, 집을 열게 하며, 지갑을 열게 한다. 그런 점에서 다른 사람에게 선교하러 가기 전에 하나님의 사랑으로 자기 자신에게 선교해야 한다는 저자의 말은 재미있으면서도 통찰력이 있다. 이 설교도 하나님의 구원은 믿지 않는 세상 사람들에 대한 선교적 열정과 사명감으로 승화되는 과정을 잘 부각시킨다. 14장 '새 세상으로 날다'는 요한복음의 저술 목적을 한 항공사의 광고와 IMF 시절 파출부 생활을 시작해 절망을 극복한 한 교우의 간증을 통해 해설한다. 예수 안에서 구원받은 삶은 세상으로 들어가 세상을 변화시키는 선교의 삶으로 이어진다는 진리다.

15장 '내 배가 비었다'에서 저자는 사람 낚는 어부의 소명을 배반했다가 다시 찾은 시몬의 영적 방황과 회복을 다룬다. 저자는 베드로의 이야기를 통해 모든 독자를 베드로의 자리로 불러낸다. "나는 무엇을 낚으며 인생을 보내는가?" 성도는 돈이나 권력이 아니라 사람을 낚아 구원하는 전도 사역자로 부르심 받았음을 상기시키면서 전도자가 받게 될 상급을 강조한다. 여기서도 구원은 전도 사명으로의 부르심으로 귀결된다. 16장 '가득 찼으나 찢어지지 않았다'에서 저자는 두 가지를 강조한다. 첫째, 땀 흘리는 일상생활의 현장이 부활하신 주님의 구원을 경험하는 현장이 된다. 주님은 회의실, 세탁소, 슈퍼, 자동차 정비소에도 오신다. 물질계에서 벌어지는 일상생활이 영적 진리를 경험하고 발견하는 통로가 된다는 점에서 저자의 설교에는 성례전적인 통찰이 자주 발견된다. 둘째, 부활하신 주님이 우리의 텅 빈 배 같은 누추한 일상에 찾아오시는 목적은 삶의 그물을 가득 채워 주시기 위함이다. 하지만 요한복음의 영생과 풍요가 물질적인 부의 축적이나 세상사의 만사형통이 아님을 강조한다. 저자는 가득 찬 삶의 그물을 통해 일상생활에서 그분의 명령에 따라 사는 데까지 나아가도록 격려한다.

17장 '깨어짐이 희망이다'에서 저자는 '사랑하다'라는 동사를 표현하는 헬라어 동사 '아가파오'와 '필레오'를 구분한다. 아가파오는 절대적으로 신실하고 심지어 자기희생적이기까지 한 신적인 사랑을 의미하고, 필레오는 자연적인 애정이나 우정에 기반한 사랑이다. 예수님은 베드로에게 아가파오를 기대하지만 베드로는 필레오 정도의 사랑 고백밖에 하지 못한다. 저자는 이 대화를 통해 베드로와 예수님 사이에 이뤄진 화해와 회복의 과정을 정치하게 되살린다. '베드로'라는 사도적 이름 대신에 다시 자연인 '시몬'이라고 불린 베드로는, 예수님을 사랑하되 '아가파오'의 사랑이 아니라 '필레오'의 사랑으로밖에 사랑하지 못함을 인정한다. 예수님이 체포되던 그 밤에 했던 아가파오의 사랑 맹세는 파산되었음을 고백한 것이다. 예수님은 이런 베드로의 자기 한계 인정과 고백을 받으시고 그에게 다시 한 번 목양 사명을 위임하신다. 인간적 사랑인 필레오의 사랑 고백에 머문 베드로를 살려 주시기 위해 예수님은, 마침내 세 번째에는 필레오의 사랑을 할 수 있겠느냐고 물으셨던 것이다. 예수님이 연약한 베드로의 자리에 와서 함께 서 주신 것이다. 인간적 무능력과 한계에 말없이 공감해 주신 것이다. 예수님은 베드로에게 사나이의 의기와 용맹을 원한 것이 아니라 자신을 이토록 배려하고 체휼해 주신 예수님의 사랑에 감읍하고 응답하는 사랑을 원하신 것이다. 저자는 청중과 독자들에게 각자 사랑에 무능한 자임을 고백하고 먼저 예수 그리스도의 사랑에 감읍하고 감화되는 단계를 거친 후에 주님의 양 떼를 섬기는 목자로 살아가자고 호소한다.

18장 '잡혀야 산다'는 요한복음의 영성을 압축한다. 하나님의 구원은 거짓된 자아를 부인함으로써 참된 자아를 되찾는 일이다. 저자는 하나님과 분리된 인간이 참된 자유와 독립을 누릴 수 있다고 보는 현대의 낙관주의는 진리에서 크게 이탈한 이설이며 오히려 하나님께 의존하는 삶이야말로 독립적인 삶이요 성인다운 삶임을 강조한다. 이것은 기독교 영성의 신비이기도 하다. 베드로는 예수님의 사랑의 그물에 포획된 자로서 참 베드로가 되었고 자신의 소명에 충실한 사명자가 되었다. 예수님의 손에 붙잡혀 사명자의 삶을 살아가는 것, 이것이 바로 영생을 사는 길이다. 본 강해서는 베드로적인 의미의 신적 포획 속에서 참다운 자아를 되찾고 구원을 누리며 세상을 향한 사명자의 삶을 살아가는 인생의 행복을 노래한 이용도의 기도시로 마무리된다.

결론: 하나님의 백성을 위로하는 책

하나님께서는 예언자 이사야에게 70년의 바벨론 포로살이로 영육이 황폐케 된 하나님의 자녀들을 향해 "내 백성을 위로하라, 내 백성을 위로하라"고 명령하셨다. 여기서 "위로하다"라는 말은 직역하면 '마음에 대고 말하다'는 뜻이다. 이 말은 하나님의 자녀들에게 하나님의 말씀을 "이치에 와 닿게", "설득력 있게 말하라"는 의미다. 동시에 그것은 "하나님의 사랑을 흡족히 경험하도록 하나님의 심장을 백성들의 심장에 잇대어 주듯이 말하라"는 것이다. 김영봉 목사의 설교집은 이런 점에서 하나님의 백성을 위로하는 책이다. 누가 이 거칠고 참혹한 불확실성의 세계에 살면서 하나님의 위로, 심장에 와서 파동 치는 감동으로 타전되는 하나님의 말씀을 필요로 하지 않겠는가? 저자는 마른 풀처럼 시든 백성을 소생시키기 위해 말씀을 부단히 연구하고 묵상한 후 간절함과 친절함으로 말씀을 대언한다. 그는 이 대언 사역을 통해 회중과 독자들을 영감된 성경 말씀의 세계 속으로 초청하고 있다.

모든 성경에는 하나님의 숨결이 고취되어 있다. 믿는 마음으로 읽고 묵상하면 성경 구절은 독자에게 하나님의 생기를 고취시킨다. 하나님의 영감으로 된 성경은 인간의 자기중심성과 권력 의지를 부단히 경계하고 질책한다. 동시에 그것은 하나님의 자녀들을 지지하고 격려하며 하나님의 선한 일을 추진할 수 있는 능력을 구비하도록 해준다. 하나님의 영감으로 생성된 성경은 예수 그리스도 안에 있는 믿음의 지혜, 곧 구원을 가져다주는 믿음의 지혜를 가르쳐 준다. 그 지혜는 오늘도 파산과 실패를 경험한 허무의 일상 속으로 찾아오셔서 사랑의 그물질을 하시는 부활하신 예수님을 조우하게 만드는 지혜다. 텅 빈 배, 절망과 탄식으로 얼어붙은 추운 밤 같은 일상생활의 현장이 부활하신 예수님이 나타나실 가능성이 매우 많은 일상이다. 이 책을 읽는 독자는 아마도 자신의 허무해 보이는 일상의 자리를 유심히 살피면서 부활하신 예수님의 현존을 발견하는 기쁨을 누리게 될 것이다.

김회권 목사 | 숭실대학교 기독교학과 교수